JN182908

憲法研究叢書

異質性社会における「個人の尊重」

デュルケーム社会学を手がかりにして

齊藤 愛

弘文堂

はしがき

本書は、デュルケームの社会思想を手がかりに、日本国憲法の核心原理である「個人の尊重」の意義を探り、それに基づいて憲法上の精神的自由を基礎づける理論の呈示を試みるものである。本書は、筆者がこれまで公表してきた表現の自由や教育の自由等に関する諸論文をベースに構成されているが、章によってはいくつかの論文を統廃合したり修正したりして書き直しており、また、中には現在の学説状況を踏まえて新たに加筆した節もある。

「個人の尊重」を掲げる日本国憲法が想定する社会とは、多様な思想や価値観の「共生」を図る社会である。「共生」とは、すべての個人が別個独立の人格を持つ存在であるということを前提にしながらも、諸個人は社会の他の個人と共鳴しあいながら生きているということを常に自覚していくというものであろう。社会学者の栗原彬教授は、彼の著書『〈やさしさ〉の闘い』（新曜社・1996）の中で、「共生」とは「詩」であると表現している。それは、私の理解によれば、以下のような趣旨のものであろう。詩はいくつもの言葉から成り立っている。そして一つひとつの言葉は、決して他の言葉に吸収されてしまうことなく、あくまで別個独立の存在であり続ける。しかし、その言葉の意味はその言葉のみによって決定されるわけではない。まわりのいくつもの言葉の中にあってはじめて、独特の輝きを放つ。そして、また、その言葉があるからこそ、まわりの言葉も特定の色合いを帯びるようになる。

同様に、社会の中の諸個人はそれぞれ別個独立の人格を持っている。しかし、諸個人は決して単独で生きているわけではない。個人は社会によって規定され、社会は個人によって規定される。個人は、社会の他の個人と響きあってこそ、独特の輝きを放つことができる。

「個人の尊重」という原理は、本書の中で述べられているとおり、現代の異質性社会において社会の構成員の協働を可能にする唯一の精神的紐帯であり、日本国憲法においても13条で「すべて国民は個人として尊重される」と明記されている。しかしながら、ここ数年、憲法をとり巻く社会情勢は大きく変わりつつある。現政権与党の掲げる憲法改正草案においては、この憲法13条の「個人の尊重」の規定は改変されるべきだと主張されている。こうした中で、今一度、この「個人の尊重」という理念の意義が問い直される必要がある。

本書は多くの先人の業績に負っている。とりわけ、本書のもとになった筆者の博士論文について最後までたいへん貴重なご指導をしてくださった長谷部恭男教授には心より感謝を申し上げたい。本書の脚注からも明らかなように、長谷部学説がなければ私の研究生活は存在し得なかったであろう。また、本書の出版にあたり、内容面にとどまらず筆者の心理的な側面についても終始サポートをし続けてくださった弘文堂編集部の北川陽子さんにも御礼を申し述べたい。本書が無事に刊行できたのも、ひとえに北川さんのご尽力のおかげである。そして最後に、本書の原稿に対して鋭く容赦ない論評を加えてくれた夫であり商法学者の伊藤雄司と、毎日心から声援を送り続けてくれた息子であり保育園児の玖磨にも謝意を表したい。

2015年晩秋

齊藤　愛

目　　次

第２部　表現の自由　89

■初出一覧

【第1部第1章】
「異質性社会における表現の自由――デュルケーム社会学を手がかりに(1)」
国家学会雑誌120巻9=10号（2006）657～719頁

【第1部第2章】
「異質性社会における表現の自由――デュルケーム社会学を手がかりに(2)」
国家学会雑誌120巻11=12号（2006）864～909頁

【第2部第1章・第2章】
「異質性社会における表現の自由――デュルケーム社会学を手がかりに(3)」
国家学会雑誌121巻1=2号（2007）51～112頁

【第2部第3章第1節・第2節（第1節Ⅳを除く）】
「異質性社会における表現の自由――デュルケーム社会学を手がかりに(4)」
国家学会雑誌121巻3=4号（2007）243～292頁

【第2部第3章第3節】
「表現の自由の現況――ヘイトスピーチを素材として」論究ジュリスト13号（2015）56～63頁

【第3部第1章】
「異質性社会における公教育」高橋和之先生古稀記念『現代立憲主義の諸相(下)』（有斐閣・2013）613～648頁

【第3部第2章（第4節を除く）】
「精神的自由と公教育――ナショナルアイデンティティをめぐって」憲法問題25号（2014）87～101頁

序　章

アングロサクソン系の国々において、現代人権論は、功利主義と個人権論との対立という形で展開されてきた。それは、人権概念の恣意性・無基準性を克服し、人権理論の客観性を獲得しようとする功利主義陣営と、人権には社会的功利に基づく合理的計算のみによってでは説明し得ない部分があるのではないかという問題を何とか解明しようとする個人権論陣営との争いであった。一方、個人権論陣営も決して一枚岩ではなかった。社会において多元的な善の構想が併存する中で、各人が各々の自己の構想を追求する自由を不当に抑圧されることなく社会的に結合することを可能にするようなルールを模索しようとするリベラリズムと、個人は必然的に共同体の価値を負荷として負っているのであり、同一の共同体に生まれ育った諸個人が負荷として負う同一の共同体の善を志向した政治を実現すべきであるとする共同体論とが激しく対立してきた。さらに、リベラリズムの中においても、現代の人権国家は、社会の構成員間にみられる様々なレベルの異質性のうち、いかなる異質な要素に着目して構成員の共存を図っていくべきなのかという問題に関しては、いまだコンセンサスが得られていない。

こうした対立は、例えば表現の自由論においても見られてきた。これまでのアメリカにおける表現の自由論は、道具的正当化根拠にのみ基礎を置く議論（表現の自由権をもっぱら社会的功利を最大化するための手段として功利主義的に捉える考え方）と、構成的正当化根拠（表現の自由それ自体を目的として捉える考え方）にも依拠する議論とに分類される。また、とりわけ性表現規制等の問題をめぐっては、リベラリズム（すべての人間の善は原理的に同等であるので、国家の性表現規制は、いかなる特定の性道徳にも依拠してはならないとする考え方）と、共同体論（共同体の共通善——すなわち、一定の性道徳——の維持を猥褻規制の根拠とすることをも認める立場）とが激しく対立してきた。

本書は、社会学者デュルケーム（Émile Durkheim）の社会思想を手がかりとして、功利主義／個人権論、リベラリズム／共同体論論争に対する解答を模索しつつ、日本国憲法の核心理念である「個人の尊重」の意義を探り、また、表現の自由や教育の自由などの解釈を通じて、憲法上の精神的自由全般を基礎づける理論の構築を試みるものである。

一般に、憲法の人権規定の解釈には、①社会的事実の解釈のレベルの議論——社会にいかなるルールが存在してきたと解釈すべきかという議論——と②規範論的レベルの議論——いかにしてそのルールの強制を正当化し得るか——との両方が必要不可欠であると考えられるが、本書においてデュルケームの議論は前者の議論を補強するものとしての役割を果たす。例えば、筆者は、表現の自由論に関してドゥウォーキン（Ronald Dworkin）の見解によるつもりであるが、彼は社会的事実の解釈に関する議論の重要性を幾度も強調していながら、彼自身表現の自由を論じる際にはそのレベルの議論を十分に論証していない。しかし、デュルケームの議論を参考にすることによって、こうしたドゥウォーキン自身による論証の不十分さにもかかわらず、ドゥウォーキンの表現の自由論が、現在提唱されている他の有力な表現の自由論よりも支持し得るものであるということを示すことができると思う。

日本国憲法は、「個人の尊重」（13条）ないし「個人の尊厳」（24条2項）という原理にコミットしている。この「個人の尊重」や「個人の尊厳」が何を意味するのか、これらはドイツ基本法に規定されている「人間の尊厳（Würde des Menschen）」と同義であるのか、についてはこれまでも様々な見解が示されてきたが、結論を先に述べれば、これら3つをすべて同義のものとして捉えるのが通説的見解であると言えよう。まず、「個人の尊厳」と「人間の尊厳」については、本来であれば、両者は直接的な問題意識を異にする概念である。すなわち、「人間の尊厳」は、ナチスによる非人間的な扱いの経験を踏まえた概念であり、人間を非人間的に扱ってはならないこと、人間としてふさわしい扱いをすべきことを意味する。これに対して、「個人の尊厳」は、個人と全体（集団・全体）との関係を念頭に置いた観念であり、全体を構成する個々人に価値の根源を見る思想を表現し得るものであり、戦前の日本において、社会におけるもっとも基礎的な集団である家族関係が、個人より集団（家族）を重視する価値観を基礎に形成されていたことへの反省が背景となっている。しかし、両者の間には理論的出発点やその背景において相違がみられるものの[1)]、結局は、「個人の尊厳」は、個人を全体の犠

1）　ドイツ基本法の「人間の尊厳」においては、人間は常に「人格」と結びついて把握されるが、日本国憲法の「個人の尊重」や「個人の尊厳」についてはどうか。この点、現在の学説において

牲にすることを禁ずるのみならず、非人間的に扱うことも当然禁じていると解すべきであるし、また、「人間の尊厳」も、個々の人間を全体の犠牲にすることを禁じているはずであるので、その意味で両者の価値観に基本的な差異があるわけではないと考えるのが一般的な理解である[2]。加えて、「個人の尊重」と「個人の尊厳」は同義のものとして捉えられるのが通例である[3]ことから、結局、「個人の尊重」と「個人の尊厳」、「人間の尊厳」の３つの概念はすべて同義のものとして捉えられることになる[4]。例えば、宮沢俊義は、日本国憲法13条の「個人の尊重」が表明する「個人主義」の原理について「人間社会における価値の根元が個人にあるとし、なににもまさって個人を尊重しようとする原理」であり、「一方において、他人の犠牲において自己の利益を主張しようという利己主義に反対し、他方において、『全体』のためと称して個人を犠牲にしようとする全体主義を否定し、すべての人間を自主的な人格として平等に尊重しようとする」（傍点は筆者）ものと説明しているが[5]、これは「個人の尊重」と「個人の尊厳」、「人間の尊厳」を同趣旨のものとして捉えていると理解できよう。本書も、基本的に、このような立場――すなわち、「個人の尊重」を個人の個別性・多様性を尊重する概念であると同時に、人間性一般における共通性を強調した概念として捉える立

は、「個人」から「人格」をも読みとろうとする姿勢が有力であるように思われる。例えば、佐藤幸治は、「『個人として尊重される』とは、いかなる意味か。それは、一人ひとりの人間が人格的自律の存在として最大限尊重されなければならないということである。この『個人の尊重』は、『個人の尊厳』、さらには『人格の尊厳』の原理と呼ぶこともできる」としている。佐藤幸治『日本国憲法論』（成文堂・2013）172頁。なお、この点について論評したものとして、矢島基美「日本国憲法における『個人の尊重』、『個人の尊厳』と『人間の尊厳』」栗城壽夫先生古稀記念『日独憲法学の創造力(上)』（信山社・2003）254頁。

2)　高橋和之『立憲主義と日本国憲法〔第３版〕』（有斐閣・2013）72～73頁。

3)　宮沢俊義（芦部信喜補訂）『全訂日本国憲法〔第２版〕』（日本評論社・1978）197頁、佐藤・前掲注1）19頁、121頁、173頁、野中俊彦=中村睦男=高橋和之=高見勝利『憲法Ⅰ〔第５版〕』（有斐閣・2012）270頁〔野中〕、芦部信喜『憲法学Ⅱ』（有斐閣・1994）56～61頁。

4)　これに対して、「個人の尊重」と「人間の尊厳」とは異質なものであるとしている論考として、ホセ・ヨンパルト『人間の尊厳と国家権力』（成文堂・1990）。また、クローン技術規制を素材として、安易に両者を同義に捉えることに対して警鐘を鳴らすものとして、矢島・前掲注1）251～272頁。さらに、青柳幸一は、日本国憲法の「個人の尊重」は、ボン基本法の「人間の尊厳」の第一義的意味――国家に対する個人の優越という意味――では、「人間の尊厳」と同様の内容をもつが、「個人主義」と「人格主義」というレベルで両者を比較してみると、両者の間には、社会科学上の概念の内容を構成する背景としての「一定の文化」において相違があり、この違いは現代国家における人権の保障を考える場合、重要な意味を持つと述べている。青柳幸一「『個人の尊重』と『人間の尊厳』―同義性と異質性」横浜経営研究７巻４号（1987）18頁以下。

5)　宮沢・前掲注3）197頁。

場――に立つものである。

ところで、デュルケームは、必ずしもこれまで適正な評価を受けてきたとは言えない。デュルケームは、集合意識の独自の生命、個人意識に対するその外在性、拘束性などを強調しているため、これまで、彼の議論は、社会を偉大で至高なものと捉え、人間はその手段にすぎないとし、個人の自由を否定し、個人が社会に盲目的に服従することを要求する全体主義思想なのではないかとの誤解を受けてきた。しかし、最近では、このようなデュルケーム理解は曲解であって事実はまったく逆であると再解釈されるようになっている。彼は、まず、何よりも個人主義者であり、民主主義者であった。また、彼の議論においては、社会の集合意識は諸個人にとって単に外在的なもの、否応無しに強制力を持つものとして現れてくるわけではない。社会の集合意識は個人にとって外在的でありながら、最終的には諸個人によって内在化され、そして諸個人の自発的意思によって支持されない限りその生命を維持することができないと彼は論じている。そして、さらに重要なのは、各個人の意識が相互に作用することによって、集合意識が更新されるのみではなく、集合意識が変化したり、新たな集合意識が創出されたりすることもあるということをも彼が認めているということである。このように考えると、デュルケームの議論が形而上学的なものにすぎないのではないかとの従来の評価は再検討される必要があるのではないかと思われる。

また、デュルケームは、現実の社会に存在する道徳に盲目的に服従することを主張しているわけでは決してない。彼は、社会の諸条件に適合した道徳でなければ、構成員の自発的意思に基づく支持をとりつけることはできないということを知っていた。そして、さらに、彼は、進化の過程にある現在の社会においては、現実の社会の諸条件を考察するというよりはむしろ、社会的現実に潜むところの、今後顕著になっていくであろう趨勢を先取りする必要があると考えていた。このような意味で、彼の理論はかなりラディカルなものであったとも言える。

デュルケームは、法学者ではなく社会学者であった。社会学の「学問」としての創設に熱心であった彼は、法に関しては系統立った論文を残していない。彼の法理論は、『社会分業論』や『社会学講義』などいくつかの文献の中に散見されるにすぎない。したがって、彼の法理論は完全なものとは程遠い。しばしば批判されるように、彼の議論は、もっぱら社会学的関心の観点からのみ法を捉えており、国家対個人の間の権力構造という視点がほとんど見受けられず、また、法の創設過程、すなわち、法が制定される過程においていかなる政治勢力がヘゲモニーをとり、これに対していかなる勢力が対抗関係に立つのかという問題についてもほとんど議論が展開されていない。規範法と技術法との区別もはっきりしていないとも指摘されている[6)]。そのような意味では、デュルケームの法理論は決して完全なものではないし、それゆえ、すべての法律分野において彼の議論を前提に論を展開しようとするのであれば当然問題が生じるであろう。しかし、人権論を考察する上では、彼の議論は十分示唆に富んでいると思われる。彼は、憲法の基本原理たる「個人の尊重」という道徳の発生について明らかにした。そして、社会の道徳が決して功利によってでは説明し得ないこと、「個人の尊重」という道徳が歴史貫通的なものではなく、ある一定の条件を満たした社会にのみ見られるものであり、かつそのような条件を満たす社会であれば必然的に生じる道徳であるということを示した。こうした彼の功績は、憲法学において「個人の尊重」を基本原理とする人権論を論じる上で、大きな役割を果たし得るのではないかと考えられる。

本書では、まず第1部で、これまでの功利主義と個人権論との論争を概観してみたい（第1章）。そして、デュルケーム社会学の観点から捉えた「個人の尊重」という道徳について紹介し、現代の人権国家が採用すべき道はリベラリズムであること、また、価値観が多様化した現代の日本のような社会においては、「個人の尊重」という道徳が社会を統合する唯一の原理となり、それゆえ、この「個人の尊重」が日本国憲法上の精神的自由全般の基底に貫かれた理念となることを示していきたい（第2章）。さらに第2部では、第1部第2章での議論を参考にしつつ、アメリカでの表現の自由論を基盤として、社会学的視点をとり入れた新しい表現の自由論を試み（第1章・第2章）、それが日本国憲法の解釈においてどのように適用され得るかを議論したいと思う（第3章）。そして最後に、第3部では、現在の日本において、公教育の場で価値教育を行うべきか否か、そして仮に行うべきであるとすればいかなる価値教育を行うべきかを論じ（第1章）、公教育においてナショナルアイデンティティを教育すべきか（愛国心教育の是非）や、「君が代」起立斉唱事件判決等についても触れるつもりである（第2章）。

6） 大塚桂「デュルケームと法・覚書―法力論について」佐々木交賢編『デュルケーム再考』（恒星社厚生閣・1996）243頁。

第1部 人権論

第1章
功利主義と個人権論

憲法上の人権の基礎にある道徳原理はいかなるものであろうか。英米法における現代人権論は、主として、功利主義対個人権論の論争を通じて展開されてきた。功利主義が、政府に対して全国民の幸福の総量ないし残高を最大化するよう要求する集合的な「最大化」原理であるのに対して、個人権論は、各個人の特定の基本的利益に優先性を認める「配分的」で個別的な原理である。では、現代の人権国家においては、いずれを選択すべきであろうか。ここでは、まず、功利主義と個人権論との論争を簡単に振り返ってみることから始めたいと思う。

第1節　功利主義

I　ベンサム

まず初めに、もっとも代表的な功利主義論として、ベンサム（Jeremy Bentham）を概観することとする[1)]。功利主義は、一般に、「我々のすべての行為が追求すべき道徳的目的は、悪にまさる可能な限り最大の善（あるいは善にまさる可能な限り最小量の悪）である」という考え方であると定義づけられるが、論者によってその立場はさらに、行為功利主義（何が正しいかは、それぞれの個別的状況においてどの行為が最善の結果を生むかに直接訴えて判断すべきであるとする立場）やルール功利主義（個別的行為ではなく、いかなる規則が社会全体のために最大の善を促進させるかを問う立場）、快充足功利主義（本質的に望ましい唯一の事柄は快であり、快または苦の不存在として解釈される幸福を最大化する行為が正しい行為であるとするもの）や選好充足功利主義（欲

1)　これから扱うベンサムおよびミル（John Stuart Mill）は、一般に、「自然主義」に属すると評価されている。「自然主義」とは、「倫理的概念は人間の欲求・利害・傾向などの非倫理的概念によって定義することが可能であり、道徳判断も事実判断と同様、観察や帰納などの経験的方法によって判定できる」という考え方である。田中成明ほか『法思想史』（有斐閣・1988）240頁。

求の充足を最大化する行為が正しい行為であるとするもの）などに細かく分類される。このように、功利主義という言葉は今日では極めて多義的に用いられる[2)]が、ベンサムによって確立されたのは、「最大多数の最大幸福」という定式によって表現されるものであった[3)]。

ベンサムは、自然法論者のように法を理性によって発見されるものとして捉えるのではなく、主権者の意思を宣言する記号の集合、すなわち、あくまで人間の意志の産物として捉え、その法実証主義的立場を明らかにしている[4)]。しかし、だからといって、ベンサムは、道徳[5)]とは無関係に、主権者

---

2) ウィリアム・K. フランケナ（杖下隆英訳）『倫理学』（培風館・1967）52〜82頁、小谷野勝巳「効用と自由―J・S・ミルの自由擁護論に関する最近の諸論議についての覚書」時岡弘先生古稀記念『人権と憲法裁判』（成文堂・1992）4頁参照。

3) 後に、ベンサムは、この「最大多数の最大幸福」という定式に多少修正を加えることもあったが、基本的に彼はこの定式を終生維持し続けたと言える。関嘉彦「ベンサムとミルの社会思想」同編『ベンサム J.S. ミル』（中央公論社・1979）27頁参照。ベンサムの「最大多数の最大幸福」の定式化と修正の過程については、JOHN DINWIDDY, BENTHAM 30-32 (2004)。

4) JEREMY BENTHAM, OF LAWS IN GENERAL 1 (1970). ベンサムは、「法とは、ある一定の場合に、主権者の権限に服従している、または服従していると推定されるある個人ないしある種類の人々によって遵守されなければならない行為に関して、国家の主権者の抱いた、または採用した意思を宣言する記号の集合体である」と定義している。ただし、この法の定義には、主権者が発するもののみではなく、命令を発する権限や命令を取り消す権限を主権者から与えられている人々の発するものも含まれるので、ここでいう法は立法府が制定した法に限定されない。

5) ここで言う道徳とは、通常の用法におけるものとは意味が異なるので、注意が必要である。ディンウィディ（John Dinwiddy）は、「最大多数の最大幸福」という道徳は、主として立法者など社会の管理に責任を持つ人々が依拠すべきとされている道徳を言うのであり、諸個人がそれに従うべきとされる道徳ではないと指摘している。ベンサムは、諸個人が自分の幸福の極大化以外のことを目標に行動することなど期待できないし、人々に対して、自分がしたいと思うように行動してはならないと説くような規範は無益であると考えていたのだと言う（DINWIDDY, *supra* note 3, at 32-33）。また、西尾孝司も、「功利の原理」が個人にも社会にも適用し得る行為の倫理性の一般的基準であるのに対して、「最大多数の最大幸福」はあくまでも《立法者》の立法基準であって、個人の行為基準ではないとして、両者の区別の必要性を強調している。そして、ベンサムは、自分自身の利益と幸福を促進する諸個人こそが全体の利益と幸福をもっともよく促進するのであり、そのような意味で各人の自己利益の追求はいわば社会的義務であると考えていたと分析している。このように、ベンサムは、「内的制裁」ないし「人類の良心的感情」を究極のサンクションとしたミルとは違って、「最大多数の最大幸福」をもって個人を律すべき道徳とはしなかったと言う（西尾孝司『ベンサム倫理学・教育学論集』（御茶の水書房・2002）24頁、55〜56頁）。これに対して、関嘉彦は、ベンサムの主張を、「人間は快楽を求め、苦痛を避けようとする本能的事実があることを強調するとともに、それを、人間は快楽の拡大化に努力すべきであるという当為の問題に結びつけようとした」と評価している。すなわち、ある人が最大多数の最大幸福を増進するような行為を行えば、社会はその人を賞賛するであろうし、逆に最大多数の最大幸福に反するようなことをしたとすれば、社会によって制裁を加えられることになるであろう。このように、法などの道徳的制裁手段を用いることによって、最終的には人間の性格をも変え、道徳的社会を作り上げることができるとベンサムは考えたという解釈を示している（関・前掲注3）28頁）。

に無制約に実定法の定立を認めたわけでは決してない。むしろ、彼は法と道徳との深いかかわり合いを認識していたと言ってもよい[6]。彼が、法と道徳との関係を明確に披露したのは、『道徳および立法の諸原理序説』においてである[7]。

まず、彼は、各論者の主観的判断によって道徳を論じるべきではなく、あくまで客観的法則に則って道徳論を樹立すべきであるという問題意識からスタートする。そして、彼は、快楽または幸福を生むものが唯一の善であり、一方、苦痛または不幸を生む行為が唯一の悪であるとの前提の下に、行為の正邪は、行為の動機などによって決せられるのではなく、快苦を増すか否かという行為の結果のみによって決せられるのだと考えた。したがって、諸個人が従うべき唯一の指針は、自らの快を最大化しまたは苦を最小化するよう行動すべしというもののみということになる。一方、彼は、社会を構成する諸個人の善の総計が社会の善であり、それを最大化すること、すなわち最大多数の最大幸福こそが立法者が実践すべき道徳であると主張した。そして、快楽をもたらす行為を許可ないし奨励し、苦痛をもたらす行為を禁止するのが立法者の仕事であり、後者に関しては、政治的制裁という人工的苦痛を科すことによって抑制ないし防止すべきであるとの議論を展開した[8]。

このように、「最大多数の最大幸福」という道徳は、あくまで立法者が実践すべきとされた道徳であり、決して個々人の行動を律することを期待される原理ではなかった。ベンサムが諸個人に直接期待したのは、各人の快を最大化し苦を最小化するよう行動することのみであった。

こうしたベンサムの功利主義論の基底にあるのは、周知のとおり、自然権思想に対する強い反発である[9]。彼は、①あらゆる権利は実定法によって創

6) ベンサムは、功利の原理によって導き出される道徳原理をいかにして確実に法に反映させるかということにも強い関心を持っていた。彼は、社会の管理者が従うべき道徳すなわち「最大多数の最大幸福」をもっともよく実現できる制度として代表民主制を支持した。彼は、支配者の個人的利害を社会の普遍的利害と一致させるしか悪政に対して共同社会を守る方法はないと考えていたため、支配者が共同社会に依存している制度すなわち代表民主制を確立し、立法府の制定した法によって「最大多数の最大幸福」を実現すべきであると主張したのである。この点に関しては、西尾孝司『ベンサム「憲法典」の構想』(木鐸社・1994) 64〜88頁や、DINWIDDY, *supra* note 3, at 70-75を参照。

7) JEREMY BENTHAM, AN INTRODUCTION TO THE PRINCIPLES OF MORALS AND LEGISLATION (1996).

8) ベンサムは、こうした功利の原理をいわば公理として扱っており、それを証明することは不可能でありかつ不必要であるとしている。BENTHAM, *ibid*., at 13.

9) ベンサムは、1770年代には法律的保守主義の誤謬に、1790年代には革命的民主主義の誤謬に、1820年代には反動政治的保守主義の誤謬にそれぞれ関心を持ち、それぞれの時期にそれぞれ異

設されるものであるという法実証主義的立場から[10]、また、②自然権思想は、論者が直観によってこれが自然権だというものを基準にするものであり、それは結局恣意的であり感情的になってしまうのではないかという、自然権概念の無基準性、不確定さという観点から、さらに、③人の権利・自由は社会によって異なるのが当然であるにもかかわらず、個別の対象へ当てはめた結果を考慮せず、自由・平等という抽象的原理を、普遍的な原理として宣言することは認めがたいという、自然権概念の抽象性・普遍性に対する批判という観点[11]から、「自然権という観念は『大げさなナンセンス』にすぎない[12]」と痛烈な批判を加えた[13]。

なるものを自身の対立項として功利主義を論じてきたと言われている（深田三徳『法実証主義と功利主義』（木鐸社・1984）56頁）。1780年の『道徳および立法の諸原理序説』においては、ベンサムは、もっぱら禁欲主義および「共感と反感の原理（ある行為を、その利益が問題となっている当事者の幸福を増大させる傾向や、その幸福を減少させる傾向によってではなく、単にある人がその行為を是認または否認することをそれ自体として十分な理由であると考えて、何らかの外部的な理由を探し求める必要を否定するような原理）」に対する対立項として、功利の原理が唱えられているのであるが、彼は、脚注の中で「共感と反感の原理」の一種として自然法を批判している。Bentham, *ibid.*, at 27.

10) ベンサムは、自然権は、例えば「冷たい熱」や「丸い正方形」や「輝ける闇」などと同じような概念矛盾であると述べているのであるが、この点に関して、長谷部恭男は、このような批判は単なる法実証主義的立場からの批判にとどまらないと指摘している。ベンサムの議論の前提には、ロック流の認識論があり、この認識論によれば、世界に関するあらゆる知識は最終的には感覚経験に対応する単純な知識に還元できると言う。ベンサムは、概念自体を定義するのではなくその言葉を含む文全体を分析することによって実在との関連を把握した。そして、実定法上の権利や義務に関する文は、政府によるサンクションの行使を控えているため、実在の感覚である快楽あるいは苦痛に関する文に還元することができると考えたのである。しかし、自然権についてはこのような分析は通用しない。自然権は実在の世界と対応する意味を持ち得ない。したがって、自然権は意味のない虚構であると言う。長谷部恭男『権力への懐疑』（日本評論社・1991）63頁。

11) 長谷部・前掲注10) 62〜66頁参照。

12) Jeremy Bentham, *Nonsense upon Stilts*, in Rights, Representation, and Reform: Nonsense upon Stilts and Other Writings on the French Revolution 319-375 (Philip Schofield, Catherine Pease-Watkin and Cyprian Blamires eds., 2002).

13) 本文に挙げたもの以外にも（どれも本文に挙げたものとかかわるが）、ベンサムは、①法の大部分は強制的法であり、それは義務を課し、自由を廃棄するものであるから、「消滅することのない」したがって「破棄され得ない」自然権は、政府および法の観念と矛盾する、②（現実的には一定の制限を受けざるを得ないにもかかわらず）自然権にはその厳密な範囲・限界が明確にされていないので、その制限が立法者に委ねられてしまい、その恣意的解釈によって権利保障が無意味になってしまう危険性がある、③自然権の要求と功利の原理の要求とは必ずしも合致しないので、自然権は、立法府が功利の原理の要求する法律を臨機応変に制定することを阻害してしまう可能性がある、などの観点からも自然権に対して批判を加えている（深田三徳「自然権論と功利主義」長尾龍一=田中成明編『現代法哲学2 法思想』（東京大学出版会・1983）68〜71頁）。また、ディンウィディは、ベンサムは『無政府主義的誤謬（Anarchical Fallacies (1795)）』の中で、言語の用法という観点から（人権宣言の文言は情緒的であり修辞的であるので、人々の情念

このようなベンサムの功利主義論は、「何人の快苦も１人分として計算すべきであり、また、１人分以上として計算してはならない」という徹底した平等主義の概念に基礎づけられているという点で大きな魅力を持っているため、これまでも強い支持を獲得し続けてきたのであるが、その一方で、常に様々な批判にも晒され続けてきた。例えば、①幸福の程度を評価し比較することは本当に可能なのか、②我々が獲得し得る知識・情報には限界があり、たえず変化しつつある諸個人の欲求・願望に関する情報をすべて収集し続けることは不可能なのではないか[14)]、などである。しかし、ここでは功利主義が内包しているより深刻かつ重大な問題点として、以下の点に焦点を当てたい。それは、功利主義が、現在人権思想を採用している社会において多くの人々が共有している正義感覚に反する帰結を持ち得るという点である。すなわち、功利の原理によって導き出された立法者の実践すべき「道徳」は、現代社会において国家が採用している「道徳」あるいは採用すべきであると考えられている「道徳」とは明らかにかけ離れている場合があり得る。例えば、功利主義をつきつめれば、構成員の快苦の総計が最大化される限り、大多数の人間の欲求を満たすために１人の個人の命を奪うということでさえ正当化されることになってしまう。すなわち、ベンサムの功利主義の平等主義的側面は、「最大多数の最大幸福」の計算の算入における平等を意味するのであり、必ずしもその計算の結果の平等（すべての個人に対して平等に生命を保障すること）を意味するとは限らない[15)]。

この点につき、ベンサムは、ある一定の条件の下では、功利主義的計算の帰結として当然に結果の「平等」が引き出されるという旨の記述をしている。すなわち、彼は限界効用が逓減することに気づいていたので、他の条件が同一であるのであれば、財を「平等」に分配する方がそうでないときよりも社

をかき乱し煽り立てることによって判断を誤らせるものであるが、判断を誤らせないようにするためには、中立的な言語を用いるべきであるとの観点から）も人権宣言を批判したとしている。DINWIDDY, *supra* note 3, at 41-43.

14)　井上達夫『共生の作法』（創文社・1986）123〜125 頁。

15)　ベンサムの議論の中に見られる「平等（equality）」の概念につき、ハリスン（Ross Harrison）は以下のように分析している。ベンサムの議論においては、根拠における平等、取扱いにおける平等という形で「平等」が現れる。すなわち、ある事例において使われた根拠は類似の事例においても使われなければならない、同一事情・同一条件の下では同一に扱わなければならないという意味での平等である。ハリスンは、ベンサムは功利主義論を合理的なものとしようとしたがために、この種の平等にコミットしていると言う。Ross Harrison, *The Benthamite State*, in BENTHAM 245-248 (1983).

会全体の功利を向上させることができると結論づけたのであった。しかし、「平等」が他の利益と衝突するような場合——例えば、財を「平等」に分配することによって社会の「安全」が阻害されてしまうような場合——には、功利主義は必ずしも結果の「平等」という結論を導き出すとは限らない[16]。こうした問題は、功利主義が個人間の差異をまじめに考えていないことに起因する。すなわち、功利主義は、個人の選択の原理を社会に拡大しようとするものであり、いわばこの拡大作業によって、すべての個人を１つの「人格」に融合させることを前提としている[17]。したがって、功利主義においては、諸個人の満足の総和を諸個人にいかに分配するかという問題に関しては無関心になってしまう。

この点に関して、ベンサムの見解は人権を功利の原理によって説明したものにすぎないので、結果において実質的には個人権論と異ならず、ベンサムは大多数の人間の欲求を満たすために１人の個人の命を奪うというようなことは考えていなかったはずだという解釈も存在する[18]。確かに、ベンサムは、功利の原理から、当時広く行われていた同性愛者に対する厳罰を廃止するよう求めたり、女性参政権を認めるべきであると考えたりしており、結果において個人権論とほとんど異ならないかのような側面も有している。しかし、一方で、ベンサムは、社会的功利の名の下に囚人や貧困者に対して（現代人の感覚からすれば）非人道的ともいえる扱いをすることをも認めているし、ごく例外的な場合に限られてはいるが功利の原理から一定の拷問も許容されるべきであるとの主張もしている。このように、ベンサムの主張にはいわば暗い面と明るい面があると言われており[19]、これらの非対称性は、読者をひどく困惑させる[20]。しかし、少なくとも、囚人の扱いや拷問に関するベンサ

---

16) 事実、彼のリストでは、平等は、安全・生存（subsistence）・豊富（abundance）の下に置かれていた。Harrison, *ibid.*, at 245-248.

17) John Rawls, A Theory of Justice 26-27 (1971).

18) 例えば、西尾孝司は、「激しい自然法批判にもかかわらず、これは『形式』次元で行われたものであって、自然権ないし人権の『内容』そのものを攻撃したものではなかったことに注意すべきであろう。……ベンサムにおいて自然権の内容は『功利』と実際上は対立しなかったのである」と述べている。西尾孝司『イギリス功利主義の政治思想』（八千代出版・1988）124頁。

19) *See* Dinwiddy, *supra* note 3.

20) ベンサムの「最大多数の最大幸福」の計算において考慮されているのは、主として遵法者の快苦であって、囚人や貧困者などベンサムが社会の安全に脅威をもたらすと考えた人々の快苦は適正にカウントされていないのではないかとの疑念もある。この点に関して、石井幸三は、ベンサムは、主として法遵守者（ブルジョアジー、プティ・ブルジョアジー、勤勉な労働者）の自由を保護しようとしており、一方、客観的基準において犯罪者とみなされ得る人々の自由や、乞食、

ムの見解が、「個人の尊重」を第一の道徳として標榜する現代社会においては、到底受け入れられがたいものであるということは明らかである。

このようなベンサムの議論に対して、ドゥウォーキン（Ronald Dworkin）は、これは、功利主義が個人的選好（本人自身の財・機会の分配に対する選好）のみならず、外的選好（他者への財・機会などの分配に関する選好）をも算入せざるを得ないという事情に起因していると述べている。すなわち、たとえ社会の道徳や権利が功利主義的に説明し得るという立場に全面的に与したとしても、快苦の総量の計算の上で外的選好を持ち込むことは、ある個人（バラモンや白人）の票や選好は二重に数えるのに他の個人（不可触賤民や黒人）のそれは一重にしか数えないというのと同じく、1つの事情に関していわば「二重の算入」を生ぜしめることになるので誤りであると言うのである。このように外的選好が功利主義的計算において考慮されると、功利主義が正当化する社会体制は、多数派の社会的・宗教的・人種的偏見を体現したものとなると言う[21]。

しかし、また、別の場所では、ドゥウォーキンは、外的選好が算入されているから悪いのではなく、その結果（選好の内容）自体が、個人の自由を否定し個人に対する平等な尊重を否定するから悪いのだという議論をも展開している。例えば、ある人間の同性愛的関係を結ぶ自由を否定するということは、その人を他の人々より劣っているとか、価値が低いとか、平等な尊重と配慮に値しない者として扱うことと同様であると彼は主張するのである[22]。

以上のドゥウォーキンの指摘に対しても様々な批判がなされているのであ

困窮者とみなされる人々の自由を軽んじたのではないかと分析している。石井幸三「ベンタムにおける自由—拷問、同性間性愛の問題を手がかりにして」龍谷法学25巻1号（1992）24〜25頁。

21） Ronald Dworkin, Taking Rights Seriously 234-238 (1977). しかし、これに対しては、ハート（Herbert Lionel Adolphus Hart）から、「なぜ外的選好の算入は多数決の欠陥なのであろうか？」という疑問が提起されている。つまり、例えば、プールを建設するか否かという問題をめぐって、1人の水泳をしたい者のみならず、その他の水泳をしたくない者も建設に賛成したとすると、この場合、なぜ、これが「二重の算定の一種」と言えるのであろうか？ ある財の分配をめぐって水泳をしたい者と、水泳をしたくない私心なき隣人の選好によって支持されたということにすぎない。両者の選好も一重にしか数えられていないのではないかと言うのである。Herbert Lionel Adolphus Hart, *Between Utility and Rights,* in Essays in Jurisprudence and Philosophy 208-221 (1983).

22） この点に関して、ハートは、「このような自由の拒絶は、果たして平等な配慮と尊重の否定であると言えるであろうか。このような自由の拒絶は、『あなたの見解は劣等なものであるから、平等な配慮や尊重を受ける資格がない』ということを示しているのではなく、『平等な配慮と尊重を受けた結果、あなたの見解は数において圧倒された』ということを示しているにすぎないのではないか」という旨の批判をしている。Hart, *ibid.*, at 208-221.

るが、いずれにしても、功利主義が、現在の立憲主義諸国において多くの構成員に受け入れられている道徳に反することがあり得るということは明白であり、このように考えると、功利主義的計算のみによってでは、国家が採用すべき原理を説明することができないのではないかという疑問が濃厚になってくる。

さて、前述のように、ベンサムの見解は、結果としては実質的に自然権論や個人権論と異ならないという解釈も存在する。すなわち、功利主義も自然権論も、個人主義的なブルジョア・イデオロギーであり、両者には論証過程にこそ大きな相違が見受けられるが、その帰結に関して言えば、功利主義の保障しようとしたものは自然権論が主張したものからかけ離れていないと言うのである。このような見解の論拠は様々であるが、ここでは以下の2つの主張に対して若干の検討を加えたい。

まず第1に、ベンサムは、多数者の少数者に対する専制という問題に関して、生命・身体の安全など現在基本的な自由であると考えられているようなものに対しては、非常に大きな快苦の値を与えていたので、最大多数の最大幸福の計算によったとしても、大多数の人間の欲求を満たすために1人の個人の命を奪うというような状況が許されることはなかったであろうという考え方が存在する。実際、彼は、いかなる人も一定期間に経験できる不幸の量は幸福の量よりも大きいとして、「もし、グレート・ブリテンの全ローマ・カトリック教徒たちがプロテスタントたちの奴隷とされるならば、最大幸福は実現しない」と明言している[23]。しかし、このように解釈してみても、「最大多数の最大幸福の原理」と個人権論とはやはり本質的に異なるものと考えざるを得ない。なぜなら、少数者の重要な利害に極めて大きい快苦の値をつけるとは言っても、それはその都度、他の快苦と比較衡量され、前者が優越した場合においてのみそれが認められ得るにすぎないからである。したがって、このように考えてみても最終的には少数者の基本的権利の侵害という事態に歯止めをかけることはできないのである。

第2に、ベンサムの功利主義はいわゆるルール功利主義なのであり、彼は一定の権利や義務についてはいかなる場合にも功利計算に服することはない

---

23) この点に関しては、*See* DINWIDDY, *supra* note 3, at 76-77. ただし、ディンウィディは、ベンサムが、「功利主義についての論説（*Article on Utilitarianism*（1928））」の中で、本文のような実例を挙げ、多数者の少数者に対する専制という問題に付言しているが、全体としては、ベンサムが少数者の利益の侵害という問題に十分取り組んでいるとは言えないとも評価している。

としていたと解釈すべきなのではないかとの考え方も存在する。例えば、戒能通弘は、ベンサムの法理論の中心は、悪名高き「功利の原理」ではなく、人々の正当な期待を保護する「期待の原理」であったと述べている。期待に基づく功利とは、公的機関や私人が将来いかに行動するかについての信頼に基づく功利であり、換言すれば、人々の信念、希望から導かれるもの、人々の正当な期待が満たされることにより増進し、満たされないことにより減少する功利である。それは、例えば、ある人が土地を合法的に所有している場合、その土地が自分のものであり続けるという正当な期待に基づいて、様々な計画を立てそれを実現すること（譲渡、売買、抵当権設定等）から生じる功利などを指す。戒能は、ベンサムが、人間は期待の安全が確保された場合においてのみ生存できると考えていたため、この期待に基づく功利を功利の中でもっとも重要なものと捉えていたと主張する。そして、ベンサムは、一時的な快苦ではなく、アイデンティティの一貫性と継続性こそ人間の幸福にとって本質的なものであると考えていたのであり、結果として、ベンサムの「期待に基づく功利」から導出されるものは、ロールズ（John Rawls）の主張した社会的基本財と同様のものだったと言う[24]。したがって、これまで、ベンサムの見解においては、少数者の権利や自由が犠牲にされたり差別が是認されたりする可能性があると批判され続けてきたが、以上のようなベンサムにおける期待の安全の基底性からするとそのようなことはあり得ない、むしろ、ベンサムは、制度として一般的功利の向上に役立つと認められる社会の枠組みを定める権利や義務については、いかなる場合にも功利計算に服することはなく従われるべきであると考えていたと捉えるべきであると言うのである。

しかし、確かに、ベンサムは、一般的なルールを提示したり、「期待」を重視したりしているが、そのことから必ずしも、彼がルール功利主義者であるという帰結を導き出すことはできない。この点に関して、ハリスンは以下のように述べている。ベンサムは、諸所で個人の行為や快苦の傾向などをある程度一般化しようと試みているが、それは、彼が、人間の快苦を評価したり計算したりするためには、過去の経験などに基づいて個人の行為や傾向をある程度一般化しておくことが必要不可欠であると考えたことによる。しか

24) 戒能通弘「J・ベンサムと期待の原理—新たなるベンサム像の提示をめざして」同志社法学49巻5号（1998）417頁。

しながら、こうしたベンサムの一般化の傾向は、彼の道徳理論・政治理論の本質的部分を構成するわけではない。彼の議論においては、原則としては一般的なルールが用いられるのであるが、例外的に特別な事情がある場合には(個人の行為、快苦などに関する一般的なルールが適合しないような特別な場合には)、こうした一般的なルールも容赦なく修正されたり排除されたりしてしまうのである。例えば、ベンサムは、一般的なルールとして、「最大多数の最大幸福」を達成するという総合的な目的は、安全・財産・自由・平等の4つの副次的な目的に分解されると述べている。しかし、彼はそれら4つを決して絶対的なものとして考えていたわけではなく、最終的な結論に関しては、個別的な功利主義的計算に委ねていた。さらに、ベンサムは、裁判官がとるべき行動を一般的なルールとして規定すべく、立法府による法の制定を主張したのであるが、一方で、彼は、裁判官に対して、制定法をそのまま適用するというよりはむしろ、場合によっては、その裁量で、制定法ではなく直接功利の原理に訴えるような形で事案を解決することを求めていた。そして、これらの点から考えると、確かにベンサムにはルール功利主義者としての側面も見受けられるのであるが、彼はルールを不変的なものとみなしてそれを機械的に適用すべきと考えていたのでは決してなく、最終的には、個々のケースごとに個別的に判断すべきであると考えていたと評すべきである。このように考えると、ハリスンが指摘するように、ベンサムは本質的には行為功利主義者であったと評価すべきであろう[25)]。

以上のことから考えると、ベンサムがルール功利主義者であったという評価には無理があるように思われる。すなわち、ベンサムの議論と自然権論とは、その帰結において重なり合うとは言えないと考えるべきであろう[26)]。こ

25) さらに、ハリスンは、諸個人の「期待」を保護すべきであるということのみからでは、財産権制度を正当化することはできないとも論じている。すなわち、人々が財産について様々な期待を抱くのは、財産についての法が存在するからである。したがって、一度財産権が法定されれば、その後はそこから期待が生じるし、その期待を法が保護すべきということにもなるであろうが、しかし、なぜそもそも(一番最初の段階で)財産権が法定されなければならなかったのかということに関しては、そこからは何ら理由を引き出すことができない。同様に、なぜある種の所有権制度が別の種類の所有権制度よりすぐれていると言い得るのかという問題に関しても、そこから何ら根拠を示すことができないと言う。Harrison, *supra* note 15, at 237-244.

ハリスンのほか、ベンサムを行為功利主義者であるとする見解として、フランケナ・前掲注2) 54頁参照。

26) その他、ベンサムの功利主義論に対しては、ハートが以下のような旨の分析を加えている。「ベンサムは、『非法的権利は存在しない』と述べているが、実は、彼は、『法』ではなく『強制的社会慣習(実定道徳)』によって生ぜしめられる権利も存在し得ることを認めていたようにも

うした問題は、その後のミルになると、よりいっそう深刻なものとして顕在化するのである。なぜなら、彼は、功利主義の量的計算の帰結が、人権の基礎となる道徳とその射程において必ずしも一致しないということに気づいているのみならず、両者はそもそも質的にもまったく異なるものなのではないかということにも気づいていたように思われるからである。

Ⅱ ミ　ル

ミル（John Stuart Mill）は、1861年の『功利主義論』[27]において功利主義擁護の立場を明らかにしているが、そこには、かなりの混乱が見られるように思われる[28]。例えば、ミルは、ベンサムとほぼ同様に、「行為は、それが幸

解釈できる。とすれば、なぜ、このような、強制的な社会慣習あるいは実定道徳に基礎を置き人間の自発的行為によって創造され消滅され得る『非法的権利』を功利主義の観点から説明し、それらの概念の『無基準性』を克服しようとしなかったのであろうか。それは、権利概念の本質とされる強制的義務という要素は、功利の原理の直接的な要求から引き出されるものではないと彼が考えていたからであろう」。H. L. A. Hart, *Natural Rights: Bentham and John Stuart Mill*, in ESSAYS ON BENTHAM 82-89 (1982).

27） JOHN STUART MILL, UTILITARIANISM (1957). ミルは、『ベンサム論（THE WORKS OF JEREMY BENTHAM (1838)）』において、「ベンサムの功利主義は、精神的完成のある状態に達した社会に、物質的利益を保護する規則を教えるであろうが、社会の精神的利益のためには何もしない」と功利主義には批判的である。しかし、1861年の『功利主義論』では、再び功利主義を擁護している（関・前掲注3）52頁）。

28） ミルは、『自由論』において、行為を「自己関係的行為」と「他者関係的行為」とに分類し、前者への社会的介入の正当性を否定する一方で、後者に関しては、他人に害悪を与える場合のみ公権力の行使が許されるという「自由原理」を論じている（JOHN STUART MILL, ON LIBERTY, IN ON LIBERTY AND OTHER ESSAYS (1991)）。ミルは、『自由論』の中でも、「私は、功利をすべての倫理的問題に関する究極的な人身に対する訴えであると考えており、それゆえ、功利以外の抽象的な正義の観念から自分の理論を引き出すことが可能であってもその利益は放棄するつもりである」と主張し、一応功利主義的立場を宣言してはいるが、「自由原理」は、人間の個性または自発性（個人の自発性は内在的価値を持っており、それ自身として尊重されるべきであるということ）を根拠として論じられているので、それと功利主義との理論的一貫性を維持することは不可能なのではないかとの評価が一般的である（例えば、Hart, *supra* note 26, at 79-104. 小谷野勝巳も「自由の原理に頼るためには、ミルはその代償として、法的社会的強制の一般的効用を用いた普遍的な道徳的権利の説明を捨てなければならない」と述べ、同様の立場を表明している。小谷野勝巳「道徳的権利について―J・S・ミルの見解を中心に」日本法哲学会編『権利論』（有斐閣・1984）91～96頁）。一方で、自由原理と功利主義は整合的であるとする見解もある。例えば、David Lyons, *Human Rights and the General Welfare*, in MILL'S UTILITARIANISM: CRITICAL ESSAYS 29-43 (1997)（ライオンズ（David Lyons）は、ミルが内的制裁を重視していること、そしてその内的制裁が各人に対して行為の後ではなく行為の前に作用し、各人をして行為を思いとどまらせるような効果を持つと考えていることから、ミルの道徳理論をルール功利主義の一種であると解釈し、「自由原理」との整合性を見出している）. また、平尾透『功利性原理』（法律文化社・

福を増す傾向に比例して正しく、幸福の逆を生む傾向に比例して誤っており、幸福とは、快楽および苦痛の不在を意味し、不幸とは苦痛および快楽の喪失を意味する」とした上で、「功利主義」を「幸福の総計を最大化するようなもの」と定義づけているが[29]、ベンサムとは異なって、「満足した豚であるより不満足な人間である方がよく、満足した馬鹿であるよりも不満足なソクラテス（Sokrates）である方がよい[30]」という言葉が示すように、ミルは快楽の間に質の優劣を認めている。これは、あらゆる快楽は単純に量的な側面で計量し大小を比較することができると主張するベンサム主義の快楽計算を否定することになる[31]。けれども、その一方で、別の箇所では、「［ある対象が見えることを証明するには、人々が実際にそれを見る他ないように］何かが望ましいことであることの唯一の証明は、人々が実際に望んでいることである[32]」とも述べ、その人本人が望むものこそ望ましいものであり、快楽の間には質的な差は存在しないと考えているかのようにも思える[33]。

1992）参照（平尾は、ミルの『功利主義論』においては、①第1原理「自己の幸福は自己自身にとって（究極的に唯一の）善である」と、②第2原理「全体の幸福はすべての人にとって善である」とが論じられていると分析し、一方、『自由論』では、「自由原理」として、①第1原理「自己自身にのみ関係する行為（状態を含む）における自由」と②第2原理「他人に関係する行為における規制の可能性」が論じられていると主張する。そして、功利主義の2つの原理と、自由原理の2つの原理はそれぞれ一致していると結論づける）。

29） Mill, *supra* note 27, at 10–15.

30） Mill, *ibid.*, at 14.

31） いかにして快楽の質を比較するのかという問題に関して、ミルは、「2つの快楽のうち、両方を経験した人々のすべてまたはほぼすべてが、道徳的義務感と関係なく決定的に選ぶ方がより望ましい快楽である。……そして、2つの快楽を等しく知り、等しく評価し、等しく享受することができる人間は、（両者のうち）自分のより高級な能力をより多く使う方をはっきりと選ぶことは疑いのない事実である」と述べている。Mill, *ibid.*, at 12. このように、ミルは、快楽の質に関しては、品位のある人の選ぶ方の快楽がより価値のある快楽であるとしているのであるが、これに対しては、この議論は結局、品位のある人とはより価値のある快楽を選ぶ人のことであるとのトートロジーに陥ることになってしまうのではないかとの指摘もなされている。関・前掲注3）53頁。

32） Mill, *supra* note 27, at 44.

33） その他、ミルの功利主義論に関しては以下のような問題点が指摘され得る。①ミルは、あることを望むことと、それに快楽を見出すこととは、同一現象の2つの面にすぎないとしているが、実はそれらは異なりはしないか。②ミルは、行為者の性質を問題にせずに、行為の（結果）の善悪だけを問題にするとしつつも、一方では、行為の正・不正とは別に人間の性格にも関心を持つべきであるとの譲歩も見られる（以上、関・前掲注3）53頁参照）。また、③ミルは、「可視的」であるとか「可聴的」であるとかの唯一の証明は、人々が実際にそれを見たり聞いたりしていることに存するのと同様に、あるものが「望ましい」ことの証明は人々が実際にそれを望んでいることにしかないとした上で、各人は自己の幸福を望んでいるということから、社会の一般的福祉がすべての人々にとっての善であるという功利の原理が導出可能であるとしている。こうしたミ

しかし、もっとも深刻な混乱は、ミルが「正義（justice）」の本質的な要素であると考えた「道徳的権利」という概念の中にある。なぜなら、ミルは、「道徳的権利」を「並外れて重要で感銘を与え」、「人間の福利にとって不可欠の要素」であり、「いかなる人間もそれなしではすませられない」ものであると記述しているのであるが、そこでは、反自然権の立場から功利主義を擁護してきたミルが、功利の原理のみによっては説明し得ない何ものかを必然的に含んでいるものとして、「道徳的権利」を捉えているかのように思われるからである。

ミルは、もちろん「自然権」という概念に依拠することを明確に否定しているのであるが、一方で、彼は、「道徳的権利」を、人間が作り出したものではなく、功利にも依存しておらず、人間性の何らかの特徴に適合しているがために認められており、しかも他の利益との比較衡量をほとんど許さない絶対的な拘束力を持つようなものであるという意味で、「自然権」的なものとして捉えているのではないかとも考えられるような記述をしている。例えば、「不正な法があるかもしれないこと、したがって法は正義の究極的な基準ではなく、ある人には利益を与え得る一方で、別の人には正義に反するような害悪を及ぼし得るということは広く承認されている。……［そして、不正な法によって侵害される場合、侵害される権利は］法的権利ではあり得ないから、別名が与えられ道徳的権利と呼ばれる。……法律上の権利を侵害することが不正だといわれる場合のみならず、法律自体が不正であり、それによって、あるべき法律上の権利が侵害された場合にも不正であると言われることもある[34]」という記述からは、実定法を超越したものとして「道徳的権利」を捉えていることを窺い知ることができる。また、「功利に基礎づけられた正義が、すべての道徳の主要部分であり、すべての道徳の中で比較を絶したもっとも神聖で拘束力の強い部分だと私は考えている。正義とは、人生を導く他のどのようなルールよりも密接に人間の福祉の本質にかかわり、それゆえより絶対的な拘束力を持つある種の道徳的ルールをあらわす呼び名である。そして、我々が正義の観念の本質であるとした概念――つまり個人が有する権利という概念――は、このより強い拘束力を意味し、立証してい

ルの議論の弱点は、各人にとって自分の幸福が望ましいということから、「人々の総体」にとって社会全体の幸福が望ましいという結論を導出しているというところにある（井上・前掲注 14）123〜126 頁）。

34）　Mill, *supra* note 27, at 55.

る[35]」（傍点は筆者。以下同）という記述からは、「道徳的権利」は人間の本質から導き出されるもので、他の利益との比較衡量をほとんど許さない絶対的な拘束力を持つという、いわばside constraintとしての権利概念の萌芽さえ感じとることができる[36]。以下では、このミルの「道徳的権利」についてさらに詳しく検討してみたい。

ベンサムが功利の原理を正邪の原理と呼び、道徳や法ができる限り功利の原理の要求するところと合致するよう努力することが立法者や道徳教育者の使命であると考えたのに対して、ミルは、功利の原理がそのまま「道徳（morality）」になるべきであるとは考えなかった。彼は、功利の原理を「便宜（expediency）」の原理と呼び、それ自体としては「道徳」の源泉にならないことを明らかにしている。すなわち、「道徳」とは、「便宜」とは区別された効用の特別の一部門であり、一般的福利を最大化する行為がすべて「道徳」となるわけではないとした。つまり、たとえ一般的福利を最大化するようなものであっても、単なる「便宜」としか呼ばれないものも存在するのである[37]。

「道徳」と単なる「便宜」とを区別するのは、制裁もしくは制裁による義務づけの概念である。それに違反した行為がなされた場合、それに対して何らかの制裁を加えるべきだという感情を我々に呼び起こすようなものが「道徳」であり、不適切ではあるが制裁には及ばないと考えるようなものが「便宜」である。そして、この「道徳」に付随する制裁には、法律や世論のような外的制裁もあれば、本人の良心の呵責などのような内的制裁もあると言う。彼は、「これ（制裁の有無）が、道徳と単なる便宜とを区別する真の分岐点であるように思われる[38]」と述べている。

さらに、彼は、単なる「道徳」と「正義（道徳的権利）」とをも区別している。「正義（道徳的権利）」が「1人またはそれ以上の人間にその義務と対応

---

35) Mill, *ibid.*, at 73.

36) 同時に、ミルの功利主義論の中には、社会の幸福を最大化すべしという目的論的な特色も多分に見受けられる。例えば、「功利主義の基準は、行為者自身の最大幸福ではなく、幸福の総量の最大化である。功利主義は、気高い性格が（社会全体に）一般的に教化されることによってのみその目的を達することができる」、「自分の幸福を放棄することによって世界の幸福総量の増加に貢献できるというときに、自分の個人的な人生の楽しみを絶つことのできる人々に大いなる栄光あれ」等これらの記述からは、社会全体の幸福を最大化するための手段としての個人という目的論的な視点が見受けられる。Mill, *ibid.*, at 21.

37) 「便宜」・「道徳」・「正義」の関係については、*See* Mill, *ibid.*, at 52-79.

38) Mill, *ibid.*, at 60.

する権利を持たせる」ようなものであるのに対して、「道徳」は「何の権利も生まない道徳的拘束力」である。例えば、「正義が意味するところは、することが正しく、しないことが間違いであるというだけのものではなく、ある個人が自分の道徳的権利として我々から要求できるものである[39]」。すなわち、「正義（道徳的権利）」には必ず個人の「権利」という考えが含まれており、他人に対してある行為をするよう請求できたり、やめるよう請求できるという性質が付随している。一方、寛大や恩恵などの「道徳」は、実際我々が実践しなければならないとされているものではあるが、いつ、誰に対してそれを行うかに関しては、特定の相手や時期が定まっているわけではなく、我々の自由な選択に任されている。そのような意味で、単なる「道徳」の場合、特定の人にそれを施すよう道徳的に拘束されているものではない。すなわち、両者とも義務的拘束力を有するのであるが、「道徳」が不完全な拘束力しか有しないのに対して、「正義（道徳的権利）」は完全な拘束力を有する。

ここで、ミルの議論を簡単に要約すると以下のようになる。「便宜」や「道徳」、「正義（道徳的権利）」はいずれもある程度は社会的功利によって支えられているものであり、そのような意味で、すべて同じ起源から発生するものである。しかし、「道徳」は「便宜」とは異なって、制裁すなわち義務的拘束力を有するようになったものであり、さらに「正義（道徳的権利）」は「道徳」の中でも、よりいっそう強い義務的拘束力を有するに至ったものということになる[40]。すなわち、ミルによれば「正義（道徳的権利）」と単なる「便宜」や「道徳」とを区別するのは、強い制裁ないし強い義務的拘束力の観念なのである[41]。つまりミルの「正義（道徳的権利）」概念において、それと他の２つとを区別する上では、制裁ないし義務的拘束力がもっとも重要なメルクマールと考えられているのである。

---

39) Mill, *ibid.*, at 62. ミルは、道徳的権利を、正義の本質的要素ないしは正義とほぼ同義のものとして扱っている。ミルは以下のように述べている。「正義という言葉のいろいろな用法を調べたとき、この用語（正義）は一般に個人の権利という考えを含んでいるように思われる」（Mill, *ibid.*, at 61）。

40) ミルは「正義とは全体的に見れば、他のものに比べて社会的功利の度合いが高いものであり、したがって義務的拘束力がとびぬけて強いものであるような、ある道徳的要件の名称である」と述べている（Mill, *ibid.*, at 77）。

41) 「正義（道徳的権利）」は「道徳」に包含され、「道徳」は「便宜」に包含されるということになる。

この点に関してさらに詳細に検討してみたい。「正義（道徳的権利）」を論じる上で、ミルは、以下の4つの観点から、人間には幸福を追求し不幸を回避しようとする性向が備わっているという幸・不幸の原理、または幸福の総量を最大化すべしという功利の原理を用いている。

①まず、「道徳」・「正義（道徳的権利）」の目的因としての功利の原理である。前述のように、ミルは、必ずしも幸・不幸を最大化するものがすべて「道徳」となるべきであるとは考えていないのであるが、一方で、およそあるべき「道徳」たるものは、最大多数の最大幸福を体現するものでなければならないと考えている。彼は、「功利主義者の見解によれば（最大多数の最大幸福は）人間の行為の目的なのであるから、必然的に『道徳』の基準となる。すなわち、それは、人間の行動のための準則であり教訓であり、これに従うことによって［できる限り苦痛を逃れ、かつできる限り豊かな楽しみを享受し得る］生存が最大限に全人類に（そしてさらに知力のあるすべての生物にも）保障されるものでなければならない」と述べている[42]。当然、「道徳」に包含される「正義」ないし「道徳的権利」もまた、功利の原理に適合するものでなければならないということになる。

②次に、「道徳」的世界を実現するための手段因としての幸・不幸の原理である。最大多数の最大幸福を体現する「道徳」をこの世に実現するためには、それを強制する手段を用いる必要がある。すなわち、功利主義は個人の幸福の最大化ではなく、社会全体の幸福の総量の最大化を目指すものであるため、時には個人の利益を優先させるがために社会の利益を損なわしめる者も出現するであろう。このような者に対して、制裁を加える必要があるが、この際に、幸福を追求し不幸を回避しようとする人間の性向を利用する。制裁には法律や世論による圧力などの外的制裁と本人の良心の呵責などの内的制裁[43]があるが、いずれも人間にある程度の不幸をもたらすものである。そして、人間には本質的に幸福を追求したい、不幸を免れたいと望む性向があるため、このような制裁を加えることが「道徳」的世界の実現に有用なのである。さらに、ミルは、初めのうちは、このような外的・内的制裁によらずして「道徳」的世界を実現することは不可能であるが、人間には先天的に同胞に対する共感意識があるため自分の幸福を同胞の幸福にまで拡大するのは

42)　Mill, *supra* note 27, at 16.
43)　この内的制裁を非常に重視しているところにミルの特徴がある。

それほど困難でないし、また、後天的にも諸個人に対して制裁を通じて「道徳」が強制されることによって、自分の幸福のみではなく社会全体の幸福を考慮するということが一種の習慣になり、次第に、社会全体の幸福を実現することが諸個人自身の幸福を実現することと一致するようになるはずであると言う。そして、いずれは、この「道徳」が諸個人のうちに内在化され各人の意志の一部を形成するようになるので、やがて制裁なくして「道徳」的世界が実現される時期が到来するであろうとも述べている[44]。

③さらに、ミルは、「正義（道徳的権利）」が侵害された場合になぜ社会は制裁を科すことができるのか、なぜ社会が制裁を科すことが否定されないばかりか正当であるとされるのかについての根拠を述べる際にも功利の原理を用いている。彼は、「権利を持つということは、それを所有したときに社会がその人を保護しなければならないものを持つことである」とし、「どうして社会が権利を保護しなければならないのかと尋ねられれば、一般的功利という理由をあげる他はない」と述べている。すなわち、ミルは、「正義（道徳的権利）」は、一般的福利に対するその行為の影響が非常に大きいので、たとえ刑罰を科すことに含まれる不効用を勘定に入れたとしても、一般的効用の点から見て、その行為の不実行を罰することが正当化されると述べている。しかも、ミルによれば、「正義（道徳的権利）」とは、単に個々の場合の強制を正当化する重みがあるだけでは足りず、法的あるいは社会的な形態をとって規制される強制執行に伴わざるを得ない苦痛や他の不効用といった損失を払ってでも、そのような強制執行を行うのを正当化するに足るほどの重みがなければならないのである[45]。

④そして、これがもっとも重要な点であると思われるのであるが、彼は

---

44) Mill, *supra* note 27, at 34-43.

45) 上記③制裁の正当化根拠に関するミルの議論に対して、ハートは、ミルが、法的権利としての存在理由（なぜ社会および法がそれを強制できるのか）を道徳的権利としての存在理由と別個独立に論じていないとして、以下のような批判を加えている。すなわち、ミルは、道徳的権利を「一般的福利にとってあまりに並外れて重要であるため、それを侵害されたときに制裁を加えることが正当であるとされるようなもの」と定義づけた上で、「道徳的権利が侵害されたときに、なぜ、法はそれに対して処罰を加えることができるのか」という問いに対して、「道徳的権利は制裁という不利益を考慮してもなお保障する必要があるほどに重要であるため」と答えている。しかし、このように、道徳的権利が侵害された場合、なぜ法によって制裁を加えることが正当化されるのかに対して一般的効用を持ち出すのは、トートロジーである。もし、ミルの考えるような道徳的権利に関して、それを侵害しないことを他人に要求し得る理由として同語反復を避ける正当化根拠を探すとすれば、道徳的権利の存在理由について、一般的効用以外の正当化事由を挙げるより他はない。Hart, *supra* note 26, at 79-104.

「正義」ないし「道徳的権利」の本質として、それが極めて高い社会的功利に支えられていること（これは上記①における功利の原理である）と、違反に対する制裁の概念（すなわちそれに必然的に付随する強い義務的拘束力）との2点を挙げている。このうち、権利に付随する制裁の観念がミルの「道徳的権利」論を特徴づけていると思われるのである[46]が、なぜ「道徳的権利」には本質的に制裁・義務的拘束力が付随するのかという説明の中で、一部、功利の原理を用いているのである。

なぜ、「正義」ないし「道徳的権利」には必然的に制裁の概念が付随するのか。この点に関して、ミルは以下の2つの方法で説明を試みている。1つは、「正義」という言葉の用語法から説明するという方法である。すなわち、「正義」という文言が、現に当時の社会の中でいかなる意味で使われているかを観察したり、「正義」という文言の語源に遡ってみることによって、「正義」の意味するところを同定しようとしている。彼は、社会における用語法を観察してみると実社会で「権利」として通用しているものはすべて実際に制裁の概念を含んでいることがわかると記述するとともに、多くの言語において、「正義」と「法（の執行ないし命令）」とが同じ起源を持つことに着目して、「正義」の概念が形成されるときの本質的要素は「遵法」観念であったこと、したがって、法律（もしくはあるべき法律）に従うことが「正義」であり、人々はそれに従う義務を有していること、さらに、それに従わない場合はまさに「不正義」であるがゆえに人々はそれを処罰すべきだと感じるということを述べて、そこから、「正義」とそれに必然的に付随する制裁の概念との関連を導き出している[47]。

もう1つは、その一部に功利の原理を用いた説明である。この考え方を要約すると以下のようになる。正義の心情には以下の2つの本質的な要素がある。それは、①加害者を罰したいという欲求と、②特定の被害者が存在する

46)　ミルと同じく功利主義の観点から「道徳」を論じたベンサムも、①「道徳」の目的因としての快苦の原理、②「道徳」的世界を実現する手段としての快苦の原理を論じ、さらに、道徳には制裁の観念が付随してくるということをも認めているが、これから本文で述べるような功利の原理と連動させた形での制裁の概念を用いることはなかった。

ミルは、さらに、本文に挙げた4つの観点で幸・不幸の原理あるいは功利の原理を用いている他に、世の中には複数の「正義」や「権利」が並存するため、それらが相互に衝突したときにいずれの「正義」「道徳」を選択すべきかを決定する際にも、功利の原理を用いるべきであるとしている。Mill, *supra* note 27, at 71.

47)　Mill, *ibid*., at 58-60. 以上の説明には、快苦の原理または功利の原理は用いられていない。

という確信である。この2つの要素は権利の要素でもある。そして、さらに加害者を罰したいという欲求は、自己防衛の衝動と、（同胞に対する）共感の感情[48]という2つの本能に近い心情から自然に生まれるものである。すなわち、処罰の欲求は、自分の権利が侵害された場合に感じる、人間に本来備わる仕返しまたは復讐の感情である。「道徳的権利」は特定人にとってのみならず、すべての人間にとって非常に重要なものであるため、それを侵害されたときには、侵害された本人のみならずそれ以外の人間にも復讐・憤激の感情を呼び起こす。そして、ミルは、なぜこのような復讐・憤激および共感の感情が生まれるのかという問いに対して、それが極めて大きな社会的功利を有しているからである（これは①における功利の原理と同じである）と答えている[49]。ただし、この復讐・憤激の心情そのものは道徳的なものでは決してない。道徳的なのは、この心情が社会的共感に全面的に服従してその要求につき従う場合である[50]。彼は、「正義の心情は、自分または自分が共感を持つ人に対する損傷または損害に反撃し仕返ししようとする動物的欲求が、人類の共感を拡大させる能力と人間の賢明な利己心の考え方によって、すべての人間を包含するように広がったものである[51]」と述べている。

ここで、具体例に即して、もう一度、ミルの議論に見られる4つの幸・不幸の原理ないし功利の原理を見直してみたい。例えば、生命・身体の安全の保障という「道徳的権利」は、①それ自体で、功利の原理に適合している。なぜなら、すべての人間は、生命・身体の安全を保障されるということを望

48）ミルは、この共感の感情あるいは一体感の感情を非常に重要視している（Mill, *ibid.*, at 39-43）。彼は、「功利主義的道徳が確固たる基礎として置くのは、人間の社会的感情——すなわち人間が同胞と一体化したいという欲求——である。そして、この欲求はすでに人間の本性に見られる強力な原理であり、幸いなことにそれは特別に教え込まなくても文明が発展するにつれて強まっていく傾向を持つものの1つである。……そこには、少なくとも一時的には、他人の利益は自分の利益だという感情がある。……［こうして社会に一体感が生まれるが、］この一体感が完全なら、他人の利益にならないものは、自分にとってどれほど有利な条件でも、誰も考えたり望んだりしなくなるであろう」と述べている。

49）ミルは、「正義とは全体的にみれば、他のものに比べて社会的功利の度合いがより高いものであり、したがって、義務的拘束力がとびぬけて強いものであるような、ある道徳的要件の名称である」（Mill, *ibid.*, at 77）、「この［仕返しをしたいという］渇望は、関係する功利が極めて重要であり、感銘を与えるということによって、道徳的に正当化され、また強烈なものとなるのである」と述べている（Mill, *ibid.*, at 66）。

50）ミルは、「私は、この心情［復讐の感情］そのものは、通常または正当に、便宜の観念と呼ばれているようなものからは生じないと思う。ただし、この心情は生じなくても、心情の中にある道徳的なものはすべてそこから生じると考える」と述べている。Mill, *ibid.*, at 63.

51）Mill, *ibid.*, at 65.

んでいるのであり、それを保障することが最大多数の最大幸福に適合するからである。②また、「人を殺すべからず」という「正義」を世の中に実現させるためには、それを犯した者が現れたときのために前もって法律による制裁を用意しておいたり、世論による制裁に頼ったり、各人の良心の呵責に訴えたりすることが有用である。なぜなら、人間には、幸福を追求し、不幸を回避したいという性向があるからである。この「正義」は、社会が発達するにつれて、次第に構成員のうちに内在化され、制裁なくして実現されるようになるであろう。③さらに、このような制裁を社会が加えることは、「道徳」的世界の実現に有用であるのみならず、正当なものとも考えられる。なぜなら、生命・身体の安全はそれなしでは社会を成り立たせていくことができないほど一般的福利において重要なものであるため、刑罰を科すことに含まれる不効用をたとえ勘定に入れても、一般的効用の点から見て、その行為の不実行を罰することが正当化されるからである。さらに、④生命・身体の安全の保障という「道徳的権利」には、本質的にそれに違反した場合の制裁の概念が必然的に付随している。これは、当時の社会で使われている「権利」という言葉の用語法に照らしてもそうであると言えるし、さらに、他人の生命・身体の安全が害された場合の被害者の復讐・憤激の感情や、それを伝え聞きそれに共感を覚えた社会の他の構成員の感情から自然に生じたものでもある。そして、このような復讐・憤激の感情および共感の感情が生じるのは、それが極めて大きな社会的功利（ここでいう功利の原理は①における功利の原理と同じものである）を有しているからなのである。ここでは、以上のうち①目的因としての功利の原理と④制裁における復讐・憤激の概念との関係にのみ焦点を当ててさらに議論を進めていきたい。

ミルは、「正義」ないし「道徳的権利」には、①最大多数の最大幸福という社会的功利によって支えられた「〜すべし」という行為の準則の部分と、④それを各人に要求することができ（義務的拘束力）、それに違反したものに対しては制裁を加えるべしという欲求との２つの側面が並存していると観察している[52]。そして、権利の概念の本質としての制裁の観念に関しては、ミルは、制裁は、社会の構成員のいわば復讐・憤激の感情および共感の感情から生じるものであるが、これらの感情が生じるのは当該権利が極めて大きな社会的功利に関連するものだからであるという説明をも付加している。

---

52)　Mill, *ibid.*, at 516.

しかし、④制裁における復讐・憤激という概念と、①目的因としての功利の原理は必ずしも連動しないはずである。すなわち、「道徳的権利」は、①それ自体社会的功利の極めて高いものであり、かつ、④それを侵害された場合の社会の構成員の復讐・憤激の感情も大きいため制裁を認められ得るというものであるが、①「道徳的権利」それ自体が持つ社会的功利が大きくなればなるほどそれに正確に比例して、④それを侵害された場合の感情も大きくなり、したがって、それに見合う制裁も大きくなるとは言えない。なぜなら、復讐・憤激の感情はいわば動物的な感情であり、各権利が持つ功利性に連動して合理的にその大きさが求められるものではないからである。確かに、権利の持つ重要性が大きくなれば、それに応じて、それを侵害された場合の感情も大きくなるケースが多いかもしれないが、一方で、客観的に見てそれ自体それほど功利性の高くないものであるにもかかわらず、復讐・憤激の感情が極めて大きくなるということも考えられるであろう[53]。なぜなら、復讐・憤激の感情は人間の理性的計算を超えた動物的・本能的なものであるからである。例えば、当時の社会において同性愛は厳罰の対象とされており、もしかすると同性愛禁止の法を犯した者に対する人々の憤激の度合いは極めて大きなものであったかもしれない。しかし、同性愛が社会に対して害悪をもたらさないということを考えれば、同性愛を禁止することの社会的功利は決して大きいものとは言えなかったであろう[54]。

実は、ミル自身も、人々が他人の行為に対して、社会的功利に裏づけられた合理的根拠もなく、むやみに反感を抱くということがあり得るということを認めている。彼は、復讐・憤激の感情自体は何ら「便宜」とは無関係であると述べている[55]。そして、さらに、彼は、こうした人々の単なる反感を功利の計算に算入し法的処罰の根拠とすることはできないということをも認めている。しかし、ミルは、社会が道徳的完成へと近づくにつれて、個人の抱く復讐・憤激の感情、共感の感情がやがて社会的功利と連動するようになっ

---

53) Mill, *ibid*., at 515.

54) 例えばベンサムも、同性愛が社会に対してほとんど害悪をもたらさないものであるということを理由に、また、同性愛に対する人々の反感を功利の計算に算入し法的処罰の根拠とすることはできないということを理由に、同性愛に対する厳罰は社会的功利の観点から正当化し得ないと主張している。この点に関して、石井幸三は、ベンサムが、ミルが『自由論』の中で述べた「法ないし公権力による個人への干渉は『他人への危害の原理』に基づくべきである」との主張を先取りしたものと評価している。石井・前掲注 20) 28〜43 頁。

55) Mill, *supra* note 27, at 63.

てくると考えている。「誰かに不愉快なことをされると、我々は自然な復讐感情からやたらに憤激するが、社会的感情がはたらいて道徳的になれば、全体の善に調和する方向にしか作用しなくなる。すなわち、社会に危害を与えるものに［のみ］憤激するようになる。……そして自分の損害については、阻止した方が社会のためになるようなものでなければどんなに苦しくても憤激しない[56]」。このようなミルの見解はあまりに楽観的すぎて説得力を持ち得ない。

これらのことから以下の結論に達する。ミルは、最大多数の最大幸福を実現するものすべてが「道徳的権利」であるわけではないと考えている。その中でも、それを各人に強制できるもの、言い換えれば、それに違反した場合各人に制裁を加えることが認められるようなものが、「道徳的権利」なのである。ミルによれば、「正義（道徳的権利）」を単なる「便宜」から区別するメルクマールは、その効用の大きさではなく、制裁の観念が付随しているか否かなのである。とすれば、「道徳的権利」を同定するいっそう重要な必要不可欠の要素は、その権利がもたらす社会的功利にあるのではなく、むしろその権利が侵害された時に呼び起こされる復讐・憤激の感情の大きさ、すなわち制裁の概念にあるということにある。そして、この制裁の有無やその大きさは、「道徳的権利」自体の功利性に依存することなく決定される。すなわち、「道徳的権利」は、本質的に、それ自体の功利性では説明できないもの――それが害された時に呼び起こされる社会の構成員の感情の大きさなど、権利自体の社会的功利とはおよそ質的に異なる何ものか――によって支えられているということになるのである。

この点、ミル自身、「道徳的権利」を功利の原理のみによって説明することはできないということに気づいていたのではないかと思われる。彼は、人間生活のやむを得ない事情や社会の一般的利益を理由に、個人の幸福に対する平等な「権利」に制約を加えなければならない時もあると述べているのであるが、しかし、「こういう制約は厳密に解釈されなければならない」と付言している[57]。すなわち、ミルは、社会の一般的効用が最大化されさえすれば、直ちに個人の権利をも制約することが許されるとは考えていないようである。ミルは、およそ「道徳的権利」なるものは、ある程度は社会的功利に

56）　Mill, *ibid.*, at 64.
57）　Mill, *ibid.*, at 77.

適合している必要があると考えているようであるが、一方で、完全に功利主義のみから説明しなければならないとも考えていないようである。

さらに、ミルは、「正義（道徳的権利）」には他の「便宜」とは異なって、功利の原理とは質的に異なるもの——すなわち、復讐や憤激といった人々の特殊な心情——が付随していること、そしてその特殊な心情が極めて強いがゆえに、「正義（道徳的権利）」が特殊な神聖なる性質を持つということにも気づいている。

> 正義と便宜の違いは、前者に独特の心情が付随する点である……正義は（他のどんな功利とも）量的にも質的にも異なる心情によって当然に保護されているし、保護されるべきである。この心情は、人間の快または便益を促進するだけの観念に付随するもっとも温和な感情とは、その命令の性質がより決定的でありかつその制裁がより厳格である点で区別される[58]。

> どうして社会が権利を保護しなければならないのかと反対者から尋ねられれば、一般的功利という理由をあげる他はない。もしその表現（一般的功利という言葉）が、権利の拘束力の強さを十分には伝えきれず、その感情の独特な力を説明しきれないように見えるとすれば、それは、権利の心情の中に、理性的要素だけではなく、仕返しを渇望する動物的要素が含まれているからである。この（仕返しをしたいという）渇望は、関係する功利が極めて重要であり、感銘を与えるということによって、道徳的に正当化され、また強烈なものとなる。この場合の利益とは安全の利益であり、誰にとってももっとも重要なものである。……それゆえ、我々の生存のまさに基盤となるものの安全を確保するために同胞に主張する権利があるという考えは、より一般的な功利が生むものよりもはるかにずっと強烈な感情を集めるので、この感情の強さの程度の違いは、……事実上質の違いになってしまう。この主張は、絶対的な性格を持ち、無制限で他の考慮を一切度外視してしまうように見える。正不正の感情が、通常の便・不便の感情とはっきり区別されるのはこの点である。……それは、必要不可欠であると認められることによって、道徳的必然となり、物理的必然に似た、そしてしばしば物理的必然に劣らない拘束力を持つようになる[59]。

これらの記述は、「道徳的権利」には功利では説明し得ない特殊な心情が必然的に付随しており、それゆえ、「道徳的権利」の射程が功利主義的な量

58） Mill, *ibid.*, at 79.
59） Mill, *ibid.*, at 66–67.

的計算の結果と一致するとは限らないばかりか、そもそも、「道徳的権利」は功利の原理とは質的に異なるものなのではないかというミルの直観を示しているのではないかと思われる。

第2節　個人権論

功利主義とは、一般に、社会全体の福祉あるいは厚生の最大化を道徳的に正当な目標と考え、政府の活動の唯一の基礎とする考え方である[60]。この考え方によれば、あくまでも個人は社会の功利を向上させるための手段であって、個人自体が目的となることはない。このような考え方に対して、社会全体の福祉が向上するからといって各人にとって極めて重要かつ基本的な権利ないし利益を侵害することは、我々の直観的な正義観に照らして到底許されないのではないかという批判がなされてきた。こうした、功利主義などの目的論的正義観を退ける人々が依拠するのが個人権論である[61]。彼らは、正義の核心を社会全体の福利ではなく、個人の権利の尊重に求める。これは、いかなる個人も単なる他者の手段としてではなく、目的自体として扱うべしというカント（Immanuel Kant）的理念を体現している。ただし、個人権論とはいっても、各人がいかなる内容の権利を持つか、その論拠は何かなどについては、論者によって立場が様々に分かれる。ある者は、「個人の個別性」を尊重する立場から権利の内容や国家の正当な活動の範囲を導き出し、また別の者は、自然状態に置かれた諸個人の自発的な契約という手法を用いて自然権の内容を模索しようとしている。しかし、どの個人権論者にも共通して見られるのは、side constraint としての権利の観念、すなわち、「ある個人があるものに対し権利をもつと言えるためには、その個人の権利行使に対する社会の干渉が、仮にそれが社会の一般的福利など、何らかの集合的目標の達成を促進するとしても特別の理由がない限り禁じられなければならない[62]」という特色である。

60)　長谷部・前掲注10) 118頁。

61)　この考え方と権利功利主義を区別する必要がある。権利功利主義（諸個人の権利実現の総和の最大化を求める考え方）は、社会における権利実現の実効性を高めるためには個人の権利を侵害することを正当化する点で、個人を他者のための単なる手段として扱っている。そのような意味で、個人権論とは本質的に異なるものである。井上・前掲注14) 126〜128頁。

62)　井上・前掲注14) 127頁。

前節でも述べたように、権利という概念には、功利主義的計算によって処理し得ないもの、社会の功利とは異質のものがその本質として含まれているように思われる。問題は、いかにして権利概念の本質および内容を同定するかである。ここでは、まず、リベラリズムの立場から議論を展開した論者としてノージック（Robert Nozick）およびロールズ（John Rawls）を紹介し、彼らがいかなる方法を用いて権利の無基準性という困難を克服しようとしたのかについて、ごく簡単に検討してみたい。彼らは両者ともリベラリズムの立場に立つのであるが、福祉国家的な配分的正義を肯定するか否かという点においては対極に位置する。

次に、こうしたリベラリズムの議論に対する共同体論からの批判としてサンデル（Michael J. Sandel）の議論を紹介していきたい。リベラリズムは、「相競合する善の諸構想を追求する人々がいずれも自己の構想を追求する自由を不当に抑圧されることなく社会的に結合することを可能にするような条件としての正義の存在を信じ、それを模索[63]」しようとするものと定義されるが、後述するように、そこにおいては、社会的負荷を負わない個人という人間像が議論の出発点とされてきた。これに対して、共同体論は、人間は必然的に社会的負荷を負う存在であるという前提から議論を始め、同一の共同体に属する諸個人には社会的負荷においてある程度の同質性があるはずであるということに着目し、同一の共同体に属する諸個人に共有されているはずであろう共通善に愛着を示すようなものが多い。ただし、現在では、リベラリズム・共同体論のいずれの陣営においても、このような両者の特徴を極端に主張する議論は少なくなってきており、むしろ両者は１つに収斂しつつあるかのようにさえ見えるのであるが、本来の両者の対立点は主として以上のような点にあった。このような対立を典型的に示すのが、ロールズとサンデルとの論争であったのである。

このように、これら三者の議論の帰結は互いに大きく異なるのであるが、これらすべてが個人権論に分類され、功利主義者が道徳的正当化の基礎を社会の幸福の最大化に置いたのに対して、彼らはみな「個人」を道徳の基礎として構成しているという点で共通する。

63）　井上・前掲注 14）214～215 頁。

I　ノージック

ノージック（Robert Nozick）の『アナーキー・国家・ユートピア』[64]は、国家は不可避的に人々の道徳的権利を侵害するものであり本来的に反道徳的であるという主張に対して、国家の存在の正当化根拠を見出そうとする試みであった。彼は、無政府状態の中でもっとも望ましい状態を仮定し、国家が存在するならばそれよりも状態が改善されるということを示せば、国家存在の理論的根拠を示すことができると考えた。ここでは、彼の議論を素描してみたい。

ノージックは、まず、無政府状態の中でもっとも望ましい状態としてロック（John Locke）の自然状態を設定する。ロックの自然状態においては、個人は「生命・自由・財産に対する権利」を有しており、それを侵害する者に対しては、自己を防衛することが許される。そして、道徳的悪事はこれらの権利を侵害することのみに限定されている。しかし、このような自然状態においては様々な不都合が生じるので[65]、やがて、人々は、それを解消するために、各々の自発的意思に基づいて、「私的保護協会（private protective agency）」なる団体に、そのメンバーの権利を防衛し、賠償を請求し、処罰を行うという権利を委譲するようになるとノージックは推測する。はじめは、同一地域内にこの「私的保護協会」が複数並存することも考えられるが、様々な理由から[66]、次第にこの機能は同一人または同一機関——支配的保護

---

64)　Robert Nozick, Anarchy, State, and Utopia (1974). これを和訳したものとして、ロバート・ノージック（島津格訳）『アナーキー・国家・ユートピア〔第7版〕』（木鐸社・2004）がある。

65)　自然状態下に見られ得る不都合について、ノージックの見解を要約すると以下のようになる。「自然状態において、人々は自然法を自分に有利なように解釈し、必要以上に賠償をとりたてようとするかもしれない。これはさらなる報復を生み、終わりなき報復行為の連鎖へとつながっていくであろう。また、内容が明白であると考えられているような権利に関してですら、互いに不正を受けたと感じるような事態が生じることもあり得る。さらに、自分より強い相手に対しては自分の権利を実行する力を欠いていることもあるであろう」。Nozick, *ibid.*, at 12-15.

66)　「支配的保護協会」が生じる過程について、ノージックの見解を要約すると以下のようになる。「複数の異なった私的保護協会の依頼人の間に紛争がある場合、双方の機関がその事件の処理につき同じ裁定に到達するのであれば大きな問題は生じない。しかし、それらの機関が事件の是非につき異なった裁定をした場合、以下の3つの可能性が考えられる。

①2つの機関が武力で争い、この戦いで一方が常に勝利する。この場合、依頼人たちは、勝者と取引関係を結ぶようになるであろう。

②1つの機関は、1つの地理的区域に集中した勢力を持ち、別の機関は別の区域に勢力を持つ。

協会（dominant protective association）――に収斂していく。そして、この「支配的保護協会」は、市場メカニズムに基づき、「見えざる手」に導かれて――後述するように、ノージックによれば、これは「非パターン化原理」であり、誰の権利をも侵害しない道徳的に許容できる方法とみなされているが――、超最小国家を経て最小国家へと移行していくと論じられている[67]。すなわち、彼は、最小国家が、ロック的な自然状態に暮らす人々の合理的行動の意図せざる結果として誰の権利も侵害することなく発生すると論じることによって、国家の存在を正当化しようとしたのである。

以上のように、ノージックは、私的保護協会から最小国家への移行は、道徳的に正当であると言えるが、一方で、最小国家より強力で包括的な国家は道徳的に正当化することができないと考えている[68]。彼の議論の核心にある

各々、勢力の中心に近いところでは戦いに勝つという形で、勢力の勾配が形成されている。このような場合、ある機関と取引関係にありながら別の機関の勢力下に住む人は、機関の本部にもっと近いところに引っ越すか、依頼する機関を別のものに替えるかしなければならない。

③２つの機関が対等かつ頻繁に戦う。この場合、２つの機関は、頻発する犠牲の大きな無駄な戦いを回避するために、相異なる裁定に達した事件を平和裏に解決することに合意するようになるであろう。

以上の３つの場合、いずれにしても、同一地域内においてはほとんどの人々が何らかの共通の制度下に置かれることになる。すなわち、１つの支配的保護協会に収斂していくことになる」。NOZICK, *ibid.*, at 15-17.

67) ノージックは、「支配的保護協会」から「超最小国家」へ、そしてさらに、「超最小国家」から「最小国家」へと移行していく過程について以下のように述べている。まず、「支配的保護協会」とは、その地域における唯一の保護協会ではあるが、地域における実力行使の独占が認められているわけではない（すなわち保護協会と契約を結ばない独立人の自力救済を許容するものである）し、かつ保護契約を交わした依頼人に対してのみ保護サービスを提供するというものである。一方、「超最小国家」は、地域内の実力行使の独占を認められているが、その保護サービスは保護契約証券を購入した国民に対してのみに提供されるというものである。ノージックは、この「支配的保護協会」から「超最小国家」への移行を、独立人に自力救済を認めることによって生じる、独立人による不公正な権利実行の危険性（そして、このような危険性がある場合、諸個人は独立人に対して自力救済を禁止する権利を有するということ）から導き出している。しかし、一方で、独立人は、自力救済を禁止されることによって、自らの権利を守ることができなくなってしまうので、保護契約を締結している依頼人たちは、独立人に対して補償（自力救済を禁止されることによって独立人がこうむる不利益の補償）をしなければならないが、その最良の方法は、独立人に対しても保護サービスを提供するということであると、ノージックは考える。こうして、「超最小国家」は、「最小国家（すべての市民を暴力・窃盗・詐欺から保護する役割と契約を執行する役割とを担い、実力行使を独占する国家）」へと、誰の権利も侵害することなく移行していくと言うのである。NOZICK, *ibid.*, at 26-28, 78-84, 88-90, 110-113.

68) ノージックによれば、この「最小国家」は税を財源とし、人々に他人の保護のための費用を強制的に支払わせているので、その成り立ちは所得再配分的なものである。では、なぜ構成員全員の財産・生命を保護するための再配分だけが望ましいのか、その他の目的のための再配分は望ましくないのであろうか。ノージックは、これを証明することが必要不可欠であるとして、本文のような「個人の個別性」、「権原理論」を論じている。

のは「個人の個別性（separateness of individuals）」という概念である。これは、各人はそれぞれ別個の存在であるという個人の非互換性を表すものである。ノージックは、このことから、各人は生命・自由・財産に関する権利を有しており、それらを侵害された時にはそれを防御する権利をも有しているということを引き出す。ただし、彼が個人の権利として想定しているのは、生命、自由、財産の保障など、ごく限られた消極的権利のみである。そして、これらの権利は side constraint であるとされている。すなわち、いかに社会全体の福祉が増大しようとも、その権利の侵害を正当化することはできないとされるので、国家は、ある市民 A の苦しみがいかに大きかろうと、それを救うために他の市民 B の富や収入を犠牲にすることは——例えば、現代福祉国家で行われている所得再配分などは——B に一種の強制労働ないし奴隷的労働を強いることに他ならず、道徳的に許されないということになる。

また、彼は、「権原理論」と呼ばれるものにも拠っている。それは、財の獲得・交換・譲渡に関する正当なルールをあらかじめ定めておき、それに従って正当に獲得した財は、その獲得の結果がいかなるものになろうとも正当であるという考え方である。これは、福祉国家における所得再配分などが、常にその結果が一定のパターンに適合していることを要請するような「パターン化原理」であるのに対して、各人が一定のルールに従って行動していさえすればその行動の結果がいかなるパターンを示すかには無関心であるとする考え方である。すなわち、これは、その結果が全体に対して持つパターンによってではなく、その結果に至る歴史的成立過程によって道徳的な正・不正が決定される「非パターン化原理」なのである。そして、彼は、「パターン化原理」が、必然的に個人の自由な活動に介入し、side constraint としての権利を侵害する強制労働をもたらすことになり、道徳的に許されないのに対して、分配の結果に国家が介入しない「非パターン化原理」こそが採用されるべき配分的正義であると考えているのである[69)]。

このように、彼は、「個人の個別性」という価値を公準とし、そこから議論を出発させている。また、国家は諸個人の契約によって設立されるのではなく、見えざる手によって、個人の意思とは無関係に現出するという構成をとり[70)]、さらに、「非パターン化原理」を提唱し、財の配分の結果には無関

69）本段落の記述に関しては、Nozick, *supra* note 64, at 149-231（*Distributive Justice*）参照。
70）この点に関して、井上達夫は、ノージックは国家は契約によって設立されるという「契約モ

心であるという態度を貫くことによって、国家の正当な活動の範囲を同定する際にありがちな主観性・恣意性を克服しようとしている。しかし、彼の議論は成功しているのであろうか。ノージックの議論に対しては、様々な批判が寄せられている[71)]が、ここでは、彼が用いる「権原理論」という手法と、彼の議論の核心を成す「個人の個別性」という概念に関して、1点ずつ問題点を指摘するにとどめたい。

まず、ノージックの「権原理論」におけるもっとも致命的な問題点は、井上達夫が指摘するように、「権原理論」はあくまで歴史的原理的手法であり、この手法を用いることによってでは、現存する国家の存在を正当化することができないということであろう[72)]。彼は、「パターン化原理」を退け、代わりに、財の獲得・交換・譲渡に関する手続的ルールに従って特定の財を獲得したものであれば、それがいかなる結果になろうとも、その財の獲得は正当であるという「権原理論」を提唱している。この「権原理論」は、所得配分の結果ではなく、結果へ至る歴史的経緯に着目する点で、歴史的原理である。しかし、このような方法論をとってしまうと、ノージックの言う最小国家が、彼が描くような自生的過程によってではなく、人々の道徳的権利を侵害するような強制的措置を伴う方法で実現された場合、その現存国家を正当化することができなくなるという問題が生じてしまう。

第2に、「個人の個別性」に関する問題点である。彼は、「個人の個別性」をアプリオリの公準とし、そこから引き出される権利の内容を、「政治哲学での考察は、ロックの自然状態に収斂するので[73)]」という理由のみによって、

デル」を退け、これに代えて、国家は市場メカニズムに基づき見えざる手によって意図せざる結果として現出するという構成をとろうとしているが、それにもかかわらず、ノージックの議論においては保護協会と個人との保護契約という形で「合意」の要素が不可欠な役割を果たしていると指摘している。井上は、これを、ノージックは、たとえ社会における権利実現の実効性を高めるためであると言えども、個人の権利を侵害することはできない——すなわち権利功利主義を採ることはできない——と考えていたので、こうした合意モデルを国家の非意図的現出と両立し得るように再構成することによって、いかなる国家も構成員の自然権を制約するという問題を解決しようとしたのではないかと分析している。井上・前掲注14) 182頁。

71) 本文で述べたもの以外にも、井上は、「見えざる手」の説明と補償原理との関係について、前者が少なくとも超最小国家が何人の権利も侵害せずに現出することを示そうとしているのに対して、補償原理は、補償を要求するというまさにそのことによって、超最小国家が独立人の権利を侵害していることを前提としており、両者は矛盾するという旨の批判をしている。井上・前掲注14) 182〜183頁。

72) 井上・前掲注14) 183〜184頁。

73) Nozick, *supra* note 64, at 9.

ロック的自然権に限定してしまっている。しかし、「個人の個別性」を示す権利は、なぜ、彼が示す少数の消極的権利に限られるのか。特に、ノージックが、人間は各々自分の一回限りの有意義な生を追求していく存在であるという前提に立って議論を構築していることを考えるのであれば、そのための前提となる権利（例えば、最低限の生活を保障される権利など）はなぜ認められないのであろうか[74)]。確かにこのような批判は、生存権が存在すると主張する者にもそのまま送り返されてくるのであるが、そうであるとしても、彼の設定が恣意的であるという批判は否めないのである。

また、ノージックの言うように「個人の個別性」から引き出される権利をロック的自然権に限定したとしても、国家による財の再配分が必ずしも不正となるわけではない。つまり、ノージックは、国家は、ある市民Ａの窮乏や苦しみがいかに大きかろうと、それを救うために他の市民Ｂの富や収入を犠牲にすることは、Ｂに一種の強制労働ないし奴隷的労働を強いることに他ならず、道徳的に許されないと主張しているが、必ずしもそうとは言えないであろう。彼の考え方の基底にあるのはロック的な自然権である。それによれば、所有権は、物の中に個人の人格の本質と言えるような要素が内在しているがゆえに神聖不可侵であるとされる。それは、例えば労働である。労働はまさに当該人間の人格の現れであると考えられるので、ある人間が労働することによってある物を獲得したと言うのであれば、その物はまさにその人間の人格の現れであるということになり、そこから、その物に対するその人の所有権が承認されてしかるべきであるという帰結が導かれる。しかし、現在の所有権制度は、周知のとおり、労働のみによっては説明することはできない。労働以外の原因によって（例えば、相続や遺贈などによって）財産を取得する者も存在する。この場合、「財が所有者の人格の現れである」との

74)　この点に関して、長谷部恭男は、さらに、「人が意味のある生活をおくり、それぞれの理想に従って生きるためには、単に暴力や経済的圧力からの保障がなされているだけでは足りず……学校教育の提供や芸術活動への援助、道路や公共施設の整備など、様々な機会や便宜が供与されなければならないであろう。これらの便益に対する人々の需要は確かに『権利』を基礎づけるに足りるものではないかもしれないが、だとすれば、国家の機能を権利の保護にのみ限定するという考え方自体が、受け入れがたいものとなるのではないか」という旨を述べている（長谷部・前掲注 10) 123～125 頁参照）。ハートも、同様の見解に立った上で、他人を著しい苦しみから救うためにある者の収入をいくらかとり上げることと、他人を著しい苦しみから救うためにある者を殺したりある者の臓器をとり上げたりすることとをなぜ同列に扱わなければならないのか不明である（ノージックによれば、いずれも「個人の個別性」を侵すことになる）と批判している（Hart, *supra* note 21, at 205-208）。

根拠をもってしては、その者の所有権を正当化することはできない。この点に関して、ノージックならば、相続や遺贈などの場合であっても、当事者の自由な意思によって譲渡された以上、いかなる者の道徳的権利をも侵害することなく所有権の移転がなされたのであり、それは道徳的に正当であると説明するであろう。しかし、たとえこの譲渡自体が道徳的に正当であるとしても、**譲渡後に譲受人に対して**その財について課税することがなぜ不正と言えるのであろうか[75]。前述のように、この財は所有者（譲受人）の労働によって生じたものではない。労働によらずして財を取得した者に対しては、社会がそれをとり上げて再配分に利用したとしても、その者に強制労働を強いていることにはならないのである。

Ⅱ　ロールズ

ノージックは、「個人の個別性」および side constraint としての生命および自由・財産に対する自然権を公準とし、そこからこれらの権利を保障することのみが国家の唯一の正当な活動であり、それを超える国家の活動はもはや正当性を持ち得ないという結論を導き出した。これに対して、ロールズは、そもそも、自然権ないし side constraint としての権利は存在するのか、存在するとすればそれはいかなる内容の権利か、そして国家の正当な活動はこれら自然権の保障に限定されないと考えられるが、side constraint としての権利と抵触しない範囲で国家はいかにして利益を分配すべきか、について１つの解答を提示しようと試みた。両者はともにリベラリズムに属すると言われているが、ノージックが福祉国家的な配分的正義を拒絶したのに対して、ロールズは社会的・経済的不平等を是正するための福祉国家的ルールを提唱するという大きな相違が見られる。

ロールズは、互いに道徳的に結合していない諸個人が「無知のベール」に覆われている状態、すなわち誰も自らの階級的立場、社会的立場、自然的資質（能力、体力、知力）などを知らされず、社会の一般的な状況や法則の知識のみを与えられる状態を原初状態[76]として想定する。そして、このような

75)　ノージックの議論においては、「個人の個別性」の議論と権原理論は連動していない。すなわち、権原理論はロック流の所有権の概念をもって正当化されているわけではない。

76)　ロールズは「公正としての正義では、平等な原初状態を、伝統的な社会契約論におけるものと同様のものと解する」と述べている（RAWLS, *supra* note 17, at 12)。しかし、井上達夫は、ロ

諸個人が合理的かつ自発的な意志に基づいて、自分の利益にかなう社会制度を設立しようとすれば、以下のようなルール[77]に合意するはずであると考えた。

第1原理：各人は、すべての人にとっての同様の自由と両立し得る、最大限の平等な基本的自由への平等な権利を持つべきである[78]。

第2原理：社会的・経済的利益の分配の不平等は以下の2つの条件の下で許容され得る。

(a) 社会的・経済的不平等がもっとも不利な人々の利益の最大化に資する[79]。

(b) 社会的・経済的不平等が、機会の公正な平等という条

ールズの原初状態モデルは、伝統的な社会契約論における自然状態モデルとは異なるものであると指摘する。すなわち、自然状態モデルが、もし国家が存在しなければいかなる問題が生じるかという問題記述や、自然状態においていかなる自然権が存在するのかという規範記述を含むのに対して、原初状態モデルは問題記述を含まないし、規範記述も明示的な形では示されていない。このような意味で、井上は、ロールズの理論を「自然状態なき社会契約論」と評している。井上・前掲注14) 177〜178頁。

77) ロールズは、このルールはあくまで公共の原理（public reason）ないし政治的原理（political principle）であって、家族など個人の内的な生活に適用すべきようなルールではないと述べている。John Rawls, *The Idea of Public Reason Revisited*, in POLITICAL LIBERALISM 212-254 (1993).

78) ロールズは、第1原理で認められるべき自由とは、大まかに列挙すれば、「政治的自由（投票権および公職就任権）、表現の自由、結社の自由、思想・良心の自由、私的財産を所有する権利、恣意的逮捕・拘留からの自由」などであるとしているのであるが（RAWLS, *supra* note 17, at 61）、ハートは、原初状態の下で自己利益を追求する合理的人間としての当事者が、ロールズが列挙しているような基本的自由を選択するであろうという論証に問題があるのではないかと指摘している。なぜなら、社会における行為の自由の一般的分配を容認する体制は、それがどのような体制であれ、①諸個人に対してある自由の便益を付与する一方で、必然的に、②当該自由を他者が行使することから生ずる様々な種類の不利益を及ぼすことになるので、それゆえ、ある特定の自由が一般的に分配されるべきであるとする選択が、選択する本人の利益になるか否かは、当該自由を各人が行使することから生じる各人自身の利益（①の利益）の方が、同じ自由を他者が一般的に行使することから生じる各人の不利益（②の不利益）に勝るか否かに依存する。そして、各人が自由の価値に関してそれぞれ異なった考え方を抱いているはずであることを考えると、両者のいずれが勝るかは各人によって異なってくるはずである。そうなると、なぜ原初状態において当事者らが必ず様々な自由を享受しようという決定を下すと言い得るのかが不明である。すなわち、第1原理を導出する過程で、ロールズは上記の②の不利益をまったく考慮に入れていないのではないかと、ハートは批判している。H. L. A. Hart, *Rawls on Liberty and Its Priority*, in ESSAYS IN JURISPRUDENCE AND PHILOSOPHY 241-243 (1983).

79) この原理は、もっとも不利な人々の将来の生活の見込み・期待を最大化することを要求するものであるが、ここで問題にされる見込み・期待とは、本人限りのそれではなく、子どもや孫など、すべての世代にわたって続く長期的な期待であることに留意する必要がある。John Rawls, *Distributive Justice*, in COLLECTED PAPERS 137-140 (1999)〔1967〕.

件の下ですべての人に開かれている職務や地位に付随して行われるものである[80]。

このルールの下では、第2原理よりも第1原理が優先するので、社会のメンバーは平等に基本的権利を享受すべきであり、いかなる場合でも基本的自由の侵害が、社会的・経済的便益のために正当化されることはあり得ないということになる。すなわち、自由は他の自由のためにしか制限され得ない[81]。

また、ロールズは、「正義の概念のみが人間社会における必要条件なのではなく、その他にも、構成員が協働する社会においては効率性や安定性といった基本的問題が存在する[82]」と述べているように、国家の正当な活動の範囲を基本権の保障に限定しなかった。すなわち、協働によって生じた余剰を「公正」に分配することも国家の重要な任務の1つであると考えていた。そこで、side constraint としての権利と衝突しない範囲で、財を効率的かつ「公正」に分配するルールが必要となってくる。そこで登場するのが、第2原理である。ロールズの原理は、第1原理で個人の基本権を認めつつ、それを前提とした上で（それを侵害しないという条件の下で)、第2原理で効率性および「公正」を図ろうというものである。第2原理（b)（格差原理）は、もっとも不利な人の状況を改善するという条件の下でのみ他の人の条件をも改善することができるというものであり、パレート改善の一種である。そのような意味で財の効率的分配を目指すものである。しかし、ロールズは単なるパレート改善のみにとどまらず、「公正」な原理として格差原理すなわちマクシミンルール（Maximin rule, 最悪の結果がどうであるかによって、選択対

80） Rawls, *supra* note 17, at 302.

81） 前掲注78）で示した批判は、原初状態の下で当事者が第1原理を選択するというという論証過程に関するものであったが、それのみならず、ハートは第1原理を適用する上での問題点をも指摘している。ハートは、ロールズの言う「自由」が「一般的な自由（liberty)」を指しているのか「諸自由（liberties)」を指しているのかについて理論が一貫していないとした上で、さらに、「自由のためにのみ自由を制限し得る」という原理の欠陥について以下のように述べている。すなわち、ハートは、自由と自由が衝突した場合、衝突しあう諸自由の価値に関して人々の意見が異なっているし、それにともなってこの衝突に対して彼らが抱く見方も異なってくるはずであるので、自由と自由の衝突を解決するための方法、調整の方法に関して、立法機関が唯一選択し得るものは存在しない。また、「自由は自由のためにだけ制限される」という原理は、ある行為が他者の自由を制限すること以外の方法で当該他者の苦痛や不幸を引き起こすようなケースにおいては、その行為を制限する適切な根拠を提供しないのではないかという問題も生じてくるとも述べている。Hart, *supra* note 78, at 226-243.

82） Rawls, *supra* note 17, at 6.

象に順位をつけるというもの）まで要求している。ロールズは、このマクシミンルールを用いることができるのは、将来の見込み・期待値を計算することができないような場合のみであると述べている[83]。すなわち、このルールを適用し得るのは、社会の構成員が、自分の階級的立場、社会的立場、自然的資質や能力などを知り得ないような場合のみである。そして、原初状態は、そのようなものとして設定されている。

では、なぜ、例えば、平均的功利主義（平均的期待値最大化）ではなく、マクシミンルールなのか。この問題に関して、ロールズは以下の４つの理由を挙げている[84]。まず第１に、原初状態に置かれた人間は、少なからず、危険を回避したいという性向を有すると考えられるので、自らが最悪の状態に置かれた場合を想定して、平均的功利主義よりもマクシミンルールを選択すると考えられるからである。第２に、マクシミンルールの方が平均的功利主義よりも、実施が容易であると考えられるからである。というのは、平均的功利主義を実施するには、社会のすべての構成員の効用を正確に把握しなければならないのに対して、マクシミンルールはもっとも不利な状態に置かれた人々の情報さえ把握していればよいからである。第３に、平均的功利主義よりも、マクシミンルールの方が、公に周知させるべき原理（public principle）として優れているからである。すなわち、マクシミンルールの方が市民に対して訴えかける力を持っていると言う。そして、市民は、平均的功利主義よりもマクシミンルールの方が、それが実現された場合、確かにそれが実現されているという確信を持つことができるであろう。第４に、平均的功利主義よりもマクシミンルールの方が、社会における不平等ないし格差を縮減させるので、社会の緊張をより緩和させることができるからである。しかしながら、ロールズ自身も認めているように[85]、これらの理由はどれもあい

83）ロールズは、マクシミンルールは、一般的に言えば、不確実性下の選択に適した指針ではないと述べている。すなわち、このルールは、ある特殊な状況でのみ成立するものだと言う。彼は、マクシミンルールが成立する状況の特徴として、以下の３点を挙げている。①当事者が各々の将来の見込み・期待値を計算することができないこと、②当事者が確実に取得し得る最小のとり分以外にはあまり関心がなく、より有利な状態を求めて賭けをすることを望まないこと、③最悪の事態がほとんどの人にとって耐えがたい状況であること。そして、ロールズは、原初状態はこれらの３つの特徴を有しているので、マクシミンルールを引き出すことができると主張している。RAWLS, *supra* note 17, at 154-156.

84）John Rawls, *Some Reasons for the Maximin Criterion,* in COLLECTED PAPERS 225-231 (1999)〔1974〕.

85）ロールズは以上の理由を列挙しながらも、平均的功利主義に比べてマクシミンルールが絶対

まいなものである。

ロールズは、「社会的協働なしには誰も満足な生活を送れないし、いかなる者の幸福もその協働に依存しているのであるから、利益の配分は、悪い状況に置かれている人々をも含めて協働に参加している全員が望むような、協働を推進する形のものでなければならない」との考え方に基づいて、社会の構成員の自発的な社会的協働を可能にするような原理として正義の原理を探求した。そして、格差原理こそがそのような原理であると結論づけたのである[86)]。しかし、ノージックが指摘するように、格差原理が唯一、社会的協働を可能にする方法であるわけではない。なぜなら、社会の全構成員は社会的協働をすること自体によって利益を享受するため（恵まれている者のみならず恵まれていない者もまた、社会的協働をするということ自体から利益を受けるのであるから）、格差原理によらなくても、個人は社会において協働することを選択するはずだからである[87)]。このように考えると、やはり、正義の第2原理として、格差原理を要求する十分な根拠は提示されていないということになろう。

正義概念の同定に関して単なる直観のみに基礎を置く直覚主義[88)]を排除したロールズは、直観に頼ることなく正義の優先問題にとり組むべきであると考えた。この点、功利主義は直観に頼るまいとして徹底した客観性を目指すものであったが、彼は、功利主義をも排除していたので、それ以外の方法で、直観・恣意を克服しなければならなかった。そこで彼がとったのは、「合理的人間が自発的に選択するであろうというまさにその事実にその正当性を見出す」という契約理論の手法であった。

ロールズは、そこからどのような合意が達成されようとも公正であると言えるような状態を設定すべく、前述のような原初状態を設定している。すなわち、原理の選択において自然的めぐり合わせの結果や社会的環境の偶然に

的に優れていると強調するつもりはないし、両者の比較に関しては今後さらなる研究をしていかなければならないとも述べている。Rawls, *supra* note 77, at 231.

86）　ロールズは、「正義の環境は、人間の協働が可能でありかつ必要であるような状況であると定義され得る。すなわち協働によって生じた余剰をいかに分配するかに関する原理が必要になるのである」と述べている（RAWLS, *supra* note 17, at 126）。

87）　NOZICK, *supra* note 64, at 189-197.

88）　RAWLS, *supra* note 17, at 34-40. 直覚主義とは、倫理的概念は、非倫理的概念によって定義不可能な独特のものであるという考え方である。すなわち、善・正などの基本的な倫理的概念は、黄色や快適という概念と同様、単純で分析不可能なものであり、それらに関する判断は自明であり、直観によってのみ認知可能であるというものである。田中ほか・前掲注1）240頁。

よって誰も有利になったり不利になったりしないことが保障されるような環境は、誰も自分の個別的条件に有利になるように原理をデザインすることはできないのであるから、そこでの自発的合意はいかなるものであったとしても「正義の原理」と呼び得るはずであると考えているのである。言い換えれば、それは、「純粋な手続上の正義（当該手続きを経て達せられたのであれば、結果がどうであれ、その結果は正しいと言えるようなもの）[89)]」の観念を体現しているものである。

このようなロールズの理論に対しては、様々な批判がなされている[90)]が、ここでは、共同体論からの批判をとり上げたい。共同体論からは、ロールズは、無知のベールによって覆われた原初状態を設定する際に、西欧ブルジョ

89）ロールズは「純粋な手続上の正義」を表すものの例として、賭け事を挙げている。例えば、2人の人間が賭け事をした場合、その結果が、1：100になろうが、100：1になろうが、ルールどおりにゲームがなされたのであれば、その結果は正しい（公正である）と言えるが、これは「純粋な手続上の正義」の一例である。RAWLS, *ibid.*, at 86, 120.

90）本文に挙げたもの以外にも、ロールズの理論に対する方法論的批判として以下のようなものがある。①原初状態による合意は本来の意味での合意、すなわち複数の異なった意思の合致ではない。なぜなら、無知のベールをかけることによって、すべての当事者は選択主体として相互になんら変わることがないということになってしまう。したがって、彼（女）らのうちの1人がある選択をすることが示されれば、まさにそのことによって、他の当事者も同じ選択をすることになるのである。原初状態の選択主体の複数性の想定は理論的に空転しており、実際は単独プレイヤーのゲームに関するゲーム理論的モデルになってしまっている。同様の指摘として、MICHAEL J. SANDEL, LIBERALISM AND THE LIMITS OF JUSTICE 50–54 (1998)〔1982〕（この本の和訳として、M. J. サンデル（菊池理夫訳）『自由主義と正義の限界』（三嶺書房・1992）がある）。②ロールズは原初状態のモデルが「純粋な手続的正義」の観念を体現しているとする。この「純粋な手続的正義」が正当化されるのは、現実にこの手続きが遂行されたときのみであり、仮説にとどまっている場合には正当性を持ち得ない。他方では、ロールズは、伝統的契約モデルがはらむ黙示的合意の擬制などの困難を回避するために、また、原初状態において選択される正義原理が人間の現実の意思による創造から独立した妥当性を持つことを示すために、そこにおける合意が仮設的なものであることを強調する。しかし、両者は両立し得ない。井上・前掲注14）179〜180頁。一方、ロールズの論証から引き出される帰結に対する批判として以下のものがある。格差原理と第一原理の両立は果たして可能なのであろうか。ロールズは、格差原理に従った経済的財の再分配は、上位階層の人々の基本的自由を制約することなく行われると想定しているようであるが、これは極めて非現実的ではないか。井上・前掲注14）178〜180頁。

また、小林正弥は、「ロールズは、人間の多元性や別個性を重視しているにもかかわらず、“個々人の自然の才能や能力や性質は『その人のもの』であって、その人の構成するその人そのものではない”として、社会における才能・能力・性質などを『共有資産』とみなし、再分配を正当化」しているが、このようなロールズの議論は、「［ノージックらのリバタリアニズムが批判しているように、］結局は功利主義と同じように別個性、つまり人間間の区別を軽視しているのではないか」と述べ、彼の議論には、「方法論的には原子論でありながら、存在論的には非原子論的な側面、言い換えれば全体論的な側面を持っており、それゆえに規範的にも集合主義的な側面が存在する」と分析している。菊池理夫=小林正弥編『コミュニタリアニズムの世界』（勁草書房・2013）45頁〔小林正弥〕。

ア・リベラリズムの伝統に沿う個人主義的帰結が導き出されるよう、個人の情報や性向を操作しているという有力な批判が寄せられている。共同体論の立場からすれば、人がいかなる価値を基本として生きるかはそれぞれの社会によって異なるのであり、ロールズが結論として挙げるような表現の自由、思想・信条の自由、あるいは生命・身体の自由でさえも、社会によってはせいぜい副次的な価値しか与えられないかもしれない。人はその属する共同体によってはじめて人生の意味や価値を与えられるものであり、共同体と独立に個人が抽象的に人生の意味を決められるわけではない。したがって、共同体の価値秩序と対立し、それを覆すような個人の人権を認める余地はない。個別の社会を超えた中立的・普遍的な価値は存在せず、人は社会の与える価値を前提として生きていくしかない[91]と言うのである。この種の批判は、次のⅢで紹介するサンデルからも提示されている。

Ⅲ　サンデル

Ⅱで述べたように、ロールズは、自分の階級的立場や社会的立場のみならず、個人の能力や才能といった要素でさえも生まれながらの条件に大きく左右されるので――そして、諸個人が努力しようという意欲を持つことでさえ、それ自身幸福な家族などの諸個人の置かれた社会環境に依存するものであるから――「純粋な手続上の正義」を構成するためには、それらの要因をすべて排除する必要があると考えた。そして、ある手続きが、「純粋な手続上の正義」となるためには、その一部に「2つの事例を個体的同一性における相

91)　このような共同体論に対して、長谷部恭男は以下のようないくつかの疑問を提起している。①人が従うべきであり、それに従って生きる他ないとされる共同体としての価値秩序は実際に存在するのであろうか。例えば、堕胎の自由などいわゆるハードケースについて憲法学が単純明快な回答を与えることができないのは、そのような社会全体の共通了解がないからなのではないのか。②共同体論が念頭においている家庭は自然の情愛によって結ばれている理想的な家庭であろうが、人の情愛は儚いものである。権利・義務の観念を抹消すれば家庭の崩壊を防げるわけではない。まして、家庭的情愛など期待できない社会大の共同体においては、基本的権利の保障がない限り、共同体への真剣なコミットメントを期待することは困難である。③たとえ、仮にそのような共同体としての道徳秩序が存在するとしても、なぜそれに従わなければならないのか。現存する道徳秩序に従えという考え方は、実践上の法実証主義に他ならない。そして、権利論のように、国家や社会の現存する価値秩序を、一歩はなれた観点から再検討し、批判し、組み換えることができるという立場が、それを不可能とする立場より浅薄だと考えるべき理由はない。長谷部・前掲注10) 74～75頁。

違のみに基づいて差別的に扱ってはならない」という公正さの要請[92]が導入されていなければならないのであるが、ロールズが考えた公正さは、自らの階級的立場、社会的立場、自然的資質（能力、体力、知力）など生の人間に必然的に付随してくる様々な要素を剝ぎ取った後の「個人」を平等に扱うべしというものであった。こうした「個人」像に対しては、共同体論者のサンデル（Michael J. Sandel）から以下のような疑問が投げかけられている。

ロールズの正義論は、正義を善に優先させる理論、すなわち、「各人が自分自身の意向、利益、善の概念を持つ社会、すなわち、複数の人格から成り立つ社会が最善に調整されるのは、いかなる特定の善も前提としない原理によって支配されるときである」とする理論である。こうしたロールズの議論においては、正義は以下の２点において善に優先するとサンデルは言う。まず第１に、道徳的優先である。正義は、単なる様々な価値の中の１つであるのではなく、すべての社会的徳目の中で最高のもの、つまり、他の徳目の要求以前に果たさなければならないものである。第２に、正当化の過程における優先である。正義が善よりも優先するのは正義の要求が善に先行するからだけではなく、正義の原理が独立して導き出されるからである。正義の原理はいかなる特定の善のビジョンにも依存しないように正当化されると言う[93]。

そして、サンデルは、このような権利論は、「自律的意思、自律的選択が可能な主体[94]」という概念を前提としていると指摘する。彼は、ロールズが『正義論』の中で目的論[95]を批判する際に、「目的論は独立して定義される善を先に設定しそこから自らの生活を形成しようとする試みであるが、それは逆である。先に主体的な自我が存在しており、それが善を選択するのであ

92) これは井上達夫が普遍主義的要請と呼ぶところのもの（2つの事例の個体的同一性における相違のみに基づいて差別的に扱ってはならない、すなわち、2つの事例の差別的取扱いが許されるのは、両者の間に普遍的特徴における重要な相違が存在する場合に限るというもの）を体現するものであると考えられる。井上・前掲注 14) 109 頁。

93) SANDEL, *supra* note 90, at 4-5. また、サンデルの自我論については、井上・前掲注 14) 230～240 頁を参照。

94) 『正義論』において、善は、各人が各人の知識をもとに自らの人生設計を最善のものとするために自ら合理的に選択していくものとして捉えられており、そこには共通善という感覚が存在していないように思われる。しかし、後期の『政治的リベラリズム（POLITICAL LIBERALISM）』においては、共同体において共有されている善という概念が登場するようになっており、この点に関して、ロールズは、初期の考え方を修正したのではないかと考えられる。

95) ロールズは目的論について以下のように説明している。目的論とは、「（まず最初に）何が善であるかについての慎重な判断（我々の価値判断）を説明し、次いで、その善を最大化するものを正であるとする」考え方である。そして、例えば、快楽を善と捉えれば快楽主義が正に、そして、願望の満足を善とすれば功利主義が正となるとしている。RAWLS, *supra* note 17, at 25-26.

る」という旨の批判を加えている点に着目する。つまり、ロールズは、目的が選択される前に、それを選択するところの自我が先に存在すべきであると考えていると言う。

サンデルによれば、こうしたロールズの自我像は、自らの環境から一定の距離を置いている自我、周囲の環境などによって規定されない、そのような意味で、自由で独立した自我である。そこでは、人間の持つ様々な属性は、自律的な自我が様々な選択肢の中から自由に選び、身に付けていくようなものである。自我は「求める対象から分離され、それに優先する主体」として捉えられるのである。このような考えの下では、自我と周囲の環境との境界はあらかじめ与えられていなければならないということになる。なぜなら、この境界は、自我を環境から遠ざけ、自我を対象から分離し、もって自我をして対象を自律的に選択せしめることを可能にするために必要不可欠であるからである。そして、これこそが、ロールズが『正義論』の中で原初状態の当事者に与えた人間像なのだとサンデルは言う[96]。

そして、サンデルは、こうしたロールズの人間像に対して「社会学的反論」を加える[97]。本当に、求める対象から分離され、それに優先すると確認できる主体が存在し得るのであろうか。個人は、自らがその一部である共同体によってある程度限定されるものではないだろうか。「共同体が示すものは、諸個人が同胞の市民として身につけていく属性のみならず、自分たちが何であるかであり、諸個人が（自発的に協働し結合していく際に）選択する関係ではなく、発見する愛着なのであり、単なる属性であるのみならず自らの自己同一性の構成要素そのものである」はずである[98]。そして、自我は、前もって境界づけられているのではなく、自己理解・自己反省によって探求され発見されるものとして捉えられるべきではないか。彼は以下のように述べている。

> ［個人が］自分を反省するために必要な力量とは、自我がそれ自身の内部の光に向かい、その構成の本質を探究し、その様々な愛着を吟味し、自我と他者の境界——ときには拡大しときには縮小する——を選別し、完全に透明にはならないにしても、不透明ではない自己理解に到達し、最終的に決して固定され

96) Sandel, *supra* note 90, at 15-24.
97) Sandel, *ibid.*, at 11.
98) Sandel, *ibid.*, at 150.

ないとしても、生涯を通して次第に流動的ではなくなる主体性に到達し、その自己同一性の構成に参与することを可能にさせることである[99]。

サンデルによれば、人間は、自我の限界や境界を選別し、主体をその外部環境から区別することによって、絶えず外部環境に飲みこまれないようその自己同一性を鍛え続けていくものである[100]。そして、共同体は個人にとって必然的に自己同一性の一部であるという考え方から、同じ政治社会に属する人々の自同性解釈は、最終的には、同一の共同体の同一の物語に織り込まれた同一の善の構想に収斂するはずであるとの結論を導き出すことになるのである。

では、以上のような議論をいかに考えるべきであろうか。確かに、ロールズは、階級的立場、社会的立場、自然的資質（能力、体力、知力）などの様々な要素を削ぎ落とした「個人」から議論をスタートさせている。そして、これに対して、サンデルは、そのような抜け殻のような幻のごとき「個人」が果たして本当に尊重に値する存在と言い得るのであろうかという疑問を投げかけている。しかし、ロールズは、現実の人間をそのようなものとして捉えているわけではないし、また、そのような存在として捉えるべきであると考えているわけでもない。ロールズが設定した「個人」像はあくまで論理上での観念にすぎない[101]。では、なぜ、ロールズは、このような「個人」像から議論を出発させたのであろうか。この点について、彼は明示的には述べていないのであるが、おそらく、それは、彼が、現代の社会における価値観や文化の多様性に着目し、そこにおける共存を可能とするようなルールを求めなければならないと考えたからであろうと思われる。

すなわち、まず、地理的にも家族関係においてもますます流動的になりつつある[102]今日の社会においては、様々な共同体的価値を負荷として負ってきた諸個人が同一社会内部に入り混じるような状況がしばしば見られる。こ

99)　Sandel, *ibid.*, at 153.

100)　Sandel, *ibid.*, at 152.

101)　長谷部恭男『比較不能な価値の迷路—リベラル・デモクラシーの憲法理論』（東京大学出版会・2000）58～59頁。

102)　この点に関して、ウォルツァー（Michael Walzer）は、現代社会において見られる流動性として、①地理的流動性（住居の移転など）、②社会的流動性（社会的地位における流動性）、③婚姻における流動性（離婚・再婚など）、④政治的流動性（支持政党に関する流動性など）の4つを挙げている。Michael Walzer, *The Communitarian Critique of Liberalism*, 18(1) Political Theory 11-12 (1990).

うした社会においては、もはや単一の共同体的価値の同質性に基づいてルールを構築することは不可能となる。さらに、単一の共同体内部においてさえも、必ずしも諸個人は同質であるとは限らない。高橋和之が指摘するように、「個人は負荷されたものを基礎としつつも、その上に負荷されたものではない何かを創造することが可能であるし、また、負荷されたものの一部を『反省』し変化をもたらすこともできる。負荷されたものは共同体構成員の同質性を構成しており、個性はそれを越えるところで展開するものである[103)]」。ロールズは、これらの点を踏まえて、現代社会を異質性社会と捉えた上で、そこにおいて、いかにして多様な価値観を持つ人々が共存し得るのかを問うたのであろう。すなわち、ロールズが個人から社会的負荷を削ぎ落としたのは、流動性を増しつつある現代社会の実態と、社会的負荷を超越し続けていくことができるという諸個人の能力に着目し、異質な価値観の共存を可能にするようなルールを模索しようとしたからに違いない。

一方で、サンデルの、同じ共同体で生まれ育った諸個人の間には何らかの同質性が存在するはずであるという想定は、同じ共同体に属する人々の自同性解釈は１つの共同体の善の構想に収斂するという考え方に帰着し得る。しかし、現在の社会においては、外部から様々な異質な要素がたえず流入し、共同体内部の同質性は失われつつある。また、同一個人の中においてさえも、複数の共同体に由来する複数の異なる価値観が互いにせめぎあっているということがあり得よう。このように考えると、上記の考え方はいささか楽観的すぎるように思われる。現在の社会においては、多様な善の構想が現に併存している。こうした社会においては、ある特定の善から国家が採用すべき道徳的原理や社会の諸ルールを導き出すという方法を採ったのでは、（社会において「異質」とされている者も含めて）すべての構成員の共存を図っていくことは、通常、不可能であろう[104)]。

103）　高橋和之『シリーズ憲法の論点⑧ 人権総論の論点』（国立国会図書館調査及び立法考査局・2005）8頁。さらに、高橋は、「リベラリズムが視線を未来に向け新たなものの創造を重視するのに対し、コミュニタリアンは視線を過去に向け『伝統』を慈しむのであろう。両視線が必要であり、視線の往復とバランスの問題であると思われる」とも述べている。

104）　同種の見解として、*See* DEREK L. PHILLIPS, LOOKING BACKWARD: A CRITICAL APPRAISAL OF COMMUNITARIAN THOUGHT (1993). フィリップス（Derek L. Phillips）は、以下のように述べている。確かに、ある時代においては共同体内部には同質性が見受けられたが、アメリカの社会はすでに18世紀ごろから多元的な文化を有していたし、現在では、集団ごとに社会ごとにそれぞれ異なった社会生活、概念などが見られるようになってきている。にもかかわらず、共同体論者は、諸個人の属する共同体を当然に諸個人に優越したものとみなし、その共同体内部の同質性のみを

第3節　結　　論

本章第1節では、「権利」の概念には、本質的に、それ自体の功利性では説明できない何ものか――それとは質的に異なる何ものか――が含まれているのではないかということを述べた。功利主義のもっとも大きな問題点は、例えば、大多数の人の欲求を満たすために1人の人間の命を奪うというような、通常人の正義観に反するような事態を正当化してしまうことであった[105)]。この点、従来の学説においては、ベンサムなどの功利主義論は、自然権論と論証過程にこそ大きな相違が存在するが、その帰結に関して言えば、両者の射程は一致するのではないかとの議論がなされることもあった。しかし、最終的には一般的・抽象的なルールではなくあくまで個別的な功利計算にこだわったベンサムの精神から考えれば、彼の議論の帰結を自然権論のそれとまったく同一のものと評価することは困難であろう。また、ミルの議論を検証してみると、権利の概念には、その権利がもたらす功利とは量的な違いがあるのみならず、質的にも異なるものがその本質として付随しているのではないかということに、ミル自身が気づいていたのではないかとも思われるようになる。次章で詳述するように、道徳は功利の合理的計算によって生じるものではない。例えば、中世の社会においては神を冒瀆することは社会的功利とはまったく関係なく許されなかったように、現代社会における「個人の尊重」という道徳も社会的功利とは関係なく存在するはずである。権利

強調して、共同体の文化が社会生活全般に浸透していると考えるのみならず、共同体の文化がすべての構成員に均一に影響力を及ぼすとさえ考えている。これは妥当ではない。その一方で、小林正弥は、本書のようなサンデルの捉え方に対して異議を唱えている。彼は、「サンデルの著作のどこにも、人格構成的コミュニティの構成員が全員同じ『善き生』についての考え方を持っているという言明や想定を見出すことはできない」とした上で、サンデルの主張の核心は、「善から独立した正義の観念を批判」しているという点、すなわち、「善との関係において正義を考え」なければならないと主張している点にあると述べている。菊池＝小林編・前掲注90) 65～75頁〔小林〕。

105)　ただし、長谷部恭男は、「功利主義は社会の快楽の総量のみに着目し財の配分の問題に関しては無関心であるため、現代福祉国家の下で生じてくる所得再配分の問題を解決し得ないと批判されることもあるが、効用という概念を持ち込むことによって、功利主義は、現代福祉国家で一般的となった、種々の社会福祉を含む所得再配分の道徳的根拠をも提供することができる」という旨を指摘している。すなわち、所得についても他の財と同様に限界効用は逓減すると考えられるため、高所得者から低所得者への移転によって社会全体の効用の総量は増すはずであるという。長谷部・前掲注10) 118頁。

を功利主義の観点のみから説明しようとする試みは、権利およびその背後にある道徳に必然的に付随する、その権利自体の功利とは異なる重要な何ものかを見落としているように思われる。殺人が禁止されなければならないのは、殺人犯の得る快楽の総計より被害者の苦痛の総計の方が多いからという理由によるのではない。そこには、「個人の尊重」は功利主義的計算によってもその侵害が正当化され得ないものとして保障されるべきであるという人々の強い感情・信念が付随している。道徳的権利の存在根拠に関する正しい結論は、おそらく、一般的効用とは別の何らかの正当化事由を持ち出させるようなものであろう。もちろん、こうした根拠によって正当化される権利の範囲と、功利主義から正当化されるものの範囲が一致することはあり得るのであるが、それぞれが別個の正当化根拠によるものであるということには変わりがない。では、なぜ、権利およびその基底にある道徳には、一般的功利とは質的に異なる性質、すなわちside constraintとしての性質が付随しているのであろうか。次章で見るように、こうした問題を考える上では、デュルケームの議論を検討することで有益な示唆を得ることができる。

また、本章第2節では代表的な個人権論者としてノージック、ロールズおよびサンデルの議論を概観した。ノージックとロールズとの間にはその帰結において大きな相違が見られたが、彼らはともに「社会において多元的な善の構想が併存する中で、各人が各々の自己の構想を追求する自由を不当に抑圧されることなく社会的に結合することを可能にするようなルールを模索しようとしている」という意味でリベラリズムに属する。それに対して、サンデルは、共同体論者としての立場（個人は必然的に共同体の価値を負荷として負っているのであり、同一の共同体に生まれ育った諸個人が負荷として負う、同一の共同体の善を志向した政治を実現すべきであるとする立場）からロールズに批判を加えた。従来の学説においては、三者にそれぞれ様々な批判が加えられており、いまだ、現代国家がそのいずれを採用すべきかという点に関しての最終的なコンセンサスは成立していない。では、現代の人権思想を採用している国家において、今後いかなる理論を採っていくべきなのであろうか。リベラリズムと共同体論とのいずれを選択していくべきであろうか。この点に関しても、やはり、次章で紹介するデュルケームの議論を参考にすることによって1つの解答――すなわち、リベラリズムを選択すべきであるとの結論――を得ることができるのではないかと思われる。

デュルケームは、共同体論者と同じく、社会から完全に自律した個人を前提とするのではなく、社会的負荷を負ったものとして個人を捉えていかなければならないと考え、そして社会の同質性に基づく連帯を強調した。これらの点においては、彼の議論は共同体論と類似するため、その帰結においても両者が一致するのではないかとの誤解がこれまでしばしば見られた。しかし、後述するように、彼の議論から引き出される帰結は共同体論ではなくむしろリベラリズムに近いものである。では、なぜそうなのか。次章では、この問題を探ることにより、現代の日本において選択すべき立場は、共同体論ではなくリベラリズムであるということを示すことができると思う。

これまで、デュルケームの議論に対しては、反個人主義的、全体主義的、保守反動的などの批判が加えられてきた。しかし、今や、デュルケームに対するこのような批判は表層的であり、むしろ曲解であるとされている。現在においては、デュルケームは何よりもまず個人主義者であり、民主主義者であり、そしてラディカルな一面を持っているという評価が有力になっている[106)]。社会的負荷を負ったものとしての個人という捉え方から、いかにして、デュルケームは、リベラリズムのような帰結を導き出したのであろうか。次章では、まず、社会と個人との関係についての彼の考え方を検討することから始めたい。

106)　デュルケームに対してこのような評価をするものとして、例えば、中久朗『デュルケームの社会理論』(創文社・1979)、佐々木交賢『デュルケーム社会学研究』(恒星社厚生閣・1978)、宮島喬『デュルケム社会理論の研究』(東京大学出版会・1977)、Roger B. M. Cotterrell, Émile Durkheim: Law in a Moral Domain (1999)、Susan Stedman Jones, Durkheim Reconsidered (2001) 等が挙げられる。

第2章
異質性社会における「個人の尊重」という道徳

ノージック（Robert Nozick）やロールズ（John Rawls）のようなリベラリズムの議論は、個々人が各々の善に関して多様化し対立を深めていき、1つの共同体の善の中に包摂しきれなくなっている中で、新たな国家の正当性原理を求めるという問題に対する1つの解答として提示されてきた。一方で、共同体論は、同一の共同体に属する諸個人には社会的負荷においてある程度の同質性があるはずであるということに着目し、それに対する愛着を基底として議論を展開してきた。では、現代国家はいずれの道を選択すべきなのであろうか。これを考える1つの手がかりを求めて、本章ではデュルケーム（Émile Durkheim）の議論を検討してみたいと思う。

I　社会と個人

デュルケームは、人間を本質的に共同体にかかわる社会的な存在であると捉えた。ここでは、デュルケームの「社会」概念および、社会と個人の関係について略述する[1)]。

デュルケームは、しばしば、社会を有機体になぞらえた[2)]。有機体は数多くの細胞や器官から成るものであるが、それは単なる細胞・器官の集合体ではない。細胞・器官が集合し統合されることによって、1つの生命を持つ独自の存在となる。同様に、社会は諸個人から成り立っているが、それにもか

---

1)　Iに書かれている社会と個人との関係についてのデュルケームの見解は、主として、ÉMILE DURKHEIM, SOCIOLOGIE ET PHILOSOPHIE（1924）〔1898〕（これを和訳したものとして、エミル・デュルケーム（佐々木交賢訳）『社会学と哲学』（恒星社厚生閣・1985）がある）を参照した。また、本章でデュルケームの見解を紹介にするに当たっては、中久郎『デュルケームの社会理論』（創文社・1979）に依拠するところが大きい。

2)　本文で述べるように、デュルケームはしばしば社会を有機体になぞらえているが、それはあくまで社会学的分析における生物学的類比の方法論的有効性を承認するために用いた「隠喩」であり、いわゆる社会有機体論とはまったく異なるものであるということに留意する必要がある。佐々木交賢『デュルケーム社会学研究』（恒星社厚生閣・1978）8〜28頁、中・前掲注1）7〜8頁、17頁。

かわらず、諸個人の総和以上の存在である。個人が共同生活をし、社会を成すことによってその効果は個々の要素を超え、その外部に沁み出る。この沁み出した部分、全体が部分に付加した部分、すなわち社会の創発性にこそ社会の本質が存する。したがって、個人の行為や意識をいくら重ねてみたところで、社会的事実の特性を説明することはできない。そのような意味で社会は個人のみによって成り立ちながら、しかも個人を超越した外在的実在であると言うことができる[3)]。

そして、「社会」は必ず個人に先行する。個々人が自由な意思・選択に基づいて各々結びついて社会が形成されていくのではなく、先に社会が存在し、その制約の下でのみ個人が存在し得るのである。このように、社会は諸個人が誕生と同時に既成物として発見するものであり、個人に対して時間的に先行しているという点で外在的である[4)]。それらは、個人が制御できないような状況であり、行為の条件として適応せざるを得ないものである。このように、社会には、個人が欲すると否とにかかわらず、個人に影響を及ぼしてくるようなある種の命令と強制の力が与えられている。したがって、必然的に個人の意識は社会の刻印を帯びたものとなる。

しかし、社会は単に圧力としてのみ個人に現れるものではない。諸個人はそれを否応無しに強制されると同時に、それに自発的に従いたいと望むような傾向を持っている。社会の制度や意識は諸個人の内に内在化され自発的意思によって受容される。そして社会の制度や意識は個人の自発的意思に支えられることによってのみ、その生命を維持することができる。社会の諸制度・意識は個人にとり込まれ内在化され支持されることによってはじめて実り豊かなものとなる。さらに、これもまた重要なことであるが、それが内在化され、補強され、相互に作用しあう過程で、その制度が変化したり、新たな制度が創出されることもあり得るのである[5)]。

---

3) DURKHEIM, *supra* note 1, at 35-37. また、ROGER B. M. COTTERRELL, ÉMILE DURKHEIM: LAW IN A MORAL DOMAIN 1-16 (1999)、廣澤孝之「É・デュルケームにおける社会連帯と社会主義」九大法学72号（1996）51～54頁など参照。

4) ÉMILE DURKHEIM, LES REGLES DE LA METHODE SOCIOLOGIQUE 5-8 (1919)〔1984〕. これを和訳したものとしてエミール・デュルケム（宮島喬訳）『社会学的方法の規準』（岩波書店・1978）がある。例えば、諸個人がその思惟を表明するために役立てる記号の体系や貨幣体系、職業的慣行などは個人の使用とは独立に作用するその客観的機能のゆえに外的である。中・前掲注1）39頁参照。

5) 中・前掲注1）39～40頁、49～51頁、113頁、196頁。これに関連して中久郎は、デュルケームは、例えば革命の際に見られるような民衆の非日常的な「熱狂」が、社会の自己変革、自己創造の源泉となり、硬直した社会生活を大きく変革していく主要契機となることを積極的に認めて

すなわち、このような意味で、社会には以下の２つの側面が存在する。まず、①社会の相対的不変性という側面である。すべての社会は継続の中断なしに先行の社会から生じる。例えば、社会制度など結晶化した形態において存在するものは、構造的脈絡として社会の変動に制約を加える。そしてそれは、人間が意のままには変形することができないものである。これは、人々のうちに内在化され、息吹を与えられることによってのみ、更新され保持される同一性である。一方、②社会は相対的可変性という側面をも併せ持つ。すなわち、社会はそこに内在する無限の発展可能性を持っている。デュルケームは、この社会の持つ両方の側面に着目して議論を組み立てているのであるが、以前は、前者の側面ばかりが強調され、彼の議論は本質的に保守的であるとの誤解を受けたこともあった[6)]。

また、デュルケームが諸個人の社会的結合という点において特に念頭に置いたのは、心理的・精神的側面であった。社会は物質的関係によってではなく観念的紐帯によって結ばれている[7)]。社会は固有の生命と意識を持った「観念の有機体」である。彼は、人間が結合されているのは、その意識によってであるし、集合的信念は一切の社会の枢要部であると主張している。したがって、社会を単にある生活機能を目的とする物質的関係としてのみ考えることは、社会の内実を縮減させることであると彼は考えたのである。

彼は、社会が個人のみによって成り立ちながら、個人を超越した外在的な実在であること、そして個人の欲すると否とにかかわらず個人に影響を及ぼしてくるような、ある命令と強制の力を付与されていることに社会の本質を見出している。そして、こうした社会の本質が、社会において道徳が生み出されていく過程に大きくかかわっているのではないかと彼は考えた。個人は所与のものではなく、社会によって規定されている以上、道徳も普遍的ではあり得ない。社会が変化すれば、そこにおける道徳もそれに伴って変化する

いると評価している（中・前掲注1）147頁）。さらに、デュルケームは、社会には必ず集合意識を犯す犯罪者がいるが、時にはこういった犯罪者が、新たな集合意識を創設する役割を果たすことがあるとも認めている。すなわち、犯罪者の中には、その社会においてもはや社会の諸条件と適合せず時代遅れになってしまった集合意識をあえて犯し、社会に先駆けてその潜在的条件に適合する道徳を提示していこうとする人もいる。そして、このような犯罪者の存在は、その社会にとってはむしろ望ましいものであると述べている。DURKHEIM, *supra* note 4, at 86-90. 集合意識のさらに詳しい説明については後述Ⅱ参照。

6）中・前掲注1）149〜150頁。

7）中・前掲注1）8頁、17頁、20頁。

はずである。次のⅡでは、社会においていかにして道徳が生み出されていくのかに関する彼独特の捉え方を考察してみたい。

Ⅱ　社会と道徳

社会を形成している諸個人の意識には、ある程度同質性が存在する。この同質な部分すなわち個人意識の共通部分は集合することによって強力な力を持つに至る場合がある[8)]。このような集合意識は、個人意識を超越した独自の実在となり、その社会を形成している個人に対して、本人が欲すると否とにかかわらず強制的な力を持つ。しかし、集合意識は個人に対して単なる圧力として現れるわけではない。一方で、諸個人は集合意識を自発的に受容しようと望む傾向をも持つ。集合意識は各個人のうちに内在化されることによってはじめて生命を持つことができる。つまり周期的に個人のうちに内在化され、支持され、生命が更新されなければ集合意識は直ちに萎縮してしまう。そして、こうした集合意識は各個人にとり込まれることによって各人を内側から一定の方向につき動かしていく力を持つ。デュルケームは、このようなものを道徳と捉えている。

デュルケームは、道徳[9)]を「人間に対して、他人を考慮させ、自ら利己主義の衝動と別のものに基づいて自らの行動を律することを強制する一切のもの」と定義づけている[10)]。すなわち、道徳は、諸個人に対して課される社会的拘束である。この拘束は、個人が望むと望まざるとを問わず、当該社会内のすべての個人に対して服従を強制する力を持つものであるが、一方、諸個人には自発的にそれに従おうとするという側面もある。道徳の拘束は個人によって内的権威として自発的に受容される。したがって、もっぱら外的制裁に関する考慮のみが個人の行為の決定の際に働くような場合には、その行為

8)　この点に関しては、Ⅲで詳述する。

9)　ただし、中久郎によれば、デュルケームは、「道徳」という文言を多義的に使っている。すなわち、①もっとも広い意味では、「物質的・物理的なものに対比される精神」を指し、②狭い意味では、それは社会の本質に適合して「正常」ということであり（「社会的拘束が道徳的である」というような場合）、③最狭義では、「共同の観念や信念のうち、人々の意志に対して理想的行動のプログラムを示し、それに従うことが義務的であるという判断によるものの拘束」のような意味で使われている（中・前掲注1）51頁）。本文では③の意味で用いている。

10)　ÉMILE DURKHEIM, DE LA DIVISION DU TRAVAIL SOCIAL 394 (1922)〔1893〕. これを和訳したものとしてE. デュルケム（井伊玄太郎訳）『社会分業論(上)(下)』（講談社・1989）がある。

には道徳的価値が失われているということになる。すなわち、道徳の拘束は義務的・強制的であるとともに、内的に「望ましいもの」として能動的に受容されるのでなければならないのである[11]。ただし、一時的にのみらず長期的に見ても道徳が自発的に諸個人に受容されているのは、その道徳がその社会の諸条件・本質に適合している場合である。社会の道徳がその社会の諸条件に合致していない時は、その道徳は、やがては、諸個人の自発的支持をとりつけることができなくなってしまう。以上のことは、今日の社会のみに当てはまるのではなく、歴史を通じていかなる社会においても見られる特徴である。このように、道徳が、諸個人に対して強制力を有する反面、諸個人の自発的意思によって支えられているという点に、道徳の本質が存在する。

この点に関して、デュルケームは、集合意識の独自の生命、個人意識に対するその外在性、拘束性などを強調しているため、これまで、彼の議論は、社会を偉大で至高なものと捉え、個人が社会に盲目的に服従することを要求する全体主義思想なのではないかとの誤解を受けてきた[12]。しかし、このようなデュルケーム理解は曲解であって事実はまったく逆であると考えられるようになっている[13]。まず、デュルケームの議論においては、社会は、時間的先行性という意味において個人に対して超越しているとされている。しかし、彼によれば、社会の集合意識は諸個人にとって単に外在的なもの、否応無しに強制力を持つものとして現れてくるわけではない。社会の集合意識は個人にとって外在的でありながら、最終的には諸個人によって内在化され、そして諸個人の自発的意思によって支持されない限りその生命を維持することができないと論じられているのである。したがって、彼が、個人に社会に盲目的に服従することを要求しているとの批判は当を得ないものと評価すべきである。

さて、以上のように、デュルケームによれば、人間の存在は、社会において二重性を持つ。1つは「集団的存在」であり、もう1つは「個人的存在」である。すなわち、すべての人間には個人的な領域があり、「個」として活動したいという欲求が存在するのと同時に、否応無しに事実として社会による強制力を受けるという側面をも併せ持つ。

---

11) DURKHEIM, *supra* note 1, at 50-51.

12) 折原浩『危機における人間と学問』(未来社・1969) 230～231 頁。

13) 例えば、佐々木・前掲注 2) 42～45 頁。

ところで、デュルケームによれば、このような社会的拘束は、自律的で自由な個人からは決して生まれない。彼は、自由な個人がいかなる理由で自らの自由を捨て去り、社会的拘束のもとに身を置くことを望むようになり得ようかと問いかけている。「道徳を自由によって定義することはできない。道徳はむしろ依存状態のうちに存在している。道徳は、個人を解放するものではなく、その反対に、彼（女）の活動の自由をいくらか奪うことを本質としている」。すなわち、道徳は、あくまで個人を拘束するものであり、自律した自由な諸個人からは決して導き出し得るものではない14)。

また、デュルケームは、道徳という現象は社会的な現象であり、決して論者の論理的思考の帰結によって生み出されるものでもないとして、カント（Immanuel Kant）らの観念論を批判している。デュルケームによれば、道徳という現象は、社会によってのみ生み出されるものなのである15)。彼は以下のように述べている。

> 確かに、これらの現象を規定するのに用いた拘束という言葉は、絶対的個人主義の熱烈な信奉者たちをたじろがせる恐れがある。彼らは、個人とは完全に自律的なものであると公言している手前、個人は自分自身にのみ依存している存在ではないと感じさせられるたびに、個人の価値が縮小されるかのように思われるのである。……しかし、人間は諸物からなる環境の中にあって、それらについて種々の観念を作り上げ、これをもって自らの行為を律することにより、はじめて生きていくことができる。ところが、それらの観念は、これが対応づけられている実在よりも我々に親しいものであり、より手の届くものであると思われるため、我々はおのずと、それらを実在に置き換え、思弁の対象とさえしがちである。諸物を観察し、記述し、比較するかわりに、自らの観念を意識

14) DURKHEIM, *supra* note 10, at 263-264, 393-394.

15) このようなデュルケームのカント批判に関しては、デュルケームが若干問題をとり違えているのではないかというような感を受ける。というのは、カントの議論が、個人の自律を基礎に置く道徳を「正当化する」議論であるのに対し、デュルケームは、道徳の発生論的な観点から、自律した個人が道徳を「生み出す」のではないと批判しているかのように見えるからである。しかし、デュルケームの真意は、おそらく、そもそも社会の道徳は自律した個人から正当化する必要はないというところにあるのではないかと考えられる。後述するように、彼によれば、社会の道徳は自律した個人が生み出すものでは決してない。逆に、社会が――ある特定の条件を満たした社会が――自律した個人を生み出すのである。すなわち、社会が拡大し異質な要素が併存するようになるからこそ、個人は自由にならざるを得なかったのである。このように考えると、自由で自律した個人がなぜ社会の道徳に拘束されなければならないのかについて正当化根拠を探すという作業は、彼によれば本末転倒であるように思われたのであろう。

に上らせ、それを分析したり、結合したりすることで満足してしまうのである。これは、もはや観念的分析を行っているにすぎない。……これらの観念や概念は人がどのような形で呼ぼうとも、物の正当な代替物とはならない。これらは通俗的な経験の所産にすぎず、何よりも、自分の行為を周囲の世界と調和させることを目指しているのであって、要するに、実践によって実践にとって都合の良いように作られている。……むしろそれらの観念は、物と我々の間に設けられた一種の遮蔽幕のようなものであり、これを透明だと信じ込めば信じ込むほど、いっそうそれによって諸物は我々の目から覆い隠されてしまう。このような方法は、説明よりも解決手段を求めているのである[16]。

このように、デュルケームは、カントらに見られる観念論は、イドラ（予断）にとらわれたおよそ非科学的なものであると考えた。デュルケームは社会の意義を哲学的に問うことも、個人の主観的側面において社会を解釈することも拒否した。彼は、観念によって社会を説明するのではなく、社会の実在を「物のように」直接観察し、比較・記述するという手法を採るべきであると提唱したのである。

さらに、デュルケームは、社会契約論的な手法も排している。彼によれば、自由で自律した個人が、完全に自由な意思に基づいて、契約により他と関係を結び、あらゆる可能な選択肢からある特定の道徳律を選び出すなどということは歴史的に見てもなかったし、理論上もあり得ない。人間は、社会に適応せざるを得ないし、また適応したいと望んでいる。したがって、個人には道徳に従うか否か、いかなる道徳に従うかに関して選択の幅はほとんど存在しない。

また、彼は、道徳の時代的・場所的普遍性をも否定している。彼は、道徳は人間に内在する本性ないし普遍的な人間性から導き出されるものではなく、その時代その社会によって変化し得るものであると考えている。

そして、デュルケームは、反功利主義的でもある。道徳は、発生論的に考えれば、必ずしも個人的利益の総計の合理的計算と一致するとは限らない。それは、人々に必ずしも意識されない心性や動機などの複雑な作用に起因している。したがって、道徳は功利主義的観点とは別に独自のものとして説明されなければならないとしている。

このように、デュルケームは、道徳を、社会学固有の領域に属するものと

16） Durkheim, *supra* note 4, at 20-21.

考えた。したがって、道徳という概念を解明するためには、個人に先行する社会に対する考察から議論を出発させなければならない。そして、デュルケームは、このような道徳が確定的になり制度化されたものとして「法」を捉えている。

では、社会にはどのような道徳が存在するのか、いかにしてそれが変遷してきたかを次のⅢで検討する。

Ⅲ　社会分業論

デュルケームは、抽象化された人間の本性から普遍的な道徳律が引き出されるわけではなく、各社会ごとにそれぞれ異なった独特の道徳が存在し得ると考えた。そして、それぞれの道徳の差異は、各社会間の構造の差異を反映すると主張した。したがって、社会構造が変化すれば、必然的に人間の連帯の様式も変化するし、そこにおける道徳のあり方も変わってくる[17]。そして、彼は、社会が単純なものから複雑なものへと変化していくにつれて、いかにして道徳が変化してきたかを綿密に観察している。

人々を統合し、特定の社会へと結合させる様式のあり方には、以下の２つのものがある。１つは、人々が相互に類似していることから生じる結合であり、「機械的連帯」と呼ばれる。もう１つは、人々が相互に異なっているがゆえに、相互に引きつけられて生じる関係であり、「有機的連帯」と呼ばれる[18]。そして、単純で同質な社会においては「機械的連帯」が支配的であるが、より社会が拡大し分業が発達し異質性が増大していくにつれて「有機的連帯」が優勢となってくると考察している。そして、このような社会的連帯のあり方の変化は、社会構造自体の変化に起因する必然的な流れであるとの結論を導いている。以下、このような彼の議論を素描してみたい。

---

17) 「社会的連帯からその社会的形態をはぎとるならば、その後には何も残らない。社会的連帯にその独自の性質を与えているのは、その集団の性質である。社会的連帯は、社会の型に従って変化する。……社会的連帯のしかたは、集団によってそれぞれ異なる。これらの差異は、社会的原因に基づいているものであるから、連帯の社会的結果が表している差異を通じてのみ、集団間の差異を捉えることができる」。DURKHEIM, *supra* note 10, at 30.

18) 「人間は自己と類似している人によってもひきつけられるが、相違によっても強くひきつけられ得る。相違には、互いに排斥しあうものとひきつけ合うものとがある。一方が、他方の持たないもので、しかも持ちたいと願っているものを持っているならば、この事実のうちに積極的魅力の出発点がある。このようにして、友人どうしの小集団が形成され、各人が自己の特性に適した役割を持ち、サービスの真の交換をするようになる」。DURKHEIM, *ibid.*, at 18.

人間の連帯の様式には、「機械的連帯」と「有機的連帯」との2種類が存在する。「機械的連帯」とは、事実に関する共通の信念および共通の行為基準（道徳など）を共有することによって生じる人々の結合の様式である。一方、「有機的連帯」とは、人間の間に存在する差異に依存し、自分と異なる性質を持った他者と様々な形で結合することにより、彼（女）らの相互的必要性が補われるべきことに依存するものである。これら2つの連帯様式は、いずれもいかなる社会においても多かれ少なかれ見られるものであるが、当該社会においていずれの連帯の様式が相対的に重要であるかは、その社会ごとによって異なってくる。デュルケームは各社会における2つの連帯様式の相対的重要性の割合を調べるために、その社会に存在する法律の条文の数を比較するという手法を用いている。彼は、「重要な社会的連帯はすべて法律として現れる」ので、当該社会でいかなる連帯が優勢であったかを判断するために法律の条文の数を比較すればよいと考えた[19)]。したがって、法律を「機械的連帯」および「有機的連帯」のそれぞれに対応するものに分類し、次に、それぞれの法律・条文の数を測定、比較することによって、その社会における「機械的連帯」の役割と「有機的連帯」の役割との比率を測定することができると考えたのである[20)]。

---

19) デュルケームは、「社会的連帯はそれ自体正確な測定になじまないまったく道徳的な現象である」ため、社会的連帯を目に見える外的事実に置き換えて議論を進める必要があると考えた。そして、社会的連帯の目に見える象徴は法律であると彼は言う。人々の連帯が強くなればなるほど、各構成員どうしの関係が頻繁に行われるようになる。そして、その関係が恒常的に行われるようになると、やがてそれは不可避的に確定的な形態をとるようになり組織化されていく。それが法律である。すなわち、各構成員がどれだけ関係を持つかは法律の条文の数によって現れる。このように、社会的連帯と法律は、同時に同一方向に結びつきながら変化すると言うのである。もっとも、彼は、以下のような旨を付言している。「社会関係は、確定されても、必ずしも法律という形態をとるとは限らないし、社会関係の中にも、その規制が法律になるほど強固さと正確さをもつに至らないものもあるとの反駁も可能であろう。例えば、社会関係は法律によって規制される代わりに慣習によっても規制されることがあり得る。さらに、慣習が法律と一致しないこともあり、その場合、慣習は法律とは異なった社会的連帯を表しているのではないかとの反論もあり得る。しかし、この慣習と法律の対立はまったく例外的な事情においておこるものにすぎない。この対立が生じるためには、法律が社会の現状にもはや対応していないことが必要である。すなわち、両者の矛盾は、無事に持続していくことが不可能であるような病的な状況においてのみ見られるものであり、正常的な状況では慣習は法律に対立するものではなく、むしろ逆に法律の根底に位置づけられるものである。慣習のみが存在するような社会的連帯もあり得るが、それはすべて二次的なものにすぎない。重要な社会的連帯はすべて法律として現れる」。DURKHEIM, *ibid.*, at 28-30. このようなデュルケームの手法に対しては、社会的関係と法律条文の関係をやや単純化しすぎているのではないかとの批判もあり得よう。

20) DURKHEIM, *ibid.*, at 32.

デュルケームは、法律を2つのものに分類している。1つは、例えば刑法のような制裁や贖罪、苦痛を本質とする禁止的ルールであり、もう1つは、契約法のような、混乱させられた関係をその正常な形態に回復させようとするもの、すなわち、原状回復的ルールである[21]。彼は、前者が「機械的連帯」を反映し、そして後者が「有機的連帯」を反映すると考えている。

彼が刑法を「機械的連帯」を表すものであると考えたのは、彼が、犯罪を、本質的には、社会における健全な構成員に共通しかつ強力に刻み込まれているような感情を傷つけることであると捉えたからである。すなわち、犯罪とは「集合意識の強力な確定的状態を冒瀆すること[22]」なのである。集合意識とは、「同じ社会の構成員に平均的に共通な諸信念と感情の総体」である。社会の構成員には互いに多かれ少なかれ類似性が見られ、互いに共通する信念・感情が存在するものである。このような共通意識は交流しあい、多くの人々に共有され、個人を超えて集合的なものとなるにつれてますます強大なものとなっていく[23]。集合意識は、単なる社会の構成員の主観的表象の平均とか普遍的な表現ではない。それは、結合した諸個人の集合様式であり、また、個人のうちにある感情や価値観として個人によって能動的に表現されるものである。すなわち、集合意識は人々のうちに宿り、彼らを内から一定の方向に押し動かしていく現実の駆動力なのである[24]。こうして、社会の構成員の共通部分が集合することによってその意識は個人意識を超越した力を持つものとなる。このような意味で、集合意識は個人の意識を超越した独自の存在、すなわちそれ自体「固有の生命を持つ一定の体系」となる。これが「道徳」である。しかし、一方で、この集合意識は各個人の内に取り込まれ、内面化され、各個人によって支持され再び集合意識の共有性が補強されることによってしか生命を保つことができない。このような意味で集合意識は個人に外在するものでありながら、かつ個人に内在するものであると言うことができる。犯罪とはまさにこのような「集合意識」に対する重大な違背である。そして、このような強大な集合意識が否定されると人々はこれを罰しな

---

21) DURKHEIM, *ibid.*, at 33-34.

22) DURKHEIM, *ibid.*, at 47.

23) これについて、デュルケームは、「似通った意識の諸状態は、交流しあうことによって相互に強化しあう。……それゆえ、多数の人々が集う集会においては、人々の情緒が過激に走ることがある。それは各人の意識に起こる情緒の強烈さが他のすべての人々の意識のうちに反響するからである」と説明している。DURKHEIM, *ibid.*, at 66-67.

24) 中・前掲注1) 114頁。

いままにしておくことができないし、許すこともできない。人々は集合意識を否定した者を避け、社会から彼（女）を追放しさえする。このような場合、人々はもはや原状回復するだけでは満足し得ない。行為者に対する激しい憤りを感じ、制裁をも要求するようになる。そして集合意識はこのような反動の力によって力を回復し維持しつづけるのである[25]。刑罰とは、このような「集合意識が害されたことに対する反動」であるということになる。

一般の人々は、その行為自体の内在的性質から犯罪の可罰性が引き出されると考えたり、刑罰を犯罪行為を抑制する効果を持つものとして功利主義的観点から論じたりしがちである。しかし、デュルケームは、このような刑法制度の功利主義的、合理主義的説明が空虚であると考えた。およそ、集合類型は、様々な原因によって、また偶然の働きによってさえも、形成されるものである。歴史的発展の産物である集合類型は社会がその歴史において通過してきたあらゆる種類の状況の烙印を帯びている。それゆえ、集合類型に見出されるすべてのものが、何らかの功利的目的に適応しているなどということはあり得ないことなのである。集合類型には社会的効用にはまったく無縁な要素がとり入れられざるを得ない[26]。また、刑法によっていかなる行為が禁止されるのかは、その行為の内在的特質から引き出すことはできない。なぜなら、各社会ごとに刑罰法規もまちまちであり、その社会において禁止される行為もまったく異なっているからである。犯罪行為はそれ自体として独立に犯罪ないし不正であるがゆえに道徳によって断罪されるのではない。むしろ、これらは道徳により断罪されることによってはじめて犯罪ないし不正となるのである[27]。

さらに、デュルケームは、刑法は本質的に宗教的であるとも述べている。例えば、インドやユダヤにおいては、刑法はすべて神の啓示とみなされ宗教的であったと分析する。そして、こうしたことは、これらの社会における刑法のみならず、およそすべての刑法に見られる特徴であると彼は言う。その理由として、彼は、このような制裁ないし贖罪の観念の根底には、我々を超

25） DURKHEIM, *supra* note 10, at 67.

26） ただし、それらの（集合類型の）大部分は、同時に、社会的功利性が高いものでもあるかもしれないともデュルケームは述べている。なぜなら、集合類型の大部分が人間にとって有害なものであれば、人間は生存していくことができなくなるからである。

27） 「ある行為はそれが犯罪的であるから共通意識を害すると言ってはならないのであって、ある行為はそれが共通意識を害するからこそ犯罪的なのである。我々がそれを非難するから犯罪なのである」（DURKHEIM, *supra* note 10, at 48）。

越している現実的な、理想的な何らかの力という観念が存在していると述べている。

> 冒瀆された感情は、その集合的起源、その普遍性、その永続性、その内在的強度などによって、例外的な異常な力を持っている。それゆえ、はるかに弱い状態にある他の我々の意識とは根本的に分離している。それらの集合的感情は、我々を支配しており、超人的な何らかのものを持っている[28]。

それゆえ、集合意識は必然的に宗教的なものとなり、刑法は、その本質において宗教的であるばかりでなく、常に宗教的な刻印を帯びることとなる。それは、我々が集合意識に対して自らを超越した何らかの力を感じるからであり、刑法が罰する行為が、存在または概念としての何らかの超越者に対する加害であるかのように思われるからである。そして、また、これと同じ理由によって、なぜ原状回復を超える制裁が要求されるのか明らかになる[29]。デュルケームは、このような集合意識の宗教性が、我々が集団（社会）に対して感じる超越的な力に起因するものであると考えた[30]。

このように、刑罰は激情的反動から成り立っている[31]。そして、このような反動の強さは集合的感情がこうむった侵害の大きさによって必然的に決定される。このような考え方に対して、「未開の社会であればともかく、現在は刑罰の性質は変わっており、社会が懲罰するのはもはや復讐するためではなく社会自体を害悪から守るためである」との批判もあり得よう。しかし、現在においても、刑罰の本質が激情的反動であるということには変わりはな

---

28) DURKHEIM, *ibid.*, at 68.

29) DURKHEIM, *ibid.*, at 68.

30) さらに、デュルケームは宗教について以下のように述べている。「宗教は本質的には社会的なものである。宗教は、個人的な目的のみを追求させるものではなく、それはあらゆる瞬間に個人に対して強制を加えるものである。それは個人を束縛し、大なり小なり個人に犠牲を強いる供犠や、個人を拘束する慣行を個人に義務づけている。……宗教生活は自己犠牲と無私無欲からできあがっている」（DURKHEIM, *ibid.*, at 59-60）。

31) 「これは、今日も昔も変わらない本質であるが、文化度が低ければ低いほどこの傾向が強い。例えば、未開の社会においては、犯罪者本人のみならず、犯罪者の妻や子供に対してまでも連座して刑罰が及ぶことが多いのは、そこまで処罰を拡大しなければ刑罰の真髄である激情が解消されないからである」（DURKHEIM, *ibid.*, at 52）。「この点、罰則は社会的害悪を防止する必要性から生じるのだという考え方もある。しかし、犯罪とされてきた行為の中には社会的に有害ではないと思われるものも多く存在し、また、犯罪行為が確かに有害である時でさえ、有害の度合いはその行為に対して加えられる禁止の強度に正しく比例しているとは言えない」（DURKHEIM, *ibid.*, at 37-38）。

い。今日では、我々は刑罰のもたらす犯罪予防という効果に気づいているので、その効果をより合理的に利用し得るだけなのである[32]。文明以前は激情がストレートに表現されたため、犯罪者本人のみならずその家族なども連座させられたこともあった。これに対して、文明後は、激情がそれほどストレートに出されることはない。それは、今日では、復讐欲が昔よりもよく統制されているからである。激情は啓蒙されればされるほど気まぐれではなくなる。しかし、それにもかかわらず、激情は依然として刑罰の魂である。刑罰は、段階づけられた強度を持った激情的反動から成り立っている[33]。仮に、犯罪には贖罪的特性がないと主張する理論が実行されるとすれば、それはあらゆる共通意識がほとんどなくなっている社会においてのみである。道徳的意識と呼ばれているものは、それが害された場合、この贖罪なしでは保存され得ないと彼は言うのである[34]。

このように、犯罪は本質的に共通意識の強力な確固とした状態に反する行為からできている。それゆえ、刑罰によって裏づけられる規則は、もっとも本質的な社会的類似を表現している[35]。そして、彼は、この社会の根本的類似が社会の凝集の条件であるため、すべての社会はこれらの根本的類似を表すことを切望すると言う。それゆえ、社会の政治的権力者はこの集合意識を維持し続けることに尽力し続けなければならない。そしてさらに、政治的権力者は自らがこの集合意識の象徴ないし体現者となることによってのみ、社会の構成員からその存在を認められ得るのだと言う[36]。

さて、以上のように、デュルケームは、刑法を「機械的連帯」を反映するものとして捉えているが、一方、「有機的連帯」を反映するものとして民法（契約法・親族法）などを挙げている。契約法は、一般的に言って、制裁を課

32） DURKHEIM, *ibid.*, at 52. デュルケームは以下のようにも述べている。「刑罰は有罪者を矯正することもあるが、それは付随的に生じる効果にすぎない。刑法の機能は、そのすべての活力を共通意識の中に維持することによって社会的凝集を完全に確保することである」。

33） DURKHEIM, *ibid.*, at 57. また、デュルケームは以下のように付言している。「復讐として刑罰を科すことは、おそらく、間違った行為であろうが、我々はあるべき法を述べているのではなく、現に存在しまたかつて存在した法について定義しようと試みているのである」（DURKHEIM, *ibid.*, at 55）。

34） DURKHEIM, *ibid.*, at 76-77.

35） DURKHEIM, *ibid.*, at 73.

36） DURKHEIM, *ibid.*, at 50-51.「［政治的権力の］指導権は共通意識の象徴である。……［政治的権力の］指導権はこの集合類型が人々の意識の上にふるう権威に参与している。指導権に力が生じるのはその集合類型からである」。

すようなものではなく単なる原状回復的法律にとどまっている。このこと自体が、原状回復的法律が対応している社会的連帯と刑法が対応している社会的連帯とがまったく別種のものであることを示していると彼は言うのである[37]。

まず、契約法は、本質的に、分業に由来する協働関係を表すものである[38]。分業とは、諸個人の間で共通の仕事を分配しあうことであるが、もしこの共通の仕事が本質的に類似している諸仕事に分配されるにすぎないのであれば、そこには単純で幼稚な分業しか存在していないということになる。しかし、分業の真のメリットはそこにあるのではない。この共通の仕事をそれぞれ異なる諸仕事に分配し、専門化された個人どうしの間で複合的な分担を行うことによって、そのメリットを最大化することができるのである[39]。すなわち、分業とは、相互に異なる人々の間の相互依存性を示すものである。しかし、ここで、デュルケームは、分業がもたらすメリットを経済的な観点のみから捉えてはいけないと注意を促している。「分業の真の機能は複数の人間の間に連帯感情を創出する点にある」。「これに比べれば、分業が提供する経済的有益性は些細なものである」。分業は道徳的価値を与える。分業によって個人は自己の社会への依存状態を再び意識するようになるし、分業から個人を抑制し服従させる力が生じてくる。要するに、分業は、社会的連帯のすぐれた源泉となり、同時に道徳的秩序の基礎ともなると言うのである[40]。

また、刑法などの禁止的ルールは、個人の意識を集合意識に、すなわち個人を直接社会に結びつけるものであった。しかし、契約法のような原状回復的ルールは、個人を社会に直接結びつけるものではない。原状回復的ルールは、社会の構成員の間に存在する共通意識ないし集合意識とはまったく無関係のものであり、個人と社会を直接結びつけるのではなく、相互に関係をとり結ぶ特定の個人どうしの間に設定されるものであるからである。しかし、このような原状回復的ルールの下においても、社会は姿をまったく消しているわけではない。社会は個人と個人との間の関係に、近くからまたは遠くから干渉するのである[41]。

37） Durkheim, *ibid.*, at 79-81.
38） Durkheim, *ibid.*, at 91.
39） Durkheim, *ibid.*, at 93.
40） Durkheim, *ibid.*, at 396.
41） Durkheim, *ibid.*, at 283.

> 契約が諸個人を結びつける力を持っているのは、社会がこれに力を伝えるからである。契約はそれ自身で自足的なものではなく、社会から生じてくる規則が加えられてはじめて可能となるのである[42]。

> もし、社会が契約された義務を認めないのであれば、その義務は道徳的権威しか持たない単なる約束となってしまう。それゆえ、あらゆる契約には、当事者の背後に、結ばれた契約を尊重させるために待ち構えている社会が存在していることを前提としている[43]。

すなわち、社会自身が、分業・契約関係によって、個人と個人とを結びつけようとする。そして、契約法が規定している関係は、諸個人を社会に結びつけることなくして、諸個人相互を結びつけるものであるが、一方で、社会がこの領域に現れてこないということもないというのである。

しかも、社会は、契約法によって、諸個人どうしを恒久的・継続的に結びつけようとする。この点が、一時的かつ皮相的結合関係にとどまる単なる「交換」とは異なっている。交換においては、交換当事者はお互いに外面的な接触にとどまっており、いったんその取引が終われば、各人は元どおりの個人に立ち帰る。その際、人々の意識の接触は皮相的なものにすぎず、意識の相互浸透もなく、また意識は互いに強く執着しあうこともない[44]。これに対して、契約は人間どうしの恒久的な内的・外的連鎖を生ぜしめるものである。人々が契約によって互いに結合する時、人々が分業によって互いに相手を必要とするようになってくる。しかも、人々の関係の継続していく期間全体にわたって協力条件が確定されていることが必要である。すなわち、各人の権利義務が、当該契約の締結された当時の事情のみを考慮するだけではなく、さらに、将来生じる可能性のある状況を、そしてこの状況を変更する可能性のある場合を予見して決定されなければならない[45]。分業が連帯をひき起こすのは、まさに、分業が、諸個人の間に相互を恒久的に結合する権利と義務との完結的一体系を創るからである[46]。こうして、社会的類似が、これらの類似を擁護する法と道徳を生み出すのと同様、分業も、分割された諸機

---

42) DURKHEIM, *ibid.*, at 193.
43) DURKHEIM, *ibid.*, at 182.
44) DURKHEIM, *ibid.*, at 180-181.
45) DURKHEIM, *ibid.*, at 191.
46) DURKHEIM, *ibid.*, at 402-403.

能の平和的な、そして規則的な協和を確保する諸規則を生み出す[47]。

このような契約の性質は、まさに、一時的にではなく継続的に人々を結合させようという社会の意思の表れに違いない。こうして、契約法が「有機的連帯」を反映するものであるということが示されるとデュルケームは言うのである。

このように捉えた上で、デュルケームは、膨大な資料を分析することによって、社会における禁止的ルール（刑法）と原状回復的ルール（契約法）の割合が、いかに変化していったのかを観察している。まず、未開の社会における法は、ほとんどすべてが禁止的なルールであり、しかも宗教的なものであった[48]。しかし、社会が拡大・発展していくにつれて、禁止的ルールの割合は漸次減少している[49]。一方、契約法は、原始社会においては稀であったかあるいはまったく欠けているのであるが、やがて社会的労働が分割されるに従って増加するようになってくる[50]。

すなわち、彼は、単純な社会から複雑な社会へと発展していくにつれて、

47）　デュルケームは以下のような旨を付言している。「分業は、生存競争の結果生じるものであるが、この生存競争を和らげるものでもある。分業することによって実際に競争者たちは相互に共存しあえる」（Durkheim, *ibid.*, at 253）。「ただし、分業は、組織的社会の内部でのみおこり得る。本来、生存競争は、対立を激化させ、各人を分離させる。したがって、その社会の諸個人が互いに連帯的であり、また連帯的であると感じているという状態が先行してはじめて、分業が発展するのである。すでに社会の諸個人が互いに同一社会に属していると感じていることが、分業が発展するための要件である。すなわち、社会に物質的結合のみならず道徳的結合がすでに存在しているということが分業の発展のためには必要不可欠なのである」（Durkheim, *ibid.*, at 259-262）。

48）　未開の社会における法はほとんどが宗教的なものであった。そして、それらの法が犯される時、公衆の意識は単純な原状回復だけでは満足せず、贖罪を要求して復讐を加えた。したがって、神自身の言葉であるとされている法律は本質的に禁止的にならざるを得ない。デュルケームは、「あらゆる刑法が多少にかかわらず宗教的である。なぜなら、刑法の中心生命は、個々の人間を超越する力に対する畏敬の念であって、この感情はあらゆる宗教心の根底をなしているからである。未開社会においては、法律はほとんど刑法ばかりであり、しかも宗教的性格を帯びている」と述べている（Durkheim, *ibid.*, at 111-112）。

49）　特に、宗教的犯罪の減少が著しく、このことがもっとも重要である。前述のように、デュルケームは、刑法は宗教的性格を持つと述べているのであるが、宗教的犯罪の減少はとりもなおさず、社会における共通意識の強度が弱くなりつつあることを示していると言う。すべての宗教において、個人が抱く宗教的感情は、そこで集団生活している諸個人に共通であり、かつ、かなり高い強度を持っているような感情である。そして、その強力な確信が同一共同体の人間によって共有されている時、その確信が不可避的に宗教的特性を帯びるようになる。原始においては社会的なものはすべて宗教的であったし、現に、この2つの言葉は同義であった。しかし歴史が下るにつれて、宗教の占める位置は、社会生活の中でますます小さくなってくる（Durkheim, *ibid.*, at 142-147）。

50）　Durkheim, *ibid.*, at 184.

法律における刑法の割合が減少していき、それに代わって契約法の割合が増加していく傾向があると主張している。そしてこのことは、社会が拡大・発展していくにつれて、その社会の連帯のあり方が「機械的連帯」から「有機的連帯」に移行してきたことを示している。このような変化は歴史の一時期から始まったものではなく、社会進化の初めから一貫してその推移はたどられてきた。この傾向は歴史において一時的にのみ顕著に見られるもののように思われがちであるが、歴史を通して恒常的に規則正しく行われてきたのである[51)]。

では、なぜこのような変化が見られるのであろうか。デュルケームは、この変化が社会構造の変化に起因する必然的なものであると考えている。

まず、原始の社会は同質性に基づく社会であった。もっとも単純な社会は、環節的社会と呼ばれるもので、互いに類似する諸環節によって形成されており、また、これらの類似する諸環節もそれぞれ同質的諸要素のみを包含しているというものである[52)]。ここでは、類似から生じる連帯以外の他の連帯は含まれていないし、これらの社会においては、不可避的に宗教が社会生活に浸透している。なぜなら、このような社会は同質的要素によって形成されているため、集合意識が非常に発達しやすく、社会生活がもっぱら共通の信念や慣行から形成されているからである。一方、社会の集合意識に束縛されない個人の自由な意識は未熟であった[53)]。

このような環節的社会は、同質性から構成される社会であり、そこにおいては同質性による連帯すなわち「機械的連帯」が支配的である。しかし、やがて、社会の体積と密度が増大し始めると、分業が見られるようになり、社会内では異質性に基づく連帯が支配的になっていく。社会が拡大し、かつ社会内部に人口が集中し密度が増大するにつれて、社会内部での競争が次第に激化し始める。このような激しい生存競争において人間が生き残っていくためには２つしか方法はない。１つは、他との差異を生ぜしめ機能を分化させることである[54)]。すなわち分業を生じさせるのである。これによって社会内

51）　Durkheim, *ibid.*, at 142-147.

52）　デュルケームは、このような社会を「環節的」と呼んでいるが、その理由は、環虫類がその環において互いに類似しているように、それらの民族が互いに類似する集合体、すなわち氏族という基本的集合体の反復によってできあがっていることを指摘したいからであった（Durkheim, *ibid.*, at 149-151）。

53）　Durkheim, *ibid.*, at 154.

54）　Durkheim, *ibid.*, at 249-253.

部に異質性が生じる。もう1つの方法は、外部に新たな資源・市場を求めるということである。これによって外部から異質なものが流入し始め、環節的社会を取り巻いていた障壁が次第に消滅していく。これによってもまた、環節的社会内部に存在していた同質性は失われ始める。

このような社会の拡大は、単に分業を許容するものであるというよりはむしろ、分業を必然化するものである。そして、分業化が進むにつれて、環節的構造はますます消滅していく。分業による社会は、単なる同質の環節の反復によってではなく、それぞれ異なった特有の役割を持つ分化した諸部分から構成されている。このように同質性が失われた分業社会においては、社会の共通意識ないし集合意識は以前のような確固たる力を持ち得なくなる。それに伴って、集合意識に束縛されない個人の自由な意識が、次第にその領域を広げていく。

このようにして、同質性に基づく単純な環節的社会は、自らの拡大・発達とともに、必然的に分業による社会へとその構造を変化させていく。それにつれて、社会における連帯の様式も、「機械的連帯」から「有機的連帯」へと不可避的に移行していく。これらの2つの連帯は、それぞれ異なった社会構造に対応したものであるため、一方が消滅していく程度に応じてのみ、もう一方が発展していくことができる。すなわち、2つの連帯は、互いに逆比例的に発展していくのである[55]。ただし、デュルケームは、「有機的連帯と機械的連帯のうち、いずれか一方を断乎として選択したり、非難したりする必要はない」と述べている。歴史の各時期それぞれに、それに適合する連帯の様式があり、適切な時期に適切な連帯の場を与えることが重要なのである[56]。

集合意識は、「社会的類似の総体」の表現である。デュルケームは、社会が拡大し変質していくにつれて、集合意識は不確定化され衰退の道をたどることになると考えている。しかし、社会がいかに発達しても集合意識が完全に消滅することはない。集合意識は、社会の統合化の源泉として社会の存立の基礎として必要不可欠なものであり、そのことは分業が発達した後の社会においても同様だからである。では、社会が拡大していくに従って、集合意識はどのような形に近づいていくのであろうか。

---

55) Durkheim, *ibid.*, at 169.
56) Durkheim, *ibid.*, at 393.

デュルケームは、社会が拡大していくにつれて、「個人の尊重」という道徳が社会における新たな集合意識となっていくと考えている。社会が拡大し異質性を増大させていくにつれて、社会的類似は減少し、同時に、共通意識ないし集合意識も徐々に減少していく。そうなった時、諸個人間に残された最低限の共通項は、「人間一般としての資質」という意味での同質性に求められざるを得ない[57]。かくして、社会が拡大・発展を遂げていく中で、集合意識は、「個人の尊重」という形になっていくであろうと彼は考えるのである。

同質性が高く集合意識が発達した原始社会においては、個人は、社会や種族が実現されるための媒体にすぎなかった。そこにおいて、万人の目に価値あるものとして映っていたのは、集合的な信念や集合的な願望、そしてそれらを表現する象徴であった。一方、個人は相対的に重要でなかったし、わずかな道徳的価値しか持っていなかった。このような状況の下では、個人が、社会の用具たる地位に甘んじたのもあくまで自発的な行為であり、まったく抵抗を感じない行為であった[58]。

しかし、歴史が下るにつれて事態は変化してくる。社会の同質性が希薄になり、それとともに社会において集合意識が衰退していく。それに従って、社会のうちに埋没していた個人の人格がそこから解放されるようになる。個人は自分自身の本性を自由に発展させていく。個人の自由な意識が拡大し、個人の自律が促進されるようになる。デュルケームは、「これから社会が発展していくにつれて、共通意識は、ますます減少していくであろうが、あらゆる共通意識が消滅するわけではない、少なくとも『個人』に対する崇拝は常に存在し続けるであろう。そしてこの崇拝は、今後多くの人々の集合意識の唯一の核心となろう[59]」と述べている。すなわち、近代社会において要請される集合意識は、異質化を促進させながら社会的連帯を可能にするものでなければならない。それゆえ、それに不可欠な社会的類似の基礎は、「人間一般」に求められなければならないということになるのである。

---

57) 中・前掲注1) 180〜189頁。

58) ÉMILE DURKHEIM, LEÇONS DE SOCIOLOGIE: PHYSIQUE DES MOEURS ET DU DROIT 100-103 (1950). これを和訳したものとして、エミール・デュルケム（宮島喬=川喜多喬訳）『社会学講義』（みすず書房・1974）がある。

59) DURKHEIM, *supra* note 10, at 395-396.

Ⅳ　社会的諸条件と道徳――社会の「正常態」・「病理態」

前述のように、デュルケームは、道徳を義務と望ましさが結合したものと考えている。すなわち、道徳は人々にとってある一定の行為形式を義務づけるもののみならず、望ましきものとして現れる。それゆえ、人々は道徳に対して自発的に服従しようとするのである。

こうした彼の主張は、単なる現状維持ないし現状正当化理論ではない。彼は、人々が既存の道徳によって存在しているままの社会に結びつけられるべきだとか、実際結びつけられているとは考えていない。事実、彼は、個人はその好む社会を選択する権利を有するとも主張している。社会は個人に支えられてはじめて息づくことができる。道徳も同様である。道徳は、個人に外在的なものであり、社会から個人に強制的に刷り込まれるものであるが、一方でそれが個人に内在化され、個人のうちにとり込まれることによってしか生命を持ち得ない。さらに、デュルケームは、それにとどまらず、各個人の意識が相互に作用することによって、集合意識が更新されるのみではなく、集合意識が変化したり、新たな集合意識が創出されたりすることもあるということをも認めている。すなわち、集合意識は、①独自の実在としての存在性、②その個人内在性、③その内在性を集合的経験として補強しあう諸個人間の相互行為過程ないし「結合」という3要素が、不可分な全体において考慮されたところの概念と言えるのである[60]。このように考えると、デュルケームの議論が形而上学的なものにすぎないのではないかとの従来の評価は、誤解に基づくものであったのではないかと思われる[61]。

デュルケームは、社会の道徳が個人の自発的意思によって支持されるための必要かつ十分な条件として、「それが社会の諸条件に対応していること」を挙げている。社会の道徳がその社会の構造にもはや合致していないとき、すなわち、その道徳が「古くさくなりすぎて残存物にすぎない時は」その道徳は力を維持することはできない。逆に、現存している道徳的世論とは異な

---

60)　中・前掲注1) 112頁。

61)　この点に関して、大塚桂は、デュギー（Léon Duguit）はデュルケームの議論を形而上学的であるとして退けたのであるが、デュルケームとデュギーの関係およびデュルケームに対する評価を再考する必要があるかもしれないと述べている（大塚桂「デュルケームと法・覚書―法力論について」佐々木交賢編『デュルケーム再考』（恒星社厚生閣・1996）240頁以下。

るものであるが、社会条件に対応するあるべき道徳は、人々の自発的協働を可能にし得ると言う。したがって、従来、デュルケームの考え方に対しては、現に存在するものがすべて道徳的に望ましいものだと規定し、現状への適応を説くものであるとの批判がなされてきたが、この批判は当を得たものとは言えない。デュルケームの主張は、決して現状の道徳的理論に追従すべしとするものではない。

諸個人が、道徳が持つ権威の根拠として受け入れなければならない「社会」は、現に与えられている現存社会なのではなく、「現に存在する傾向にある社会」である。道徳が、そして法が、このような社会の潜在的条件に依拠している場合には、人々はその拘束力を権威あるものとして受け入れることができる。逆に、もし、法が社会の潜在的現実、すなわちその社会の「正常態」に対応していなかったり、もしくは社会の「病理態」を反映したりするのであるならば、それは、少なくとも長期的に見れば、社会の構成員の自発的支持をとりつけることができず、その生命を維持し続けることもできない[62)]。ここでは、彼の社会の「正常態」と「異常態」の区別に関する議論について略述してみたい[63)]。

デュルケームは、「ある１つの社会的事実は、その進化の特定の段階において考察された特定の社会の平均の中に生じるとき、その発達の特定の段階において考察された特定の社会類型に対して正常である」と考えている。すなわち、「同一の種においてもっとも頻繁に現れる形態の下にもっとも頻繁に示される特徴を、１つの同じ全体のうちに、そして一種の抽象的個性のうちにまとめあげて構成する図式的な存在」、換言すれば、１つの社会の中にもっとも一般的な形で存在している類型ないし「平均的類型」が「正常態」なのである。これに対して、ここから隔たっているものをすべて「病理態」と呼んでいる。

彼は、まず、社会を観察することによって当該社会の「正常態」は何であ

62）ただし、デュルケームは社会の構成員の支持をとりつけているものを直ちに「正常態」と考えたわけではない。例えば、本文で後述するように、進化の過程にある社会においては、その社会においてもはや社会の諸条件と適合せず時代遅れになってしまった道徳が残存し、かつ依然として社会の構成員の支持を獲得し続けているようなケースもしばしば見られる。しかし、このような場合における社会の構成員の支持は一時的なものにすぎず、長期的に見れば次第に旧来の道徳は構成員の支持を失い、やがては社会の諸条件に適合した新たな道徳にとって替わられるようになるとデュルケームは考えている。

63） DURKHEIM, *supra* note 4, at 69-76.

るかを認識しなければならないとしているのであるが、いったん観察を通じて直接に社会の一般的ないし平均的類型が確認されれば、次に、なぜこのような類型が社会において一般的ないし平均的に見られるのかを説明しなければならないと言う。すなわち、その種がその社会において一般性を有しているということは、単なる見せかけだけの現象なのか、それとも、考察されている当の社会的類型の中における集合生活の一般的諸条件に基づいているか否かを考察しなければならないと言うのである。そして、現象の一般性が、当該社会の何らかの条件・事実と必然的に対応しているということが証明されれば、その現象の正常的性格は疑いのないものとなると彼は述べている。

しかし、デュルケームは、進化の過程にある社会（現在の社会）について考察する際には、特別の扱いが必要であると注意を促す。すなわち、社会全体が進化の過程にあって、しかもまだ1つの新しい形態の下に決定的に固定されていないような過渡期には、いかなる状態を正常とみなすかに関して困難な問題が生じると言うのである。いまだ進化の過程にある過渡的な社会においては、その時の諸事実の中に平均的なものとして実現されている類型には、新たな存在条件とはもはや何の関係もなく、単なる過去における類型にすぎないものもある。このように、1つの事実が状況の要求するところにもはや応えていないにもかかわらず、種の全領域にわたって残存し続けるということがしばしば起こり得る。この時、平均的類型はもはや正常性の外観のみを保っているにすぎない。

このような場合に、デュルケームは以下のような考察をすべきであると提唱している。まず、観察を通じて当の事実が社会において一般性をもっていることを確認する。次いでこの一般性を生じさせた諸条件を過去に遡って把握し、しかる後に、それらの条件が現在においてもいまだ与えられているか、あるいは逆に変化してしまっているかを探求すると言うのである。そして、それらの条件が現在も与えられている場合には、当の現象は正常的なものとして扱われてよく、条件が変化してしまった場合にはこの特徴は拒まれなければならない。

このように、デュルケームは、進化の過程にある現在の社会において、国家がいかなる道徳的原理を採用すべきかを考察する際には、現実の社会の諸条件を考察するというよりはむしろ、社会的現実に潜むところの、今後顕著になっていくであろう趨勢を先取りする必要があると考えていた。このような意味で、彼の理論はかなりラディカルなものであったとも言える。ただし、この先取りは、現実の社会的条件と対応していないものまでをも実現させ、社会を劇的に変化させることをも意味するわけでは決してない。現実の社会に潜在的に含まれている道徳とはかけ離れた道徳を欲することは、社会を否定するに等しいからである。

社会における道徳の考察が、もし所与の制度化された社会的事実のみと対応するものとしてしか考えられていないのであれば、このような考え方は単なる現状追随のものになってしまい、社会の道徳に変化をもたらそうとする際にまったく無力であるということになってしまう。しかし、デュルケームは、中久郎も指摘するように、「一方において、道徳的規則の普遍性を、それを決定する社会に結びつけて論じる中に正常の基準を認めながら、他方では、それに『正常な』変化をもたらす積極的行為の介入する可能性を明確にした」のである[64]。

デュルケームによれば、社会においていかなる道徳的原理を採用し、いかなる制度を選択していくべきかは、歴史を遡って社会の諸条件の変化を観察することによって可能となる。社会の諸条件を知ることが必要なのは、いかなる道徳も「現実に存在する傾向にある社会」に対応しているのでなければならないからである。

要約すれば、社会的事実が、社会が現実に機能している状態の中に普遍性を持つ場合にのみ、それは「正常的」であると呼び得る。それゆえ、ある社会的表象が現にその社会において普遍性を保持していても、その普遍性を決定する客観的諸条件が認められなければ、それを正常と言うわけにはいかない。それは、所与の道徳に即時に従うのではなく、その社会の潜在的な諸条件と合致しているか否かを吟味することを要求するものである。

そして、デュルケームは、社会を有機体になぞらえ、有機体における脳のような役割を果たすものとして国家を捉えている。彼によれば、国家の役割とは、社会の各器官[65]が協働できるよう調整すること、すなわち、人々の自発的協働を可能とするような、社会の潜在的条件に適合する道徳的原理を発見することである。そして、国家は、既存の道徳がすでに社会の潜在的諸条件に適合しなくなっておりもはや「時代遅れ」のものになってしまっている

64)　中・前掲注1) 185〜194頁。
65)　デュルケームは、しばしば社会を有機体になぞらえ、社会を構成する一要素を「器官」と呼ぶ。

ような場合には、社会の潜在的条件に適合するような、これから近い将来必然的に生じてくるであろうはずの道徳的原理を社会に先駆けて実現することを要求されるのである[66]。

---

66) デュルケームは分業の異常態（病理態）について以下のように述べている。分業は正常に機能すれば、社会的連帯を生み出すが、病理態においては、かえって社会を解体するものとなる。もし現代の社会において有機的連帯があるべき形を実現していないとすれば、それは、集合意識が衰退したためではなく、有機的連帯の存在条件が実現されていないためである。集合意識の衰退は異常状況ではなく、正常的現象である。労使の階級闘争に大きく動揺する当時の社会を目の当たりにした彼は、当時のフランス社会において何が病理態なのかを検討することによって、正常な状況を保つための条件を見出そうとした。デュルケームは、当時の社会の「病理性」として、主に、①分業に不可欠な契約法などが整備されていないこと（無規則的分業）と、②社会における機会の不平等（拘束的分業）の２つを挙げている。

①無規則的分業（DURKHEIM, *supra* note 10, at 344-365）

まず、社会が連帯していくためには、あらかじめ諸器官が協力すべき様式がある程度決定されていなければならない。すなわち、有機的連帯が存在するためには、(i)互いに相手を必要とする諸器官が存在しているのみならず、(ii)これらの器官が協働するための様式（規則）があらかじめ確定していなければならないと言うのである。

単なる個々の交換が示すものは一時的結合にすぎない。しかし、それが反復されると、社会的機能の間に自主的に設定されてきた諸関係が、１つの確定的様式（規則）・持続的結合を生じさせるようになる。そして、それが、契約法などの法的ルールとして確立していく。契約は社会から生じる規則があってはじめて可能となるものである。分業が連帯を生み出さないとすれば、それは、社会にこのような契約法が欠如しており、社会の諸部分が無規則状態にあるからであると言う。

②拘束的分業（DURKHEIM, *ibid.*, at 367-382）

第２の病的類型は、拘束的分業である。社会的連帯を維持するためには、上で述べたような契約に関する規則が存在するだけでは十分ではない。社会に外的不平等が存在しないことも必要となる。外的不平等とは、その人間自身の能力の差（内的平等）ではなく、その人個人の能力には起因しない不平等、つまり富の世襲などが生み出す貧富の差、その他外的環境の差を意味する（デュルケームは、生来の能力の違い、すなわち、内的不平等は、外に現われても何ら問題はないが、このような内的ないし自然的不平等が何らかの外的原因によって高められたり低められたりすると、社会は解体してしまうと考えた）。分業が進むにつれて、諸個人は、集団に緊密に服従するようになると同時に、自分は単なる歯車なのではないかと感じるようになり、集団から逸脱するようになる。また、慣習または法律によって割り当てられている役割に満足していない下層階級は、彼らに禁じられている諸機能を切望し、これらの諸機能を遂行している階級から、これらの機能を奪い取ろうと努力するようになる。このようにして、社会の解体が始まるとデュルケームは言う。

分業が連帯を生み出すためには、各人が定職を持つだけでは十分ではなく、この定職が彼（女）に適当であることが必要である。分業は、それが自発的であってはじめて、そして自発的である場合においてのみ連帯を生み出す。自発性とは、直接的にも間接的にも、各人が自らの力の自由な発揮を妨害し得るものが何もないことである。階級闘争は、分業が外在的不平等の結果であるときにのみおこるものである。もし、何ものも諸個人の創意性を妨げることなく、分業が純粋に内的自発性によって確立されるのであれば、事態はまったく異なってくるはずであると彼は主張する。

機械的連帯が主体の社会では、(i)共通意識が確固たる力を持っており、社会秩序は神聖な（絶対的な）ものとして現われるので、たとえ外的条件の不平等があっても不自然に感じられないし、

Ⅴ 結　　論

デュルケームによれば、社会は個人に先行する。個人は、その制約の下でしか存在し得ない。そのような意味で、社会は個人によって成り立ちながら、しかも個人を超越した外在的実在である。社会が生み出す道徳も、やはり個人に対して先行し、個人に対して望むと望まざるとを問わず必然的に強制力を有する。しかし、この道徳も個人に対して単なる圧力としてのみ現れるものではない。道徳は個人に内的権威として受容され、やがて個人は能動的にそれに従おうとするようになる。このように、道徳は、個人に対して強制力を有する反面、諸個人の自発的意思によって支えられているという側面をも有する。そして、道徳は、諸個人の能動的な意思によって支えられることによってしか生命を保つことができない。道徳は諸個人によって周期的に支えられ生命を更新され続けなければ、たちまちその力を失ってしまう。そして、さらに、このような個人への内在化・更新の過程で、道徳に修正・変更が加えられたり、新たな道徳が創造されることもあるのである。

これまで、デュルケームの議論に対しては、個人の自由を否定する全体主義的な思想であるとの批判がなされてきた。しかしその批判は今や妥当ではないとされている[67]。デュルケームは、人間の人格はこの上なく神聖なものであり、したがってあらゆる宗教の信者たちが神のために捧げるにも似た尊敬を受けるようなものであると述べている。彼は、明らかに個人主義者であった。彼が、道徳が諸個人から活動の自由を奪い取るものであることを強調するのも、彼が人間の自由そのものを否定して権力主義的道徳を説いたからではなく、「個人の尊重」という道徳が、まさに社会の構成員に対して他者の自由の侵害を禁止する規範に他ならないと考えたからなのである。

デュルケームは、道徳がより確定的になったものが法であると考えている。

さらに(ii)職業的生活がほとんど発達していないので（専門化が進んでいないので）諸個人が社会からの疎外を強く感じることもない。したがって、このような社会においては、外的条件の不平等は、我慢できるばかりでなく自然なものと感じられることも多い。ところが、有機的連帯が主体の社会では、共通意識が薄弱になり、もはや人々の不平等感を中和する力を有していない。現在の組織的社会ができる限り外的不平等を除こうと努力しなければならないのは、それが立派であるからというだけでなく、組織的社会の存在そのものがこの問題と結びついているからであると彼は述べている。

67)　この点に関しては、佐々木・前掲注 2) 8～28 頁参照。

したがって、法も、常に諸個人によって内在化され支えられ続けなければ、直ちにその命を失うことになってしまう。デュルケームは、道徳や法がその社会に実在し得るのは、まさにそれが諸個人の自発的意思に支えられているからであると考えている。そして、法が諸個人の自発的意思によって支えられるためには、その法が社会の諸条件に適合していることが必要である。例えば、法が社会の諸条件に照らして「時代遅れ」のものになっている場合には、その法はもはや力を維持し続けることはできない。この際、諸個人が道徳の持つ権威の根拠として受け入れなければならない「社会」は、現に与えられている社会なのではなく、「現に存在する傾向にある社会」である。デュルケームは、特に進化の過程にある現在の社会においては、国家が採用すべき道徳的原理は、現時点における社会の諸条件に対応するものというよりはむしろ、社会的現実に潜むところの今後顕著になっていくであろう趨勢を先取りするものであると考えていた。このような意味で、彼の理論は単なる現状追随の理論なのではなく、むしろラディカルなものであるとも言える。そして、国家は、人々の自発的協働を可能とするような、本来ならば現時点において生じていなければならないはずの、そしてこれから近い将来において必然的に生じてくるはずであろうところの道徳的原理を発見し、それを社会に先駆けて実現していくよう立法し、法を適用していかなければならないということになる[68]。

また、デュルケームは、社会はそれぞれ別個の個性を形成しており、互いに異なるものであるため、すべての社会を十把一絡げにして同一の連続的な系列の中に、まして単一の系列の中に入れ込んで論じることはできないとしている[69]。したがって、各社会ごとにいかなる事実・性質が内在しているのかを個別に観察していかなければならない。しかし、だからと言って、デュルケームは、各社会ごとにそれぞれ別個の歴史があり、そこには何ら普遍的なルールを見出すことはできないという「悪しき歴史主義」に陥っているわけではない。社会構造と社会表象との間には必ず対応関係が存在しているのであり、各社会を個別に観察することによって、ある程度貫通的な諸法則を導き出すことができると考えている。

さらに、デュルケームは、抽象化された人間の本性から普遍的な道徳律が

68) 中・前掲注 1) 185〜194 頁。

69) DURKHEIM, *supra* note 4, at 26-27.

引き出されるわけではなく、各社会ごとにそれぞれ異なった独特の道徳が存在し得ると主張する。そして、それぞれの道徳の差異は、各社会間の構造の差異を反映すると考えている。したがって、社会構造が変化すれば、必然的に人間の連帯の様式も変化するし、そこにおける道徳のあり方も変わってくる。彼によれば、社会が単純なものから複雑なものへと変化していくにつれて、その社会の連帯のあり方が「機械的連帯」から「有機的連帯」に移行していく。原始社会においては、個人は、社会や種族が実現されるための媒体にすぎない。そこにおいては、個人の自由は見せかけだけのものであり、個人の人格は外から借用したものであった。しかし、社会において集合意識が衰退していくにつれて、個人の自由な意識が拡大し、個人の自律が促進されるようになる。そして、その「個人の尊重」という道徳が、新たに集合意識となっていく。近現代社会に必要な社会的合意を得るために要請される集合意識は、異質化を促進しながら社会的連帯を可能にするものでなければならない。それに不可欠な社会的類似の基礎は、「人間一般」に求められなければならない。すなわち、社会が拡大・発展していったときに、必然的に「個人」に対する崇拝という集合意識が出現する。そして、この崇拝が、今後、多くの人々にとって、集合意識の唯一の核心となっていくのである。

このように、デュルケームは、「個人の尊重」という道徳が生じざるを得なかった過程を、社会および社会の諸条件の変化を観察するという手法で説明している。これは、カント（Immanuel Kant）的観念論と極めて性質を異にしている。デュルケームは、観念によって社会を説明するのではなく、社会の実在を「物のように」直接観察し、比較・記述するという手法を採った。また、デュルケームは自由で自律した個人が、その完全に自由な意思に基づいて契約により他と関係を結んでいくといういわゆる契約論的な考え方をも退けている。彼によれば、独立した個人どうしが契約によって結びつき社会が形成されていくのではない。むしろ逆に社会は個人に先行して存在していると彼は考えたのである。

さらに、デュルケームは、個人から出発する分析や理論はそれがいかなるものであろうとも社会現象特有の性格を正当に捉えることはできないとし、功利主義的分析・手法を退けている。彼は、社会が個人のみによって成り立ちながら、諸個人の総和以上の存在であると考える。諸個人の共同生活が存在しているところではどこでも、その効果は個々の要素の特性を越えその外部に沁み出している。総合には創造性がある。全体が部分に何を付加するのかを考慮しなければならない。したがって、個人の行動や意識をいくら積み重ねてみたところで、社会的事実の特性を説明することはできないと言うのである[70]。

このように、デュルケームの議論は、社会の実在を「物のように」直接観察するという手法を採ることによって客観性を獲得しようというものであった。そして、現代社会において見られる「個人の尊重」という道徳は、自律的な所与の個人から導き出されたわけではなく、あくまで社会の条件に適合した道徳として引き出されたものである。そこに、彼の議論の大きな特徴を見出すことができるのである。「個人の尊重」という観念は、それが生じてきた、生じざるを得なかった社会の文脈の中で理解しなければならない。「個人の尊重」という観念は、社会が拡大し、同質性が薄れ異質化が進行していく中で、唯一可能態として残された精神的紐帯なのである。

デュルケームは、現代の国家のような同質性の失われた規模の大きな社会においてのみ、以上のような「個人の尊重」という道徳が精神的紐帯として必要不可欠となると考えた。逆に言えば、現代社会においても、社会に存在する同質性の高いより規模の小さな集団においては、その同質性に基づいた別個の道徳的規範が存在し得るのである。デュルケームは、「集団ごとにそれぞれの道徳があり得る[71]」と述べている。彼は、決して、「個人の尊重」という道徳が、いかなる時代のいかなる社会ないし集団にも通用する道徳で

70）　しかも、デュルケームの功利主義批判はそれにとどまらない。ギデンズ（Anthony Giddens）は、デュルケームの功利主義批判について、以下のように述べている。「[デュルケームの功利主義批判］には2つの側面がある。第1に人間の欲求は所与であるとは考えられず、むしろ、社会的に創り出され、それゆえ歴史的に変化する。第2に、これと同じくらい重要であるが、欲求の創出は、自動的にそれを充足するような状況を作り出すわけではない」。すなわち、デュルケームは、①個人は社会の産物であり、人間の欲求は社会によって歴史によって変化していくものであるという点において、また、②社会の構成員の諸欲求に応える社会の能力が高まれば次から次へと新しい欲求が生まれ、欲求と満足の間に乖離が生じるという点において功利主義を批判しているのである。Anthony Giddens, *The 'Individual' in the Writings of Émile Durkheim*, in STUDIES IN SOCIAL AND POLITICAL THEORY 278 (1977)（これを和訳したものとして、ギデンズ「エミール・デュルケムの著作における『個人』」同（宮島喬ほか訳）『社会理論の現代像』（みすず書房・1986）がある）．ギデンズは、さらに、「デュルケームは、人間の欲求を、生物学的欲求と社会が生み出す欲求とに分け、前者においては、動機づけられた行為の要求するもの（例えば、飢えに対する食物など）とその充足点ないし限界（栄養の摂取量に応じて食欲を調整する所与の有機的反応）が固定されているのに対して、後者においては、動機づけられた行為の要求するものとその充足点が必ずしも固定されているわけではないと考えている」という旨を付言している。

71）　例えば、家庭には家庭道徳が、職業団体には職業道徳などが存在する。DURKHEIM, *supra* note 58, at 142.

あるとは考えていない。社会ないし集団ごとにそれぞれの条件・構造に対応した道徳が存在し得るのであり、ある社会ないし集団にそれに対応していない別の道徳を押しつけることはほとんど意味のないことなのである。しかし、現代国家のレベルのような異質性が最高潮に高まった社会においては、「個人の尊重」という道徳が唯一可能な精神的紐帯として必要不可欠である。そして、現代国家はこの道徳の実現に力をそそがなければならない。それのみならず、現代国家は、この集合意識――「個人の尊重」に対する強固な信仰――の象徴ないし体現者となることに失敗すれば、諸個人の自発的支持を取りつけることはできず、その存在を認められなくなる[72)]。いまや「個人の本性を発展させることにこそ国家はその努力を振り向けなければならない。社会制度を『個人』に対する崇拝に反する原理に基づいて完成しようとする試みはすべて実現不可能である[73)]」。かくして、国家をこの集合意識の象徴ないし体現者とすべく、国家レベルのルールとして、国家に対する制限規範として、「個人の尊重」という道徳を憲法上の権利として規定するに至るのである。

以上で述べたようなデュルケームの議論に対して、ハート（Herbert Lionel Adolphus Hart）は、彼の議論はハートが「解体のテーゼ」と名づけたものの一種なのではないかとして、その妥当性に疑念を表している[74)]。「解体のテーゼ」とは、道徳を社会の結合という目的を達成するための手段として捉え、「社会の解体を防ぐためには道徳の維持が必要であり、したがって道徳を法的に強制することも許される」とするものである。そして、デュルケームの論証は、このテーゼを正当化するものとしては説得力に欠けると言う。

この点を検討してみるために、ハートが「解体のテーゼ」と呼ぶところのものをより詳細に分析してみると、このテーゼは、①法は社会の存続に必要不可欠ないかなるものをも維持するために利用されてしかるべきであり、また、②道徳は社会の存続に必要不可欠である、したがって、③道徳を法的に強制することも許容されるという3つの部分から成るということがわかる。

---

72)　宮島喬は、デュルケームの著作から「個人的人格の実現と擁護が近代社会にとって目的で、しかもそれが社会的統合の唯一の原理である以上、この原理に背反する国家機関は、個人にとって脅威であると同時に社会にとって脅威でなければならない」という認識を読みとることができると述べている。宮島喬『デュルケム社会理論の研究』（東京大学出版会・1977）98頁。

73)　DURKHEIM, *supra* note 58, at 100-103.

74)　H. L. A. Hart, *Social Solidarity and the Enforcement of Morality*, in ESSAYS IN JURISPRUDENCE AND PHILOSOPHY 248-262 (1983).

そして、彼は、この中でも特に②の部分に焦点を絞ってデュルケームの議論に批判を加えている。それを要約すると以下のようなものである。「道徳の中には社会の存続にとって本質的に重要な部分（暴力の禁止や詐欺的手段の行使の禁止等）とそうでない部分（婚姻と無関係な性交渉に対する道徳的拘束等）があり、そのすべてを維持しなければ社会の解体を防ぐことができないのかは必ずしも明らかではない。後者の中には、社会の解体といった帰結を伴わないようなものも存在するのではないか。したがって、デュルケームの論証は、②『道徳は社会の存続ないし社会の解体の防止に必要不可欠である』という命題を正当化するものとしてはあまりに一般的すぎて不十分である[75)]」。

しかし、デュルケームの議論が果たして本当に「解体のテーゼ」の一種であるのかは必ずしも明らかではない。確かに、彼は、社会の道徳の維持が社会の構成員の連帯――社会の構成員の協働――にとって極めて重要な役割を果たすと主張しているのではあるが、それを超えて、特定の社会に見られる道徳のすべてが、それを維持しなければ直ちに社会の連帯を不可能ならしめるものであるとまで考えているのかは必ずしも明らかではない。彼は、各社会にそれぞれ異なった独特の道徳が存在し、各社会の諸条件・構造を反映するような形でその社会の道徳が形成されると考えているが、一般的に言えば、各社会の道徳がそれぞれの社会の存続にとって非代替的な唯一のものであるとまでは考えていないのではないかと思われる。ただし、現代社会のような異質性が最高潮に高まった社会においては、その同質性が唯一「人間一般」のみに求められるようになるため、やはりその道徳も唯一「個人の尊重」という道徳にならざるを得ないと彼は考えている。したがって、そこにおいては、「個人の尊重」という道徳の維持は、社会の存続ないし社会の解体の防止のために必要不可欠であるということになるであろう。

---

75)　ハートは以下のように検証している。社会におけるいかなる共通道徳も、それが衰退すれば、直ちに社会の存続に必要不可欠な状態が害されるようになる（例えば殺人や窃盗などが横行するようになる）ということが証明されれば、本文②のテーゼを証明することができるのであろうが、これを論証するのは極めて困難である。例えば、(i)社会の共通道徳が衰退すると、人々に信念や道徳がまったく存在しないという空白の状態が生じるので、諸個人の自己抑制能力が必然的に弱体化させられ、社会の存続が害されるようになるという見解もあり得ようが、そのような見解は極めて疑わしいし、一方で、(ii)社会の共通道徳が衰退することによって、信念や道徳の空白状態ではなく、「道徳的多元性」が生ぜしめられるが、これにより、相互に異なる道徳の存在から社会の構成員間の意見の不一致が生じ、この不一致をめぐる争いは結局のところ、社会的結束に最小限必要な様々な形態の道徳的拘束力を必然的に破壊するという見解もあろうが、この見解も論証が困難である。

さらに、このテーゼの①「法は社会の存続に必要不可欠ないかなるものをも維持するために利用されてしかるべきである」という部分についても、デュルケームが肯定的に考えていたのかどうかは明らかではない。すなわち、彼が社会の道徳の維持が社会の構成員の連帯にとって重要な役割を果たすと考えているからといって、直ちに、社会の連帯を保持するために法によって構成員に道徳を強制すべきであるという規範論にまで彼が踏み込んでいるということにはならないのである。

これまで、デュルケームの議論に対しては、事実認識から社会のあるべき姿すなわち価値判断を引き出そうとしたものなのではないかとの批判がなされることもあった。この批判の最終的な当否は明らかとは言えない。しかし、彼が事実認識として描写した、社会的現象としての道徳と社会において事実として存在する諸条件との対応関係の論証は、十分説得力に富む議論であるように思われる。彼は、過去の歴史の分析・観察によって、単純な社会から複雑な社会へと移行するにつれて次第にその道徳が「個人の尊重」という道徳へと移行していく傾向があるということを発見し、かつその変化が社会的条件の変化に対応して必然的に行われるものであること、すなわち、「個人の尊重」という道徳の出現が同質性の高い社会から異質な要素が併存する社会への移行に対応する必然的なものであることを主張したのである。このような彼の議論は、今後、「個人の尊重」という道徳をいかなる内容のものと捉えるかを考えていく上で、事実認識のレベルで大きな示唆を与えてくれるように思われる。

例えば、デュルケームの議論は、現代の国家が今後いかなる選択をしていくべきか——すなわち、功利主義を選択すべきなのか、それとも個人権論を選択すべきなのか。そして、個人権論を選択すべきだとすれば、リベラリズムと共同体論のいずれを採るべきなのか——を考える上で大きな手がかりを与えてくれる。

まず、デュルケームの議論は、我々に、功利主義ではなく個人権論を採るべきであると示してくれる。デュルケームによれば、社会の道徳は個人に先行して存在するものであり、諸個人は誕生した瞬間からその道徳による強制を受ける。そして、このような道徳は、功利的計算とはまったく無関係のところにも生じ得るものであると言う。このように考えれば、権利および権利の基底にある道徳は功利主義とはまったく関係のないところに存在している可能性も十分ある。また、デュルケームは、発生論的に社会の道徳を功利主義によって説明することができないと指摘するのみならず、今後現代の人権国家が採用していくべき道徳もやはり功利主義ではあり得ないとも主張している。デュルケームによれば、異質化が進行した現代社会においては「個人の尊重」のみが社会の構成員の精神的連帯を可能にする道徳的基盤となり得るのであり、功利主義ではそうした役目を果たし得ないのである。

では、我々は、今後、個人権論を採用した上、リベラリズムとサンデル（Michael J. Sandel）の言うような共同体論とのいずれを選択していくべきなのであろうか。この点に関しても、デュルケームは手がかりを与えてくれる。彼は、現代の国家のような同質性の失われた社会、あるいはこれから同質性が失われていくような規模の大きな社会において、社会における異質な要素の共存を可能とするためには、「個人の尊重」という道徳が必要不可欠となると主張している。このような彼の議論は、今後、現代国家はサンデルのような共同体論ではなく、リベラリズムを選択していくべきであるということに関して有力な根拠を提示するものである。

デュルケームは、共同体論者と同じく、社会から完全に自律した個人を前提とするのではなく、社会的負荷を負ったものとして個人を捉えていかなければならないとしているため、その帰結においても、デュルケームの議論は共同体論と一致するのではないかとの誤解をしばしば生ぜしめてきた。例えば、フィリップス（Derek L. Phillips）は、デュルケームの議論と共同体論者の１人とされるマッキンタイア（Alasdair MacIntyre）の議論とを同一視する。フィリップスは、デュルケームの議論はマッキンタイアの「諸個人はあらかじめ自らが属する共同体の道徳を負っており、自らの属する共同体の道徳から離れて、自らが属する共同体の道徳を吟味したり、他の共同体の道徳と比較したりすることができないのであるから、結局は諸個人にとっての道徳の概念は、各人が属する共同体の道徳と一致するはずである」という旨の主張と極めて類似するものであるとし、デュルケームの議論は「社会が同質であることの重要性を強調するもの」であり、そこにおいては、社会の多様性を追求したり多元主義社会を形成したりするなどという選択肢は、理想的な社会秩序の形成を阻害するものとして拒絶されてしまっていると評価している[76]。しかし、このようなデュルケームに対する評価は適正なものであると

76) Derek L. Phillips, Looking Backward: A Critical Appraisal of Communitarian Thought 157, 182-183 (1993).

は思われない。

確かにデュルケームは、必然的に社会的負荷を負ったものとして個人を捉えているし、社会の同質性に基づく連帯をも強調している。しかし、デュルケームの議論の特徴は、共同体間の流動性が高まり、各共同体内の同質性をもはや維持することができなくなった段階においては、社会の同質性は「人間一般」にしか求められなくなるのであり、したがって「個人の尊重」という道徳が唯一の精神的紐帯になると論じた点にある。すなわち、彼の議論においては、異質な要素が増大し多様化が進んだ現代社会においては、共同体など２次的集団内に見られる特殊集団的な道徳では、通常、異質的な要素の共存を図る社会レベルのルールとはなり得ないとされているのである。このように考えると、デュルケームの議論から引き出される帰結は、実は、共同体論ではなくむしろリベラリズムに近いものであったと言える。

また、デュルケームは、『自殺論』などの中で、革命後のフランス社会におけるアノミー状態を嘆き、諸個人の脱道徳化や社会の解体を防ぐための有効な手段として２次的集団——特に職業団体——に大きな期待を寄せている[77)]。しかし、このことも、彼が、諸個人が共同体など２次的集団の善を当然に受容し内面化しなければならないと考えていたとか、共同体の善をすべてに対して優先すべきであると考えていたということを意味するわけでは決してない。確かに、彼は、社会の解体を防ぎ、また、孤立した弱小の個人を強大な国家から守るためには２次的集団が必要不可欠であると述べているのであるが、一方で、こうした２次的集団が諸個人に対して抑圧的な力をふるう危険性があることに対しても警鐘を鳴らしている。その上で、彼は、こうした２次的集団の強圧的支配から個人を守り、個人の人格を２次的集団から解放することができるのは国家しかあり得ないし、国家こそがその役割を担うべきであると主張している。このように、彼は、国家と２次的集団との緊張関係の中にこそ個人の自由は生まれると考えているのである[78)]。

77) ÉMILE DURKHEIM, LE SUICIDE (1930). これを和訳したものとして、デュルケーム（宮島喬訳）『自殺論』（中公文庫・1985）がある。近代社会に特徴的に見られる自己本位的自殺は、社会が十分に統合されておらず、そのためすべての構成員のよりどころとなることができないという状態から発生すると考えたデュルケームは、近代社会において、国家は、個人から疎遠になりすぎて、もはや個人に不断の有効な影響力を及ぼすことができないが、職業団体（同種の労働者の集団）は、個人をよりしっかりと把握することができるので、個人のよりどころとなり得るのではないかと期待したのである。

78) DURKHEIM, *ibid.*, at 97-99.

そして、このようなデュルケームの２次的集団に関する議論は、もちろん、多元主義社会の形成という選択肢を排除するものではない。例えば、マセド（Stephen Macedo）は、前述したような国家と２次的集団の関係についてのデュルケームの議論を参考にして、今後アメリカは多元主義社会を目指すべきであると提唱しているのであるが、そこでのデュルケームの位置づけは正当なものであったと評価できる[79]。

さらに、デュルケームの議論は、これまでのリベラリズム・共同体論論争に解決の光を差し込むものである。彼によれば、社会の集合意識・道徳は、個人に先行し、否応無しに個人の中に負荷として入り込んでくる。こうした彼の議論から明らかになるのは、現代の国家のような同質性の失われた社会における道徳は「個人の尊重」を命じるようなものとなるはずであり、したがって、今後諸個人が社会によって負わされていく負荷があるとすれば、それは「個人の尊重」という道徳を表現するような負荷以外にはあり得ないということなのである。そして、今後そのような傾向がますます強まっていくと考えられる以上、現代国家が選択すべき道は、やはり、リベラリズム以外にあり得ないということになるのである。そして、デュルケームの議論はリベラリズムに対しても大きな示唆を与える。リベラリズムは、リベラリズム的な負荷からでさえ個人が自由になることを主張し、そのような意味で自らの伝統でさえも拒絶しそれを乗り越え続けていこうとする傾向を持つ。言い換えれば、リベラリズムは、不安定さと解体に向かおうとするいわば自滅の論理を内包している。こうした中で、デュルケームの議論は、「個人の尊重」という道徳が、そして「自由な個人」が、あくまで一時代の一社会が生み出したものにすぎないということに気づかせてくれる。すなわち、デュルケームの議論は、リベラリズムの終焉なきリベラル化に歯止めをかける役割をも果たすのである。このような点においては、彼の議論は、ウォルツァー

---

79) Stephen Macedo, *Community, Diversity, and Civic Education: Toward a Liberal Political Science of Group Life,* in THE COMMUNITARIAN CHALLENGE TO LIBERALISM 240-268 (1996). マセドは、現代社会において、市民をして責任ある主体として道徳的に行動させるためには小規模な中間団体が必要不可欠であること、そして、その一方で市民がある特定の団体に全人格を絡めとられないようにし、また団体の外部の者に対する寛容さを養っていくためには、その団体が強大すぎないこと、および複数の団体に市民が重畳的に参加し、市民が諸団体間を自由に行き来できるような流動性を確保することが必要であると考える。このことから、彼は、国家は、結社の自由、団体からの離脱の自由、団体間の流動性を確保できるよう、集団に対して緩やかに干渉していくべきであると主張する。

(Michael Walzer) の見解とも軌を一にするものであると言える[80]。

ウォルツァーは、すべての個人は必然的に社会的負荷を負っているので、リベラリズムの前提とする社会的負荷を負わない「個人」像はそのような意味で非現実的であると言い得るが、しかし、そうであるならば、なぜ、現実の社会においては、諸個人は共同体の価値から切り離され、孤立し、浮遊し、社会は分断されているのであろうかという問いから議論を進めている。そして、諸個人はすべて社会的負荷を負った存在なのであるが、現在のようなリベラルな社会においては、その負荷はリベラルな負荷とならざるを得ないということ、したがって、その社会はリベラルなものでしかあり得ないということ、そして、その一方で、リベラリズムは、自らの伝統をも否定する（リベラリズムの負荷からの自由をも主張する）自滅的な理論であり、だからこそ、共同体論が定期的に回帰し、リベラリズムに常に修正を加え続け、リベラリズムのリベラル化に歯止めをかけていく必要があると主張している。こうした彼の見解は、リベラリズムと共同体論の対立に１つの収斂点を見出すものと評価することができるが、デュルケームの議論もその点においては同様の役割を果たし得るのである。

では、リベラリズムを選択した上で、我々はいかなる人権論を構築していくべきであろうか。今後、国家は社会に存在するいかなる異質な要素の共存を目指していくべきなのであろうか。デュルケームの議論は、この問題を解明する上でもやはり大いに役立つと思われる。そして、デュルケームは、社会について物質的結合という観点よりも、むしろ精神的結合という観点を重視して議論を展開しているため、デュルケームの議論がもっとも示唆的であるのは、表現の自由や教育の自由など精神的自由の領域である。第２部以降でこの点について考えてみることにより、憲法解釈におけるデュルケームの議論の有用性をよりいっそう明確にすることができるであろう。

80) Michael Walzer, *The Communitarian Critique of Liberalism*, 18 (1) POLITICAL THEORY 6-23 (1990).

第2部 表現の自由

序　エマーソン
——表現の自由の４つの価値

表現の自由に関して論じた論文は多数存在するが、その中でもアメリカ本国のみならず、日本においてももっとも高い評価を得ているものの１つにエマーソン（Thomas I. Emerson）の「表現の自由論」がある[1]。エマーソンは、表現の自由を保護することによって社会が追求しようとしている価値として４つのものを挙げている。すなわち、①表現の自由は各人の自己充足（self-fulfillment）のための本質的な手段であること、②各人が見識を広げ、真実を発見するためには表現の自由が必要不可欠であるということ、③各人を民主的意思決定のプロセスに参加せしめるということ、④表現の自由はより安定した柔軟な（adaptable）な社会を作るのに役立つということである。現在では、表現の自由のもたらすこれら４つの価値を否定する者はほとんどいないであろうし、多くの論者がこの４つの価値を出発点にして表現の自由を論じている。しかし、これら４つの価値は、あくまで表現の自由が社会にもたらす機能ないしメリットを示しているにすぎないのであって、必ずしもこれらが表現の自由権が side constraint であるとされる根拠や、二重の基準論の根拠などを提示するわけではない。なぜなら、例えば、表現の自由権によってエマーソンが示したような重要な機能ないしメリットが社会にもたらされることが明らかになったとしても、それのみでは、この機能ないしメリットが他の社会的利益との比較衡量における単なる一要素にすぎないのか、それとも、表現の自由権は side constraint として捉えられるべき根拠を呈示するものなのかということに関しては、何ら示していないからである。したがって、表現の自由権が side constraint であるとされる根拠や、二重の基準論の根拠などを論じる時には、単に表現の自由の機能ないしメリットを論じるだけの議論とはいわば軸を異にした議論の展開が要求される可能性がある。

1）　Thomas I. Emerson, *Toward a General Theory of the First Amendment*, 72 YALE L. J. 877-893 (1963). これを和訳したものとして、エマースン（小林直樹=横田耕一訳）『表現の自由』（東京大学出版会・1972）がある。

従来の学説においても、必ずしもこれら4つの機能ないしメリットのすべてが、二重の基準論の根拠として、または修正1条の射程を決定する際のメルクマールとして、あるいは表現の自由権がside constraintであることの根拠として使われてきたわけではなかった。例えば、ボーク（Robert H. Bork）は、表現の自由権がもたらすこの4つの価値を必ずしも否定したわけではないが、司法府が表現の自由権に関して採用すべき原理は上記4つの価値のうち第3の価値のみ（民主的意思決定プロセスに参加する価値）のみであるとしている[2)]。また、ベーカー（C. Edwin Baker）も表現の自由のもつ4つの価値の存在をすべて認めた上で、これらの価値は結局、第1の価値（自己実現の価値）と第3の価値（自己統治の価値）に収斂されるとしているが、修正1条を論じる際には、第1の価値（自己実現の価値）および第3の価値（自己統治の価値）のさらに上位の価値とも言うべき概念すなわち「個人の自律性(autonomy)」を直接持ち出して議論を展開しているようである[3)]。さらに、

2) ボークは、「民主主義を前提とする合衆国憲法の下では、生活領域の大部分において、多数派は多数派であるというだけで統治の資格を持つのであるが、ある一定の領域においては、例外的に、司法府が原理によって非民主的に統治することをも許容されている」という趣旨のマディソニアン・モデルを前提とし、そこから、民主主義による統治の例外として非民主的統治を許される司法府が採用し得るのは、あくまで、①その原理の内容、②その歴史的沿革、③その適用の仕方のすべてに関して、「中立的原理（neutral principle）」でなければならないとの主張を展開している。そして、これを表現の自由権について考えてみると、司法府が採用し得る唯一の「中立的原理」は、自己統治の価値（民主的意思決定プロセスに参加する価値）のみであると言う。Robert H. Bork, *Neutral Principles and Some First Amendment Problems*, 47 IND. L. J. 1–35 (1971).
　このようなボークの「中立的原理」論は、彼の解釈主義的立場（選挙を通じて責任を負う立法府に対して最高裁が執行し得るものは、憲法制定者が憲法化した規範のみであるとする立場）に起因しているのであるが、この点につき、ペリー（Michael Perry）は、彼の解釈主義的立場と彼の表現の自由論は一貫していないと批判を加えている。すなわち、ボークは、「憲法の全体構造は、代表民主制、すなわち統治部門およびその政策についての議論を行う自由がなければ無意味になってしまう。それゆえ、政治的言論の自由はたとえ修正1条が存在しないとしても導き出され得るし、またそうされるべきである。憲法制定者は統治部門およびその政策について公然で活発な討論がなければ無意味であるような統治形態を憲法に規定したのである」として、政治的言論の自由は、憲法制定者が黙示的に憲法化した価値判断であると主張し、本文のような結論に至っているのであるが、しかし、史実はそうではなかったとペリーは批判しているのである。ペリーは、「憲法制定者は、ボークの意味するような代表民主政を確立したのではなかった。憲法や権利章典を制定した世代の人々は、広い範囲で表現の自由を認めること、とりわけ政治の領域で広範囲に表現の自由を認めることを妥当であるとは考えていなかった」と指摘している。Michael J. Perry, *Interpretivism, Freedom of Expression, and Equal Protection*, in THE CONSTITUTION, THE COURTS, AND HUMAN RIGHTS 68–69 (1982).

3) 「個人の自律性」と自己実現および自己統治の価値との関係について、ベーカーは、共同体社会が「個人の自律性」を尊重していくということは、国家が諸個人を平等で合理的かつ自律的な道徳的存在とみなすということを意味し、それはとりもなおさず個人の自己実現および自己統治

レディッシュ（Martin H. Redish）は、やはりこれら表現の自由の4つの価値をすべて認めた上で、これらはすべて第1の価値すなわち自己実現（self-realization）の価値に収斂される（他の3つの価値は第1の価値の下位価値（subvalue）である）として、自己実現の価値から修正1条の射程を策定している4)。そして、ドゥウォーキン（Ronald Dworkin）は、後述するように、「平等な配慮と尊重の権利」から表現の自由に関するルールを原理的に引き出し、その上で外的選好が持ち込まれる危険性があるか否かという上記の4つの価値とはまったく別の観点からside constraintとしての表現の自由を論じている5)。

第2部では、まず第1章において、従来のアメリカにおける表現の自由論を、①もっぱら表現の自由を社会のgoal（目標）を達成するための手段として論じた議論と、②それが社会にいかなる結果を生ぜしめるかに求めるのではなく、表現の自由それ自体を目的として論じるような議論とに分類し検討していきたい。そして、表現の自由論を相対的な観点から考察していくためには、前者の議論のみならず後者の議論が必要不可欠であることを示したい。そして、第2章では、第1部第2章で論じたデュルケーム（Émile Durkheim）の議論などに鑑みれば、従来の表現の自由論の中では、ドゥウォーキンの議論がもっとも説得的であることを示し、さらに、第3章では、このようなドゥウォーキンの表現の自由論が日本国憲法の解釈においてどのように適用され得るかを論じていきたいと思う。

ところで、筆者は、自分の表現の自由論に関しては、基本的にアメリカの議論に負っているが、それは、日本の憲法が、表現の自由権を規定し、民主主義制度を基盤にしながらも、違憲審査制度によって、表現の自由権に民主的過程における多数決に対する拒否権のような効力を与えているという点で、アメリカ合衆国憲法と同質のものであると考えるからである。本書では、従

を保障するということに他ならないと述べている。ベーカーについては、第1章Ⅱで後述する。C. Edwin Baker, *The Scope of the First Amendment Freedom of Speech*, 25 UCLA L. REV. 964 (1978).

4) Martin H. Redish, *The Value of Free Speech*, 130 U. PA. L. REV. 591 (1982). レディッシュは、「自己充足（self-fulfillment）」よりも広い意味で捉えるために、「自己実現」という言葉を用いている。彼は、「個人の潜在的能力を発達させる」という側面のみならず「個人が自ら自分の運命をコントロールしていく」という側面をも含意するために、あえて「自己実現」というあいまいな文言を選んだと述べている。ただし、「自己充足」と「自己実現」は事実上かなりの部分において重なり合うと考えられる。

5) RONALD DWORKIN, TAKING RIGHTS SERIOUSLY 223-239 (1978).

来のアメリカの学説を前提にして表現の自由権を考察していくのであるが、その際にデュルケームの社会学的視点をもとり入れていこうと考えている。

一般に、憲法の人権規定の解釈には、①社会的事実の解釈のレベルの議論と②規範論的レベルの議論との両方が必要不可欠であると考えられるが、第2部においてデュルケームの議論は前者の議論を補強するものとしての役割を果たす。後述するように、筆者は、表現の自由論に関してドゥウォーキンの見解によるつもりであるが、彼は社会的事実の解釈に関する議論の重要性を幾度も強調していながら、彼自身そのレベルの議論を十分に論証していない。しかし、デュルケームの議論を参考にすることによって、こうしたドゥウォーキン自身による論証の不十分さにもかかわらず、ドゥウォーキンの表現の自由論が、現在提唱されている他の有力な表現の自由論よりも支持し得るものであるということを示すことができると思う。

第1章
アメリカにおける従来の表現の自由論

従来の表現の自由論は、大別して以下の２つに分類することができる。１つは道具的正当化根拠のみに基礎を置く議論であり、もう１つは構成的正当化根拠にも依拠する議論である[1)]。道具的正当化根拠とは、表現の自由を社会のgoalを達成するための道具（手段）として捉える考え方である。一方、構成的正当化根拠は、表現の自由を、何らかの社会の目的を達成するための手段ではなく、それ自身が目的であると考えるものであり、換言すれば、表現の自由の正当化根拠を、それが社会にいかなる結果を生ぜしめるかに求めるのではなく、表現の自由自身に求めるものである。これまでのアメリカの学説や判例においては、道具的正当化根拠のみに基づいて——構成的正当化根拠にまったく依拠することなく——表現の自由を論じることはできないという見解が多数を占めてきた。このことは、第１部第２章で論じたことに照らして考えれば当然なことのように思われる。すなわち、およそ社会の道徳たるものは社会的利益とは関係のないところにも存在していると考えられるので、「個人の尊重」という道徳およびそれを具体化したところの「表現の自由権」もやはり社会的利益と関係なくその保障が要求されることがあったとしてもまったく不思議ではないように思われるのである。

しかし、これまでのアメリカの学説の中には、もっぱら道具的正当化根拠のみに基礎を置いて表現の自由を論じようとする見解も少数ながら見られた。そこで、ここでは、これまでの学説・判例を以上の分類に従って検討してみたい。まず、道具的正当化根拠のみに基礎を置く見解・判例を紹介し、それが成功していないこと、表現の自由を論じるには構成的正当化根拠が必要不可欠であるということを示すつもりである。次いで、構成的正当化根拠に依拠する従来の学説を紹介し、検討を加えていきたいと思う。

---

1)　表現の自由論をこのように分類する方法は、ドゥウォーキン（Ronald Dworkin）の著書（RONALD DWORKIN, FREEDOM'S LAW: THE MORAL READING OF AMERICAN CONSTITUTION 195-213 (1996) など）の中に見られる。

I　表現の自由の道具的正当化根拠――思想の自由市場論

道具的正当化根拠に基礎を置く表現の自由論としてもっとも重要なものは「思想の自由市場論」である。これは、エマーソン（Thomas I. Emerson）の挙げた4つの価値の中では、第2の価値に相当するものである。この思想の自由市場論は、まず、Abrams判決におけるホームズ判事（Justice Oliver Wendell Holmes Jr.）の反対意見の中に見出され得る。ホームズ判事は以下のように述べている。

> 究極的な善は思想の自由な交換によってよりよく実現される――すなわち、その考え方が真であるか否かのテストは、その考え方が思想の自由市場で他の考え方と競い合いその中で勝ち抜くことができる力を持っているか否かを見ることである[2]。

また、Whitney判決同意意見における、ブランダイス判事（Justice Louis Brandeis）の「好きなように考え、考えたことを表現する自由は、政治的真実を発見し広げていくのに必要不可欠な手段であると考えられている」との陳述[3]や、ミル（John Stuart Mill）の『自由論』の中の「ある主題に関しての［社会で］一般的かつ優勢な意見が、完全な真実であることはめったにないし、また決してないと言っても過言ではないだろう。したがって、真実の残りの部分を補うことができるチャンスがあるとすれば、対立する意見どうしを衝突させるということによってのみなのである」という部分にも、思想の自由市場論を見ることができる[4]。

2）　Abrams v. United States, 250 U.S. 568 (1919).

3）　Whitney v. California, 274 U.S. 357 (1927). Abrams判決のホームズ判事反対意見には、ブランダイス判事が同調している。一方、Whitney判決のブランダイス判事同意意見には、ホームズ判事が同調している。このようなことから、これまでホームズ判事の見解とブランダイス判事のそれとは同一に扱われることが多かったのであるが、サンスティン（Cass Sunstein）は両者にはかなりの相違が見られると分析している。すなわち、ホームズががちがちの懐疑主義者（現在真実であると信じられているものであっても、時とともにいつかはそれが覆されていくものであるという意味での懐疑主義者）であったのに対して、ブランダイスはむしろ楽観的で、政治的討論が民主政治および人間の能力の発達に貢献するということに関してロマンチストであったという相違が見られると言う。Cass R. Sunstein, Democracy and the Problem of Free Speech 17-51 (1993).

4）　John Stuart Mill, On Liberty, On Liberty and Other Essays 59 (1991)〔1859〕. ただし、ブランダイス判事もミルも、思想の自由市場論のような道具的正当化根拠に基づく議論のみならず、構成的正当化根拠に基礎を置く議論をも展開していることに留意する必要がある。

こうした思想の自由市場論は、表現の自由をもっぱら真実の発見という社会の goal を達成するための道具（手段）として捉える考え方であり、そのような意味で道具的正当化根拠に基づくものと言うことができる。そして、こうした思想の自由市場論を根拠にして、政治過程において真実を発見し誤りを除去していくためには、国家は政治に関する議論を原則として禁止すべきでないとの結論が導き出されてきた[5)]。

しかし、このような思想の自由市場論のみに基礎を置く議論に対しては、これまで多くの論者から容赦ない批判が加えられてきた。まず、思想の自由市場論に内在する問題として、思想の自由市場で勝ち抜く力を持つ思想や見解が本当に真であると言い得るのであろうか、人々が意見を自由に交換しあっていく過程で本当に人々は最終的に真である考え方を合理的に選択し得るのであろうか[6)]、また、人々の考え方はすでに社会的・経済的権力によって操作されており合理的な選択ができなくなっているのではないか、そして誰が最終的にそれを真実であると断定するのか[7)]、などということが指摘されてきた[8)]。

さらに、思想の自由市場論など道具的正当化根拠に基礎を置く議論のみで

5） 例えば、Abrams 判決におけるホームズ判事の反対意見等。

6） この種の批判として、例えば、C. Edwin Baker, *The Scope of the First Amendment Freedom of Speech*, 25 UCLA L. REV. 968-969 (1978).

7） この種の批判として、例えば、Martin H. Redish, *The Value of Free Speech*, 130 U. PA. L. REV. 616 (1982).

8） その他にも、思想の自由市場論に対する批判というよりは、むしろ市場の失敗という観点から批判したものとして、バロン（Jerome A. Barron）が挙げられる。彼は、仮に人々に合理的な選択をする能力があるとしても、現実の社会においては思想の完全な自由市場が形成されていないのではないか、すなわち、現在の思想の市場においては、ごく少数の者の手に委ねられているプレスが非常に大きな影響力を持つ一方で、その他の見解・視点に対しては必ずしも社会に現れる機会が与えられているわけではないと指摘している。Jerome A Barron, *Access to the Press-A New First Amendment Right*, 80 HARV. L. REV. 641-1678 (1967).

一方、サンスティンはまったく別の観点から思想の自由市場論を批判している。まず、彼は、政府が市場にまったく介入しないのが「中立的」であり、既存の権利の分配に政府が介入しないことこそ望ましいことであるとするアプローチ（「pre-New Deal 的」アプローチ）を退け、私的財産の制度およびそれを前提とする市場も国家の積極的な創設行為なしでは存在し得ないので、国家が権限の配分に不介入であることは決して「中立的」であるとは言えないとする New Deal アプローチを提唱している。そして、彼は、市場では公的討論が十分に行われなかったり、多様な見解が現れなかったりすることもあるし、言論に対する支出（expenditure）が貧富の大きな較差を反映していることもある上、市場が人々の選好に影響を与えて、政治的問題に関心のない不活性な人間を作り出すこともあり得るので、「熟慮による統治」という観点から見て国家の介入を必要であるときは、その介入を認めるべきであるとの議論を展開している。SUNSTEIN, *supra* note 3, at 17-51; CASS R. SUNSTEIN, FREE MARKETS AND SOCIAL JUSTICE 167-172 (1997).

は、現在の社会の多くの人々の正義観に合致するような表現の自由論を完成することはできないという批判もなされてきた。例えば、ベーカー（C. Edwin Baker）は、性表現（例えば、ポルノ等）にも表現の自由権の保障を与えるべきであるというのが現代社会の多くの人々の直観であろうが、思想の自由市場論のみによってでは、なぜ性表現に表現の自由の保護が及ぶのかを説明することは困難であると指摘している[9]。また、レディッシュ（Martin H. Redish）は、思想の自由市場論からは必ずしもマイナーな見解に自由を与えるべしという結論は導き出されない、例えば真実を発見するという社会のgoalを追求する思想の自由市場論からすれば、天動説を記した表現などは禁止してもよいということになりかねないと指摘している[10]。

このように考えると、思想の自由市場論はその議論自体に様々な弱点が内在しているのみならず、思想の自由市場論のような道具的正当化根拠のみでは表現の自由権を捉えきれないのではないかとの疑いが濃厚になってくる。実際、従来の学説においても、表現の自由を論じていく上では、道具的正当化根拠のみならず、構成的正当化根拠が必要不可欠であるとする見解が有力であった。次のⅡでは、構成的正当化根拠にも依拠する従来の主要な学説を検討してみたい。

Ⅱ　表現の自由の構成的正当化根拠

ブランダイス判事は、Whitney判決の同意意見の中で、「自由な言論は、目的としても手段としても価値がある」と述べている。これは、表現の自由の構成的正当化根拠を支持した言説として代表的なものである。学説においても、表現の自由を論じる上では道具的正当化根拠のみならず構成的正当化根拠をも併用する必要があるとする議論が多数を占めてきた。ここでは、構成的正当化根拠にも依拠した論者として、ベーカー、レディッシュ、ミクルジョン（Alexander Meiklejohn）、サンスティンそしてドゥウォーキンを検討

9）Baker, *supra* note 6, at 1008. 同種の指摘として、Ronald Dworkin, A Matter of Principle 335-351 (1985). ドゥウォーキンは、「ポルノが人間の知的発展に役立つということはほとんどあり得ない。もし人間の社会的・知的・道徳的発展のための手段として表現の自由権を捉えるのであれば、なぜポルノを購読する自由が認められているのかを説明することができない」という旨を述べている。

10）Redish, *supra* note 7, at 616-617. 同様の見解としてDworkin, *supra* note 1, at 232.

してみたい[11)]。

1　ベーカーおよびレディッシュ

ベーカーおよびレディッシュは、「個人の自律性」あるいは「自己実現」という概念から、表現の自由の保障の範囲を導き出している。彼らが議論の基礎に置いた「個人の自律性」あるいは「自己実現」という概念は、相互にかなりの部分で重なり合うのであるが、その結論においては、ベーカーが「個人の自律性」とは関係の薄い商業的表現は修正１条の保障の枠外にあると考えたのに対して、レディッシュは、表現の送り手というよりもむしろ受け手の「自己実現」を重視した議論を展開し、商業的表現に対しても修正１条の保護を及ぼすべきであると考えたなどという相違点が見られる。しかし、彼らは、その表現が社会にとって役に立つかどうかという観点からではなく、個人が国家・社会の中で生きていく上での内面的・道徳的な要請として表現の自由が保障されていなければならないという考え方を前提としているという点で共通している。以下彼らの議論を検討してみたい。

(1) ベーカー　まず、ベーカーは、“liberty theory” なるものを提唱する[12)]。彼は、国家は「個人の自律性」を尊重すべきであり、国家の法規制は、国家が諸個人を平等で合理的かつ自律的な道徳的存在とみなしてはじめて正当化されるのであるが、このことはたとえそれを上回る社会的功利をもってしても否定することが許されないと考えている。そして、通常、言論には、諸個人の判断能力[13)]や自律性を害するような強制的な（coercive）力は見られないのであるが[14)]、例外的に、言論が諸個人に対してそのような強制的な力を持つような場合には、言論に対する規制が許容される。すなわち、①他の人々やその財産に対して現実的な損害を生ぜしめたり、損害を与えようと意図されたり、物理的な損害を生ぜしめたりするような言論、②他人の精神

11）　ミクルジョン、ベーカー、レディッシュらを紹介・分析したものとして、奥平康弘『なぜ「表現の自由」か』（東京大学出版会・1988）18～42 頁を参照。

12）　Baker, *supra* note 6, at 964-1009.

13）　ベーカーは、国家が「個人の自律性」を尊重すべきであるということは、当然、各人には責任ある判断を下す能力が備わっているということを前提としているとした上で、本文のように述べている。

14）　ベーカーは、言論が通常強制的な力を持たないという性質を有するということによって、「行為」ではなく「表現」の自由に優越的な地位が与えられることが正当化されるとも述べている。Baker, *supra* note 6, at 999.

的過程における integrity を軽視したりそれにゆがみを生じさせるような言論、③表現者によって選択された表現ではないがゆえに表現者の価値観を表現することに寄与しない言論の3つの場合に限って、言論を制限したり禁止したりすることが許されると言うのである。これらのことから、例えば、商業的表現は、表現者のクリエイティブな自己表現であるというよりはむしろ経済的市場によってその内容を規定されるような表現であり、そのような意味で、「個人の自律」とあまりかかわりあいのないものであるから、修正1条の保障は及ばないという結論が引き出される。

しかし、このようなベーカーの議論に対しては、まず、レディッシュから、修正1条の射程が狭すぎるのではないかとの批判が加えられている。レディッシュは、ベーカーが、表現活動が表現の送り手のみならず受け手の自己決定にとっても必要不可欠であるという側面を見落としていると批判している。そして、その表現が受け手の能力の開発・促進に役立ち、自己決定に資するのであれば、その表現が表現者のクリエイティブな自己表現として行われたか否かに関係なくその表現が保護されるべきであり、例えば、表現の送り手がもっぱら経済的動機のためにある文書を執筆したというような場合であっても、その文書が受け手に与える機能（受け手の能力の開発・促進に役立ち、自己決定に資するという機能）はまったく減じられないのであるから、やはり修正1条によって保護されるべきであるとレディッシュは主張する[15)]。しかし、ベーカーの見解によれば、このような表現は、上記例外③（表現者によって自発的に発言されたのではない表現であること）を根拠にして、修正1条の保障の枠外とされてしまう。また、レディッシュは、仮にベーカーの狭い射程を受け入れたとしても、表現の送り手の動機を経済的動機と自己表現の願望に基づくものとに明確に区別することができないのではないかとも批判している。なぜなら、自己表現の願望に基づいて表現活動を行う者は、同時

15）レディッシュは、諸個人は、競合する商品について様々な情報や意見を得ることによって、当人の人生に大きな影響を与えるような数多くの決断をすることができるようになり、そのような意味で、商業的表現も自己実現の2つの価値（①個人が自らの運命をコントロールするという価値と、②個人が持っている潜在的能力を実現させるという価値）に資すると述べている。このように見ると、レディッシュは、受け手の自己実現という観点からは構成的正当化を試みているものの、送り手の表現活動という観点においては、もっぱら道具的にのみ正当化しているようにも思われる。しかし、商業的表現が問題になる事例において、彼は、送り手の自己実現についてまったく構成的な正当化をしていないわけではない。この点に関しては、後掲注16）参照。Redish, *supra* note 7, at 630.

にその表現活動によって生計をも立てていることが多いからである[16]。

また、サンスティンも、ある意味ではベーカーの議論の魅力を十分認めながらも[17]、少なくとも現時点では「個人の自律性」のみに依拠する表現の自由論は成功していないのではないかと述べている[18]。その理由の１つとして、サンスティンは、ベーカーは「個人の自律性」そのものを最終的な goal と捉えているが、必ずしもそうとは考えられないのではないかという疑問を投げかけている。例えば、ある人間が十分教育を受けられなかったために、もしくは極度の貧困のために売春婦という職業を自律的に選択した場合、果たしてこうした個人の自律的な選択を究極の goal と考えてもよいのであろうかと言うのである[19]。

(2) レディッシュ　一方、レディッシュは、「自己実現」の価値を根拠にして表現の自由論を展開した[20]。彼によれば、これまで様々な論者によって論じられてきた表現の自由の価値は、すべて「自己実現」の価値の下位に属する価値であると言う[21]。例えば、レディッシュは、「自己実現」の価値と民主的プロセスの関係を以下のように論じている。「自己実現」の価値は、①個人が自らの運命をコントロールするという側面と、②個人が持っている潜在的能力を実現させるという側面との両方を含んでいる。一方、民主的プロセスも、①固有の価値（個人は自ら自分の運命をコントロールすべきである

---

16)　こうした批判に対しては、ベーカーは、「商業ベースに乗った表現の中にも、表現の送り手の自己表現の願望に基づいて発せられたものもあるであろうが、たとえそのような表現であっても、商業ベースに乗っている以上、表現の内容は、表現の送り手の意思を反映するというよりは、むしろ市場の構造に左右されてしまうはずである」と述べているのであるが、これに対してレディッシュは以下のように批判している。確かに、商業ベースに乗っている以上、その表現の内容は多かれ少なかれマーケットの構造に規定されるであろうが、表現の送り手はマーケットに制約された内容を持ついくつかの選択肢の中から、自分の意思にもっとも近いものを選択することもできる。この場合、送り手は自己表現していないとは言えないのではないか。また、ベーカーのように考えると、政治家が自分の主張を商業広告や商業雑誌に載せた場合には修正１条で保護されないということになってしまう。Redish, *ibid.*, at 619-622.

17)　サンスティンは、ベーカーの「個人の自律性」の議論によれば、なぜ芸術や音楽にも表現の自由の保障が及ぶのかを説明することができるが、これはベーカーの議論の魅力の１つであると評価している。

18)　SUNSTEIN, *supra* note 3, at 137-144.

19)　サンスティンは、「諸個人の選好は社会的文脈によって規定される。したがって、既存の選好をそのまま尊重すべきということにはならない」と主張している。

20)　Redish, *supra* note 7.

21)　レディッシュは、ミクルジョンおよびボーク（Robert H. Bork）が主張した「民主的プロセス」の価値や、ブラシ（Vincent Blasi）の主張した「チェッキングヴァリュー」、「思想の自由市場論」等は、すべて「自己実現」の価値の下位に属する価値であると論じている。

という側面）と、②道具としての価値（民主主義は個人の能力の発展に資する
という側面）とから成り立っている。そして、両者を対比してみれば民主主義に含まれている道徳的規範は「自己実現」の価値の中に包含されるということが明らかになるので、結局、表現の自由は、唯一の価値、すなわち、「自己実現」の価値のみから論じられるべきであると言うのである。さらに、彼は、民主的プロセスに見られる①②の価値は、いずれも、非政治的活動やプライベートな活動においても達成され得るようなものであると言う。したがって、これらのことから、政治的言論のみならず「自己実現」の価値を促進させるすべての表現が憲法上の完全な保護を受けるべきであるとの結論が導き出される。

　しかし、このような議論に対しては、「自己実現」に役立つものは「表現」だけに限定されないのにもかかわらず、なぜ、その他の「行為」ではなく「表現」のみに修正1条の特別の保護が与えられるのかが説明できないとの批判が加えられよう。この種の批判は、例えばボークの論文の中にも見られる[22]。ボークは、以上のような批判をした上で、「自己実現」の価値は司法が採用すべき「中立的な原理」としては認められないとし、司法府が採用し得るのは自己統治ないし民主的プロセスの価値のみであるとの議論を展開している。しかし、これに対して、レディッシュは、確かに、「自己実現」の価値に資するものは表現活動のみではないが、一方で、自己統治ないし民主的プロセスに資するものも表現活動のみに限定されないのではないか、にもかかわらず、ボークは、「自己実現」の価値を論じる時にのみ「表現」活動以外の「行為」をも考慮し、自己統治ないし民主的プロセスを論じる時には「表現」活動のみに限定して議論を組み立てているが、それは妥当ではないと再反論している。確かに、ボークは、レディッシュらの議論に含まれていると指摘した過ちを自ら犯してしまっているようにも見えるが、たとえそうだとしても、依然として、「自己実現」の価値からなぜ「行為」ではなく「表現」の自由のみが引き出されるのかが明らかではないという問題を解消することはできない[23]。

---

22)　Robert H. Bork, *Neutral Principles and Some First Amendment Problems*, 47 Ind. L. J., at 1 (1971).

23)　レディッシュは、「行為」ではなく「表現」のみに特別の保障が与えられているのは、「表現」活動の方が「行為」よりも、一般に直接的かつ緊急の害悪を生じさせる危険性が少ないからであり、また「表現」活動の方が「行為」よりも人間の精神的能力をより発達させるからであるとも述べている。Redish, *supra* note 7, at 601.　しかし、これらの点については十分な根拠がほとんど示されていない。

(3) 小　結　以上のように、ベーカー、レディッシュらの議論に対しては、これまでも様々な批判が加えられてきたが、彼らの議論の弱点は、議論の出発点たる「個人の自律性」あるいは「自己実現」という概念が、他の何らかの根拠、例えば、実定法的諸ルールから導き出された根拠などによって補強されていないという点にあろう。確かに、これらの概念は、現在の社会においては大部分の人々によって道徳的に受け入れられているものではあるが、それ以外に彼らの議論を補強し、修正１条の内容・範囲をより明確に同定せしめるような論拠を示すことは困難である。一方、例えば、自己統治ないし民主的プロセスに基礎を置く議論は、現在の社会において大部分の人々によって道徳的に支持されているというものでありながら、それのみにとどまらず、後述するように、憲法全体の構造や憲法制定の歴史的経緯など、実定法的諸ルールの解釈から導き出される根拠をも提示し、それに基づいて修正１条の内容をよりいっそう明確化することも可能である[24]。自己実現に基礎を置く議論はこのような他の根拠を示すことが困難であるため、修正１条の射程を厳密に設定することがより難しくなってしまうのではないかと思われる[25]。

2　ミクルジョン

ミクルジョンは、自己統治・民主的過程の観点から表現の自由を論じた[26]。まず、彼は、アメリカ合衆国憲法全体の意図と構造から修正１条の意味を模索しようとする。すなわち、合衆国憲法において、人民は立法・行政・司法という統治機関を設立し、そこに一定の制限つきの権力を委譲しているので、その意味では、人民は被治者であると言えるのであるが、一方で人民を統治

24)　例えば、サンスティンの提唱する「熟慮による統治」の概念およびそこから導出される表現の自由論は、合衆国成立の歴史的経緯からも説明可能なものであり、そのような意味でさらにいっそう説得力をもつ。これに関しては後述する（次の**3**）。

25)　芦部信喜は、「個人の自律性」ないし「自己充足」に基づく議論に対して以下の３点につき批判を加えている。①まず、社会的利益よりも個人的利益に訴えるような価値は、社会の多数を構成する要素に対する説得力がしばしば弱くなる、②また、自己充足の価値はその内容・範囲をはっきりさせにくい、すなわち、自己充足の価値はどのようなタイプの行為にも一応含まれているので、それを保護するための明確な体系を構成することはきわめて難しく、より識別可能な集団的利益を具体化するための体系を形作りそれを維持することの方が、はるかに易しい、③アメリカ法にいう表現の「内容規制」と「内容中立規制」との区別などを説明するのが困難である。芦部信喜『憲法学Ⅲ　人権各論(1)〔増補版〕』（有斐閣・2000）256～259頁。

26)　Alexander Meiklejohn, *The First Amendment is an Absolute*, 1961 SUP. CT. REV. 45.

する全権能は元来人民自身に属しているので、本来的には人民は統治者でもあるはずであり、立法・行政・司法という統治機関は、本来人民に従属すべきものである。しかし、このような統治機関が本来の統治者である人民の政治的権利を抑圧することもあり得るので、そのような抑圧から人民の統治権を守るために、修正１条が規定されたのだと彼は解釈する。このように考えると、「修正１条は、単なる会話をする自由を保護したものではなく、我々が統治に用いるような思考とコミュニケーションの活動の自由を保障するものである」ということになるし、また、表現の自由権は、「私的な権利に関するものではなく、公的な権力すなわち統治の責任に関するものである」ということにもなる。こうした観点から、彼は、修正１条が保護するのは人民が政治的プロセスに参加するために必要な言論のみであり、政治的言論が絶対的な（absolute）保護を受けるのに対して、その他の言論は修正１条では保護されないとの結論に達するのである。

このようなミクルジョンの議論は、構成的正当化根拠にも基づくものと評価することができよう。なぜなら、彼は、自己統治の価値をそれ自身目的ないし価値として承認すべきものであると考えており、かつ修正１条を自己統治のための手段ではなく、自己統治そのものを規定したものとして捉えているからである。

これまで、彼の議論は様々な論者によって支持されてきたが[27]、一方でいくつかの重要な問題をはらんでいる。彼は、初期の論文においては、修正１条の射程を政治的言論のみに限定していた[28]。彼が修正１条の絶対的保障の及ぶ範囲を同定しようという意図を持っていたことから考えれば、その射程が狭くなるのは当然なことかもしれない。しかし、当初の彼の見解のように、もし、修正１条の保護の対象を政治的言論のみに限定してしまうのであれば、芸術や文学、科学などの表現を一切修正１条の保護を受けないものとして位置づけることになってしまうため、射程があまりに狭きに失するとの批判を

27）例えば、カルベン（Harry Kalven Jr.）は、民主主義の観点から言論の自由を論じたミクルジョンの議論に依拠して、修正１条の中心的意味は政治的言論の保障であるとし、「公的討論に関する表現は広く開かれていなければならないので、公職者がその公的職務に関して名誉毀損訴訟によって損害賠償を得るためには、表現者が虚偽であることにつき『現実の悪意』を持っていることを立証しなければならない」というルールを確立した New York Times v. Sullivan 判決の重要性を強調した。Harry Kalven Jr., *The New York Times Case: A Note on "The Central Meaning of the First Amendment"*, 1964 SUP. CT. REV.191–221.

28）ALEXANDER MEIKLEJOHN, FREE SPEECH AND ITS RELATION TO SELF-GOVERNMENT（1948）.

受けざるを得ない。また、逆に、政治的言論ということだけで、なぜ煽動的な表現をも含めたすべての表現が絶対的な保護を受け得るのか判然としないとの批判もあり得よう。

さらに、彼は、後に、政治的言論のみを修正１条の射程内とする議論を改めて、政治的言論以外の表現にも保護を拡大するとの妥協を試みている[29)]。すなわち、市民が選挙民としての役割を果たすには知識・知性・人間性を獲得していくことが必要となるが、そのためには、政治的表現のみならず、教育・哲学・科学・文学・芸術などその他の表現にも自由を保障すべきであるとするに至っている。しかし、このように考えてしまうと、今度は逆に、およそすべての表現が絶対的な保護を受けるということにもなりかねず、やはり十分な説得力を持ち得なくなってしまうのである。

以上のように、ミクルジョンの自己統治ないし民主的プロセスに基礎を置く議論は、憲法全体の構造から導き出されるものであるという点で、論者の哲学的主観以外にも正当化根拠のよりどころを持っており、そのような意味ではより説得的であると言える[30)]。しかし、その結果として引き出された表現の自由論は、ミクルジョン自身が揺れ動いていることからもわかるように、現在の学説において必ずしも十分受け入れられるようなものではない。ミクルジョンの議論の問題点は、自己統治ないし民主的プロセスに資する表現には絶対的な保障を及ぼすべきであるとしているのに対して、それ以外の表現に対しては一切修正１条の保障を及ぼさないといった、議論の極端さにあるのではないかと思われる。自己統治ないし民主的プロセスという価値はそれ自体として十分説得力を持ち得るが、一方で、それとはあまり関係のない教

29) この点、実践的な理由から、非政治的言論にまで修正１条の保障を拡大すべきであるとの議論も存在する。例えば、ビヴィア（Lillian BeVier）は、原則として修正１条で保護されるべき表現の核心は政治的言論であるとしながらも、非政治的言論にまで修正１条の保障を拡大すべきであるとの主張をしているが、彼女がそのような主張をしたのは、政治的言論と非政治的言論との区別をするのは困難なので、政治的表現を保護を充実させるためには、なお１枚余分に保障の層を確保しておかなければならないという実践的な理由にも基づいている。Lillian R. BeVier, *The First Amendment and Political Speech: An Inquiry into the Substance and Limits of Principle*, 30 Stan. L. Rev. 299-358 (1978).

30) ただし、ミクルジョンの議論を歴史的過程から正当化することはできない。この点に関しては、*see* Zechariah Chafee Jr., *Alexander Meiklejohn's "Free Speech: and Its Relation to Self-Government"* 62 Harv. L. Rev. 891-901 (1949). チャフィ（Zechariah Chafee）は、憲法の起草者たちは修正１条に関して明確な考えを持っていなかったのであり、彼らがミクルジョンの主張するような解釈を採っていたという証拠はどこにもないと批判している。そして、このことについては、ミクルジョン自身も認めている。

育・哲学・科学・文学・芸術などその他の表現にも何らかの形で表現の自由の保障を及ぼすべきであるというのが、現代社会における多くの人々の直観であると思われる。もし自己統治ないし民主的プロセスという価値に基礎を置いて表現の自由論を組み立てようとするのであれば、絶対的保障を受けるようなものと一切保障されないものとを二分するような極端な議論ではなく、より柔軟で洗練された議論が——例えば、表現の自由の保障の程度に濃淡をつけるような議論が——要求されるのではないかと思われる。このような点で、次に紹介するサンスティンの表現の自由論は、さらにいっそう優れたものであると考えられる。

3　サンスティン

サンスティンもまた、道具的正当化根拠と構成的正当化根拠との両面から表現の自由を考察した論者の1人である。彼は、言論の自由を「手段」としてのみならず「目的」としても重要であると位置づけたブランダイスの立場を支持し、こうしたブランダイスの見解をマディソニアン・モデルと結合させて議論を展開している[31]。

サンスティンは、マディソニアン・モデルと呼ばれる考え方から、表現の自由に関する2層構造的アプローチを導き出している。マディソニアン・モデルとは、アメリカの統治制度は、人民が広範な公的熟慮を通じて結果を獲得していくことを目指すような「熟慮による統治」のシステムであるとする考え方である[32]。すなわち、彼は、アメリカの政治理論においては、主権が政府ではなく人民に存するということ、および直接民主制ではなく[33]代表制を採用しているということがもっとも重要な部分であるとし、アメリカでは、建国当時から、単なる多数派の既存の選好を反映するような政治システムではなく、代表制を通じて思慮深い熟慮・討論を促し、もって一般公衆の見解

---

31)　Sunstein, *supra* note 3, at 17-51.

32)　サンスティンが、本文のような考え方をマディソニアン・モデルと呼ぶのは、マディソン（James Madison）が明らかに主権在民の概念と修正1条とを結びつけて考えていたこと、そして、マディソンが（経済的平等ではなく）政治的平等を重視し、政治における「熟慮」の機能に高い premium を与えていたということによる。Sunstein, *ibid.*, at 16-17.

33)　サンスティンは、直接民主制について、「ほとんど熟慮が行われないため、短絡的な判断やまったくのごまかしの対象となりやすく、この制度の下では統治が成功する可能性はあまりない」と評価している。Cass R. Sunstein, Designing Democracy 6-8 (2001); Sunstein, *supra* note 8, at 185-187.

を洗練させる「熟慮による統治」が求められてきたのだと言う。そして、この「熟慮による統治」を実現するためには、公人や政府の施策の審査を可能にするための情報が国民に十分にいきわたっていることが必要であり、また、単に人民の既存の選好や利害を集計するだけではなく、討議・熟慮を通じ人民による政策選択を洗練させていくためには、政治的な問題に関して人民どうしが自由にコミュニケーションできるということが必要不可欠である。こうして、サンスティンは、「熟慮による統治」に必要不可欠である政治的言論を、より厚く保護されるべき表現の自由権のコアな部分（第1の層）とし、それ以外の表現を第2の層と位置づける結論を導き出すに至る。ただし、①表現されている思想に同意できないという理由で当該表現を規制することは許されない、②政府自身の利益を守るためだけに（公益に反してまで）表現を規制することは許されない、③人々がその思想に説得され影響されるのを恐れてその表現を規制してはいけない、④人々を不快にさせるからという理由でその表現を規制してはいけない、というルールが付加される[34]ので、第2の層に属する表現であっても、これらのルールに抵触するような規制は許されないということになる。

サンスティンは、前述のように、表現の自由は「手段」としてのみならず「目的」としても重要であると主張し、表現の自由を構成的に正当化することの必要性を強調しているのであるが、にもかかわらず、この主張と第1の層の言論の正当化との結びつきは必ずしも明らかでない。第1の層の言論は「熟慮による統治」に必要不可欠であるからこそより厚く保護されるべきであるとされているが、このような正当化自体は道具的なものである。ただし、第2の層の言論に関する4ルール（特にその中でも①③④のルール）においては、構成的な正当化が見受けられるので、結果としては表現規制に構成的正当化による歯止めがかけられているとも言い得る。すなわち、「熟慮による統治」に必要不可欠であるからこそより厚く保護されるべきであるという第1の層の言論に関するルールのみでは、「熟慮による統治」に役立たない言論――例えば議会制民主主義を否定し独裁制への移行を主張するような言論――はすべて規制の対象になり得るということにもなりかねないが、第2層の言論に関するルールがあることによって、こうした規制に歯止めをかける

34)　サンスティンは、これらのルールを「個人の自律性」と人間の能力の発達に関する議論から導き出し得ると述べている。SUNSTEIN, *supra* note 3, at 155.

ことができるのである。

このようなサンスティンの議論は、彼自身の哲学的主観のみによるのではなく、マディソニアン・モデルというアメリカ合衆国建国時からの歴史的な経緯によっても根拠を示すことが可能な理念から導き出されている。そのような意味で十分説得的ですぐれたものであると評価することができる。しかし、一方で、彼の議論は、アメリカ合衆国憲法の起草者の意図やその歴史的な経緯から導き出される理念を出発点としているがために、他国の憲法の解釈、例えば日本国憲法の解釈に持ち込んでしまうと、その説得力が半減してしまう可能性がある[35)]。

4　ドゥウォーキン

ドゥウォーキンもまた、道具的正当化根拠のみならず構成的正当化根拠から表現の自由を考察していかなければならないとの立場に立って議論を進めている。

ドゥウォーキンは、第1部第1章で紹介したノージック（Robert Nozick）やロールズ（John Rawls）と同じく、リベラリズム的個人権論者の1人である。彼は、憲法解釈論として、モラル・リーディング[36)]（裁判官が憲法の抽象的な条文を解釈する時の解釈方法で、①自己の様々な道徳的直観をもっとも矛

35)　ただし、本文で述べたように、サンスティンは、自身の議論を主として歴史的経緯（アメリカ合衆国憲法の起草者の意図やこれまでの判例の積み重ね）から正当化しているように見えるが、加えて、彼は、自身の議論が原理の側面からも正当化し得るものでもあると主張している。彼は「自分の議論は、歴史にだけ依拠しているわけではない。自由な言論は、その原理において、民主的目標とその核心部分において結びついているのである」と述べている。SUNSTEIN, *supra* note 8, at 170–171. もしそうであるのならば、（歴史的正当化ではなく）原理的正当化に依拠することによって、彼の主張する「熟慮による統治」という概念などを日本の憲法論に適用することも可能となるであろう。

36)　DWORKIN, *supra* note 1, at 2. ドゥウォーキンは、憲法の起草者らは、起草に際して故意に抽象的な文言を選択したのであり、憲法上の抽象的な条項（例えば、合法性・平等・残虐性などの文言）は、特定の「観念」ではなく、それらが採用している「概念」に対する訴えを表すものであると考えなければならないと述べている。例えば、修正14条は、平等の「概念」に対する訴えを表したものであって、起草者たちが想定した（想定し得た）特殊な平等の「観念」を表したものではないのだと言う。そして、我々は、何が平等であるかについて自ら決定をし、平等についての1つの「観念」を定立することによってしか、修正14条が語っていることを執行することができないのであるが、その際、いかにして抽象的な条項に関する1つの「観念」を定立すべきかという問いに対する答えとして、彼はモラル・リーディングという解釈方法を提唱しているのである。RONALD DWORKIN, TAKING RIGHTS SERIOUSLY 135 (1978). モラル・リーディングのより詳細な紹介については、齊藤愛「ドゥウォーキンの表現の自由論に関する一考察」本郷法政紀要7号（1998）348〜382頁を参照されたい。

盾なく説明し得る道徳的原理に従い、かつ②実定法的諸ルール――制定法のみならず判例法上のルールなどをも含む――にもっとも整合的であるような解釈論を選ばなければならないというもの）ないし、「純一性（integrity：裁判官は、法が正義や公正や手続的デュープロセスに関する整合的原理によって構造化されているという想定に可能な限り立つということを前提に、訴訟において各人の状態が同一の基準に従って公正で正しいものになるようにこれらの原理を実施していかなければならないというもの）」に従った解釈を提唱しており、自らそれを実践した結果として以下のような権利論を展開している。

彼は、まず、すべての人間はあくまで目的として扱われるべきであり、決して手段として扱われてはならないという政治哲学から議論をスタートさせる。そして、そこから、すべての人は国家に対して「平等な配慮と尊重を受ける権利[37)]」を有しているとの考え方を引き出す。「平等な配慮」とは、政府が各人の苦痛や不満を感じる存在として平等に配慮することであり、また、「平等な尊重」とは、政府が各人をそれぞれが自分自身の生き方に関する知的な構想を形成しそれに基づいて行動することができる存在として等しく尊重することである。そして、彼は、「平等な配慮と尊重への権利」を基礎とし、個々の道徳的権利はすべてそこから導き出されると考えるのである[38)]。

また、彼は、憲法上の権利には、①一般の福利を向上させてもなおその権利を制限し得ない反功利主義的権利（「強い意味での権利」[39)]）と、②一般の福利を向上させるのであればそれを制約することも許される「弱い意味での権利」とが存在すると考える。すなわち、彼は、ノージックとは異なり、個人権の保障のみならず所得再配分などいわゆる福祉政策も正当な国家の活動として認めており、そのような場面においては、功利主義などを用いて社会

37) DWORKIN, *supra* note 36, at 272-274.

38) これに対して、ハート（Herbert Lionel Adolphus Hart）は、なぜ「平等な」配慮と尊重の権利なのか、ドゥウォーキンはなぜ「平等」にこだわるのか、端的に配慮と尊重の権利とすべきなのではないかとの批判をしている。ハートの見解を要約すれば、以下のようになる。「重要なのは自由や尊重であって、平等な自由や平等な尊重なのではない。例えば、暴君がすべての国民の自由を一律に奪ったとすると、それは不平等ではないが（平等であるが）、道徳的に正しいことではない。すなわち、ここでは、ある人の扱いが他の人々に比べて不公正だったというような、相対的関係が問題となっているのではない。自由を奪うということ自体が不正なのである。自由は平等とは異なるものを根拠として弁護されなければならない」。H.L.A.Hart, *Between Utility and Rights*, in ESSAYS IN JURISPRUDENCE AND PHILOSOPHY 212-213 (1983).

39) DWORKIN, *supra* note 36, at 188-190. ドゥウォーキンは、「強い意味での権利」を別の論文では、「切り札としての権利（trump right）」とも呼んでいる。

の効率性を実現することが許されると考えている[40)]。

問題は、いかにして「強い意味での権利」と「弱い意味での権利」とを区別するかであるが、これに関して、彼は、「外的選好が導入される蓋然性があるか否か」という観点から両者を区別しているようである。すなわち、彼は、「外的選好が導入されることによって、多数決や功利主義など決定手続きが腐敗し、自由が無視される蓋然性（推定的蓋然性）があるようなもの」を「強い意味での権利」とし、その他のものを「弱い意味での権利」と考えているようである[41)]。第1部第1章でも述べたように、功利主義的計算や多数決には「個人的選好（自分自身への財や利益——自由を含む——の割り当てに対する選好）」のみならず「外的選好（他者へのそのような割り当てに対する選好）」が持ち込まれ、その結果が腐敗させられる場合がしばしばある。そして、民主的過程において外的選好を排除することは極めて困難であるため、あらかじめ憲法において、功利主義的計算によっても多数決によっても否定し得ないようなものを保障しておくことが必要となる。このようなものが「強い意味での権利」となる[42)]。ドゥウォーキンは、「平等な配慮と尊重を受

40)　このような点で、ハートは、ドゥウォーキンはノージックほど反功利主義的ではないと評価している。Hart, *supra* note 38, at 210. 実は、ドゥウォーキンは、功利主義を、各人の選好を集計して社会全体の福祉を計算する場合にはすべての人の選好を平等に扱うべし——つまり1人分の選好は1人分にのみ数えるべし——という平等の観念に基礎づけられたものとして、ある意味では高く評価している。

41)　Dworkin, *supra* note 36, at 234-238. ただし、第1部第1章でも述べたように、彼は、外的選好が算入されているから悪いのではなく、その結果（選好の内容）自体が、個人の自由を否定し個人に対する平等な尊重を否定するから悪いのだという議論をも展開しているようである。こうなると、ドゥウォーキンは、「強い意味での権利」と「弱い意味での権利」とをいかにして区別しているのか必ずしも明らかではない。もし、本文で述べたように、ドゥウォーキンが「外的選好が導入される蓋然性があるか否か」という観点から「強い意味での権利」と「弱い意味での権利」とを区別しているのであれば、権利の保障を議会の多数決の決定に委ねるということを原則とした上で、ただその決定が外的選好によって、ゆがめられる蓋然性の高い時にのみ、司法府が独自の役割を果たすということになる。しかし、ドゥウォーキンは、一方で、例えば人種に基づいて差別的取扱いをすることは外的選好が導入されるから許されないのではなく、個人に対する「平等な配慮と尊重の権利」を害するから許されないとも論じており、ここでは、司法府に対して、当該政治共同体における公正、正義などに関する首尾一貫した原理——すなわち「平等な配慮と尊重の権利」——に基づいた解釈をするという役割が期待されている。

42)　このようなドゥウォーキンの考え方に対しては、第1部第1章でも述べたように、本当に外的選好の算入が功利主義的計算や多数決において欠陥と言えるのかという問題の他に、彼の議論は逆説的である（いかなる道徳的権利を有するかは、その社会にいかなる外的選好や偏見が流布しているか、すなわち、どの程度外的選好や偏見が功利主義的決定や多数決において支配的になりそうかにかかっている。だから、社会が寛容になりリベラルな方向へと進歩して様々な偏見が消えていけば、これらの権利や自由はますます少なくなっていくということになってしまう）との批判もなされている。Hart, *supra* note 38, at 208-221.

ける権利」およびそこから引き出される個々の道徳的権利こそが「強い意味での権利」であるとし、これらの権利に他の社会的利益とはほとんど比較を許さない side constraint の地位を承認する。

このように、彼は、憲法上の権利を、①「強い意味での権利」と②「弱い意味での権利」とに分けた上で、憲法上の権利に対する規制の是非を考える際には、これらの区別にそれぞれ対応して、①原理（principle）によって考えるべき場合（当該法規制において、たとえ社会全体の利益を向上させたとしてもなおその権利を制限することが許されないというような「強い意味での権利」が問題になっているような場合43)）と、②政策（policy）によって考えるべき場合（「強い意味での権利」が問題となっているのではなく、もっぱらその法規制が一般的利益すなわち社会全体の利益に適合するか否かによって考えるべき場合44)）とに分けて考察すべきであると主張している。表現の自由に対する規制の是非に関しても同様である。では、彼は、表現の自由に関していかなる論を展開しているのであろうか。

彼は、まず、「平等な配慮と尊重を受ける権利」から、表現の自由に関して、

①「ある表現が受け手に望ましくない信条を抱かせる」という受け手の不利益を根拠に、その表現を規制することはできない。
②「ある表現、もしくはその根底にある思想が価値のないものである」ということを根拠に、送り手の表現活動を抑圧することはできない。
③すべての人は、「自分の思想・価値観を表現し、外的環境に働きかける機会を得る権利」としての表現の自由権を有する。

という3つのルールを導き出すに至る。そして、これらのルールも「平等な配慮と尊重を受ける権利」から引き出されるがゆえに、やはり side constraint としての性質を有すると論じられている45)。

ここでは、以上の3ルールのうち、最後の第3ルールについて若干の説明

---

43) Dworkin, *supra* note 9, at 375-376. 原理によって考察しなければならない場合の具体例として、ドゥウォーキンは、雇用における差別を禁止する法律の是非が問題となるような場合を挙げている。

44) Dworkin, *ibid.*, at 375-376. 政策によって考察しなければならない場合の具体例として、ドゥウォーキンは、共同体全体の経済的福利のためにある農家に補助金を与える法の是非が問題となるような場合を挙げている。

45) Dworkin, *supra* note 1, at 195-226. 齊藤・前掲注36) 348～382頁。

を加えておきたい。憲法が、諸個人に対して、その人の主張がいかなるものであろうとも自分の主張を通して政治過程に働きかけていく権利を保障しているということは、広く一般に承認されていると考えられるが、ドゥウォーキンは、それを政治過程のみならず道徳的環境一般にまで拡大して議論を組み立てている。すなわち、人間は、その人の思想・価値観がいかなるものであっても、自分自身の好みや選択、主張などを通して、政治過程のみならず広く外部の道徳的環境に働きかけ、それを変えていく権利を有しているし、実際そうしていると言う。人間は、通常、自分の好みや主張に好意的であるような環境に生きたいと欲している。そのため、外部の環境に自ら働きかけ、それを自分にとってより生活しやすい環境へと変えていくということは、諸個人にとって極めて重要なことだと言うのである[46)]。

さて、ドゥウォーキンは、これらの３つのルールを侵すような表現規制に関しては、原理による考察をしなければならないとしている。すなわち、たとえ社会全体の利益を犠牲にすることになったとしても、この３ルールは原則として優先されるべきものとされる。一方、３ルールが侵されていないような場合においては、政策に依拠した考察が許される。すなわち、もっぱら、社会の一般的利益を最大化するためにはその表現を規制することが望ましいのか否かによって判断されるべきものとされる[47)]。

こうした彼の考え方は、修正１条の核心をよりいっそう確実に保護しようとする戦略から生まれたものである。誰のいかなる表現の利益が問題となっていようとも、すべての表現活動に等しく修正１条の保護が及ぶと考えてしまうのであれば、修正１条の保障の範囲を拡大した分だけ必然的にその保障の程度は弱まってしまう。したがって、歴史的に修正１条の核心であると考えられ続けてきた、政治的・社会的に論争的な事柄に関して表現する権利を確実に保障するためには、修正１条の核心にかかわる部分に関しては「強い

46)　ドゥウォーキンのこのような捉え方から、彼が、表現の自由に関して自己実現の過程と自己統治の過程とを必ずしも区別していないことがわかる。これに関しては後述する（第２章第５節）。

47)　例えば、ドゥウォーキンは、New York Times のレポーターが、裁判所から公正な裁判の実現のために取材メモの提出命令を受け、修正１条などを根拠にそれを拒否した事件（Farber 事件）について、当該レポーターが主張した取材源秘匿などジャーナリストの特権に関する議論は、原理ではなく政策の観点から、すなわち、もっぱら「弱い意味での権利」として、社会全体の利益が向上するか否かの観点のみから考察されるべきであるとしている。DWORKIN, *supra* note 9, at 373-380.

意味での権利」としてほとんど比較衡量を許さないような絶対的な保障を与える一方で、それ以外の部分に関しては、他の社会的利益との比較衡量によって保障の程度が決せられる「弱い意味での権利」に「格下げ」する必要があると考えたのである。

このようなドゥウォーキンの表現の自由論にも、いくつかの問題点が存在する。彼によれば、法の解釈をめぐって2つの主張が対立しているとき、どちらが有力な解釈であるかは、①どちらが説得力のある道徳的主張をしているかと、②社会の諸ルールにどのくらいその解釈が整合的であるかによって決せられる。彼は、①自己の様々な道徳的直観をもっとも矛盾なく説明し得る道徳的原理に従い、かつ②憲法・制定法・判例といったアメリカにおける実定法的諸ルールにもっとも整合的であるような解釈を求めて多くの判例を検証し、以上のような表現の自由論を導出するに至っている。しかし、一方で、彼は、すべての先例・制定法に完全に整合的な解釈理論を導出することは不可能であると考え、整合化の過程においては諸ルールの一部を「過誤」としてはずさざるを得ないことをも認めている48)。そうなると、いかなる部分を「過誤」として諸ルールの整合化の過程から除去すべきかが問題となるのであるが、この点については、やはり最終的には論者の主観に頼らざるを得ないのではないかとの疑問も生じよう。特に、彼の提示した「平等な配慮と尊重の権利」という概念や、そこから具体的にいかなる権利やルールがなぜ導き出されるのかということに関してはいまだに論争的である49)。

例えば、ドゥウォーキンは、現代のアメリカの社会を観察すれば、そこにおいて諸個人は「平等な配慮と尊重を受ける権利」を有しているということは明らかであるということをはじめから前提としてしまっており、なぜアメリカの社会における権利の内容がそのようなものであると解釈できるのかという点に関しては、十分に論拠を示していない。また、なぜこの「平等な配慮と尊重を受ける権利」が「強い意味での権利」とされるのかということに関する論証（外的選好が導入される蓋然性からの論証）については、第1部第1章で紹介したような批判が加えられている。さらに、彼は、「平等な配慮と尊重の権利」から、なぜ上記のような表現の自由に関する3ルールが引き出され得るのかについても十分論拠を示していない。すなわち、彼は、リベ

48) Dworkin, *supra* note 36, at 119-123.
49) これに関しては、齊藤・前掲注 36）を参照。

ラリズムに属しており、異質の要素が併存する社会においてその共存を可能とするようなルールとして、上記のような3ルールを提唱しているのであろうが、この3ルールから明らかなように、彼が社会における共存を確保しようとしている異質な要素は、「個人の思想・信条・価値観」のみである。しかし、なぜ、彼の3ルールにおいては、これほどまでに、個人の「思想・信条・価値観」のみが強調されているのであろうか。彼は、その点についての論証をほとんどしていないのである。

しかし、これらの問題点にもかかわらず、デュルケームの議論を手がかりにすれば、ドゥウォーキンの表現の自由論が他の論者の議論よりも支持し得るものであるということを示すことができると考えられる[50)]。このことを説明するために、ここで、モラル・リーディングないし純一性という法解釈論について若干の検討を加えてみたい。

ドゥウォーキンは、慣例主義（社会の集団的な力が各人に対して行使され得るのは、過去の何らかの政治的決定がこれを明示的に許容し、その結果、その政治的決定が何であるかについて有能な法律家や裁判官のすべてが――彼らが道徳や政治政策に関してどれほど見解を異にしていようとも――合意している場合に限らなければならないという考え方）においては、法に関する言明は過去にのみ向けられた事実の報告であるとされており、一方で、プラグマティズム（国家が強制権力を行使したりもしくは差し控えたりするということに対して、過去の政治的決定がそれ自体で何らかの正当化根拠を与えるという想定を拒否し、国家の強制にとって必要な正当化を、正義や効率性その他、裁判官によって下された強制的決定自体に内在し、この決定が下された時点で意図されていたような何らかの価値の中に見出すという考え方）においては、法は将来へのみ向けられた道具的プログラムであるとみなされてしまっているとして、両者を拒否する立場を明らかにしている。そして、これらに対して、彼は、両者の持つ「後ろ向きな要素」と「前向きな要素」を結合したものとして、「純一性」という法解釈論を打ち出しているのである[51)]。彼のこのような法解釈論は、い

50)　誤解を避けるために付け加えるならば、筆者の論点は、デュルケームの議論からドゥウォーキンの表現の自由論が論理的に導出されるというものではない。むしろ、現在、提唱されている有力な表現の自由の原理論のうち、デュルケームの議論によってもっとも適切に支持(support)されるのは、ドゥウォーキンのそれであることを示そうとするものである。論理的な導出関係と支持関係の異同については、例えば、JOHN RAWLS, POLITICAL LIBERALISM 242, n. 31 (1993)、および、長谷部恭男「法源・解釈・法命題」樋口陽一先生古稀記念『憲法論集』（創文社・2004）312頁注34参照。

かにして国家による法の強制を一般的に正当化し得るかという問題に対して彼自身が提示した解答と密接に関係している。

国家による法の強制の正当化の問題について、彼は、以下のように考えている[52]。われわれの多くは、社会的慣行によって限定されたあるタイプの集団に単に属しているだけで自分たちが「連帯責務」ないし「共同責務」と呼ばれるものに服するようになる[53]。われわれはあるタイプの集団に属し、そこで他のメンバーと一定の歴史を共有することによって、集団内部の人々に対して集団外の人々とは異なる関心を抱くようになり、集団内部のメンバーに対して特殊な責務を負うようになる。これは必ずしも我々の選択や同意によって生じるものとは限らない。その一方で、われわれは、集団に属することから生じる利益を集団の他のメンバーが自分たちにまで及ぼしてくれないならば、自分たちがこの種の責務に服することを停止することもあり得るとも考えている。

同様に、政治共同体においても、そこにおいて他のメンバーと歴史を共有することによって、メンバーたちが互いに権利や責任について一般的で広くいきわたった理解を共有し、各人が他者に対してどのような種類のそしてどのようなレベルでの犠牲行為を行うと期待されてよいかにつき一般的な了解を共有するようになる。しかし、それだけでは、我々が「連帯責務」を強制されることを十分に正当化することはできない。なぜなら、我々は、一方で、自分が政治共同体に属することから生じる利益を政治共同体の他のメンバーが自分たちにまで及ぼしてくれないならば、自分たちがこの種の責務に服す

51) Ronald Dworkin, Law's Empire 114, 151, 195-224, 225 (1986). この本を和訳したものとして、ロナルド・ドゥウォーキン（小林公訳）『法の帝国』（未来社・1995）がある。

52) Dworkin, *ibid.*, at 195-202.

53) 「連帯責務」ないし「共同責務」に関して、ドゥウォーキンは、「ある種の生物学的ないし社会的集団のメンバーに対して社会的慣行が帰しているような特別の責任」を念頭に置いており、その例として、家族や恋人や組合や職場の同僚に対して我々が負っていると考えるような責任などを挙げている。これらの責任は、我々が自発的意思によって選択したり同意したりすることによって負うものではなく、単にそれらの集団に属しているというだけで我々が負うと一般的に考えられている責任であり、同様のことが政治共同体においても妥当すると言う。このように、ドゥウォーキンの議論は、政治的共同体における法の強制の正当化に関する問題を、あくまでその共同体と結びつけて論じているところに特徴がある。彼は、ロールズの原初状態のモデルによる法の強制力の正当化理論に対して、以下のような批判を加えている。「このような［ロールズの原初状態モデルにおけるような］義務は、政治的責務を、当の責務に服する人々が属している特定の共同体に十分にしっかりと結びつけることができない。この義務は、他でもないイギリスの諸制度を支持すべき特別の義務がどうしてイギリス人にあるのかを示してはくれない」（Dworkin, *ibid.*, at 193）。

ることを停止することもあり得ると考えるからである。すなわち、政治共同体内の「連帯責務」の強制を正当化するためには、メンバー間に相互性が存在することが必要なのである。この相互性とは、他のメンバーが我々に対して、我々が他のメンバーに示したのと大雑把にでも同じような思いやりを抱いていると我々が信じており、また、他のメンバーが別の何らかの種類の重要な犠牲を我々のためにも払ってくれることを我々が信じているということである。より具体的には、この相互性の要件が満たされているような場合とは、我々が互いに同じ政治共同体の他のメンバーの幸福を配慮すべき一般的な責任――しかも平等な配慮を示す責任――を負っていると言い得るような場合である。

以上のような要件を満たした政治共同体においては、共同体内のメンバーに「連帯責務」ないし「共同責務」と呼ばれる特殊な責務が道徳的に発生する。では、この「連帯責務」ないし「共同責務」はいかなる内容を持つものなのであろうか。この解釈において、前述のようなモラル・リーディングないし純一性が提唱されるのである。彼は以下のように述べている。

社会的慣行の歴史的発展が、家族とは何か、隣人とか職業上の同僚の何たるかを確定し、これらの集団の各々のメンバーや、この種の肩書きの保持者が相互に負う義務を確定する[54]。

同様に、政治共同体において我々がどのような責務を負っていると考えるべきかは、政治共同体における我々の結合関係がどのようなものであるかなどに依存する。そして、この結合関係は政治共同体の歴史的発展過程を解釈することによって明らかになってくるのである。こうした彼の考え方は、モラル・リーディングないし純一性における「後ろ向きな要素」となって現れていると考えられる。ただし、これのみでは、政治共同体内の「連帯責務」の強制を十分に正当化することはできない。彼は以下のようにも述べている。

純一性としての法によれば、法命題が真とされるのは、共同体の法実務に関して最善な構成的解釈を提供するような正義、公正、手続的デュープロセスの問題が内在するかあるいはこの原理から導出される場合である[55]。

---

54) Dworkin, *ibid.*, at 195.
55) Dworkin, *ibid.*, at 223.

現在の実践は、栄誉ある立派な未来を準備するために十分に魅力的な諸原理によって組織化され正当化されなければならない[56]。

このような考え方が彼の法解釈論における「前向きな要素」へと結びついていくと考えられる。

ここで、さらに、彼の法解釈論における「後ろ向きな要素」に焦点を絞りたい。彼は、法解釈において以下の２つの点において「歴史性」を重視している。第１に、法は過去の集団的決定から生じた権利義務の総体であり、そして、まさにその過去の集団的決定から生じたという理由で国家による強制を許容したり要求したりするようなものであるという点で、その「歴史性」が問題とならざるを得ないということである。ただし、「歴史が重要な意味を持つのは、このような原理の体系が過去の集団的決定の内容と同時にその存続も正当化しなければならないからであ」り、「純一性としての法は、現在を出発点として過去の出来事を追及するが、それは現代の関心の焦点が過去の追及を命じる限りにおいてのみ、そしてそれが命じるようなやり方でのみ過去を追及する」。すなわち、純一性としての法は、「過去の政治家の行ったことを、現在において語るに値する総体的な１つの物語の中で正当化しようと試みる」ものなのである。こうした観点においては、法解釈において、法の「歴史性」は、主として国家に対して「１つの声」で語ること、すなわち、その政治共同体の歴史を通じて首尾一貫した原理に従いあらゆる市民に向かって行動することを担保するという意味を持つものであると言える[57]。

第２に、ドゥウォーキンは、共同体内の結合関係を確定するために必要不可欠なものとして法の「歴史性」を重視している。彼は、政治共同体における権利・義務関係の内容は、その政治共同体内のメンバーの結合関係がいかなるものであるかに依存するが、この結合関係は政治共同体の歴史的発展過程を解釈することによって明らかになると考えている。このような観点においては、法の「歴史性」は、法解釈においてよりいっそう本質的なものと位置づけられると言えよう。

以上のような法の「歴史性」に関するドゥウォーキンの姿勢は、モラル・リーディングにおける「社会の実定法的諸ルールにもっとも整合的であるような解釈論を選ばなければならない」というルールへと結びついていくので

---

56) Dworkin, *ibid.*, at 227-228.
57) 同時に純一性は法の予測可能性などをも担保するものであるとも言える。

あるが、しかしながら、彼が上で述べたような表現の自由論を導出する際には、先例など実定法的諸ルールと整合的な議論を構築すべく一応の論証はしているものの、法の「歴史性」に関して十分注意を払っているとは言えない。また、前述のように、ドゥウォーキンは、すべての先例・制定法に完全に整合的な解釈理論を導出することは不可能であると考え、整合化の過程においては諸ルールの一部を「過誤」としてはずさざるを得ないことを認めているが、いかなる部分を「過誤」として諸ルールの整合化の過程から除去すべきかという点については、ドゥウォーキンの論証だけでは十分な説得力を認めることはできない。

このような点を補足するために、デュルケーム（Émile Durkheim）の議論が有効なのではないかと考えられるのである。特に、ドゥウォーキンは、共同体内の道徳的責務の内容を確定するためには、法の歴史的発展過程に着目して共同体内のメンバーの結合関係のあり方を解釈していかなければならないと述べているのであるが、それにもかかわらず、彼自身、表現の自由論を論じる上でこの点についてほとんど論証していない[58)]。次章では、こうした観点から、ドゥウォーキンの表現の自由論を考察してみたい。

58）ただし、共同体のメンバー間にいかなる結合関係が存在すると考えるべきかという問題に関してドゥウォーキンとデュルケームの視点は大きく異なる。すなわち、ドゥウォーキンが、法や制度を「解釈」することによって政治的共同体内の結合関係を明らかにしようとしたのに対して、デュルケームは社会学的な観点から社会の構成員の結合関係を論じている。

第2章
表現の自由論
――デュルケームの議論を手がかりに

前章で論じたように、現在では、道具的正当化根拠のみに基づいて表現の自由を論じるのは不可能だとする見解が多数を占めている。すなわち、一般に、構成的正当化根拠に依拠することなしに表現の自由を論じることはできないと考えられている。これについては、表現の自由権の根底にも「個人の尊重」という道徳が存在していること、そして、およそ社会の道徳たるものは社会的利益とは関係のないところにも存在しているということを考えれば、表現の自由権の保障が社会的利益と関係のないところで要求されたとしてもまったく不思議ではないように思われる。

問題は構成的正当化根拠として採用し得る価値は何か、そこからいかなる表現の自由論が導き出されるのかである。第1部で述べたように、筆者はリベラリズムの立場にコミットするが、それではいかなる表現の自由論を採用すべきであろうか。ここにおいても、デュルケーム（Émile Durkheim）の考え方が1つの手がかりを与えてくれるように思われる。すなわち、現代社会においては、様々な異質な要素が併存しているが、その中でもいかなる要素に着目して社会の共存を目指していくべきなのかという問題に関して、デュルケームの議論が参考になるように思われるのである。

本章第1節では、デュルケームが、異質な要素が共存する社会において必然的に生じると考えた「個人の尊重」という道徳とはいったいいかなるものであったのかを明らかにしたい。後述するように、筆者は、デュルケームが『社会分業論』の中で論じた「個人の尊重」という道徳の核心原理は、「個人の思想・信条・価値観の尊重」であったと考えている。すなわち、彼が、現代国家において共存を確保すべきと考えた異質な要素とは、「個人の思想・信条・価値観」であったのである。このような観点からすれば、前章で紹介した構成的正当化根拠に依拠する5人の論者の中で、ドゥウォーキン（Ronald Dworkin）がもっとも妥当なものであるということが示されるのではないかと思われる。

そして、ドゥウォーキンの3ルールから、いかなる表現の自由論が引き出されるのであろうか。彼の表現の自由に関する3ルールは相当に抽象的であり、具体的事例においてそれがどのように適用されるのかは直ちには明らかではない。例えば、表現の自由の対象となる「表現」とは何か、いかなる内容の権利なのかということに関してはそのルールのみからでは明らかではない。実は、彼はこのような具体的な議論はあまりしていないのである。そこで、本章第2節では、筆者がこのルールからより具体的な表現の自由論を引き出してみたいと思う。

そして、本章第3節では、以上の表現の自由論と、ベーカー（C. Edwin Baker）およびサンスティン（Cass Sunstein）の表現の自由論とを比較し、どのような相違があるのかを検証してみたい。そして、筆者が論じる表現の自由論は、これらの学説と若干の違いはあるものの、これらの学説に照らしてみても十分受け入れられる余地のあるものであるということを示していきたいと思う。

第1節　表現の自由の核心——デュルケームにおける「個人の尊重」という道徳

第1部のデュルケームの議論によれば、社会が拡大・発展していくにつれて、社会における同質性は徐々に薄れていき、社会は互いに異質な諸個人から構成されるようになる。そして、ついには、社会の構成員の同質性は「人間一般」にしか求めることができなくなる。このような異質性社会においては「個人の尊重」という道徳が社会の構成員の協働を可能にする唯一の精神的紐帯となる。

では、彼は、「個人の尊重」という言葉によって、具体的に何を意味していたのであろうか。

まず、彼が「個人の尊重」という言葉によって、主として精神的側面における「個人の尊重」を意味していたことは明らかである。なぜなら、彼が、『社会分業論』において社会の諸条件の発展・変化とともに「個人の尊重」が生じてくると論じた際に、彼は明らかに経済的領域にではなく、もっぱら精神的紐帯に焦点を当てて議論を展開しているからである。例えば、『社会分業論』において、分業や商品の交換によって人々が相違に基づく連帯を築いていくと論じる際にも、経済的メリットではなくむしろその精神的連帯に着目しなければならないと強調している。一方、デュルケームは、財産権など経済的自由について論じる際には、第１部第２章で紹介したような論証とは異なった別の方法を用いて論証を試みている[1)]。すなわち、デュルケームが社会の同質性が失われるにつれて必然的に生じてくると考えた「個人の尊重」という道徳は、主として、精神的領域における「個人の尊重」を意味していたのであった。

では、デュルケームは、精神的領域における「個人の尊重」をいかに捉えていたのであろうか。彼が『社会分業論』の中で、単純な社会から多様性に富む社会へと変化していくにつれてその道徳がいかに変遷していくのかを論じたとき、「同質」「異質」という言葉によっていかなる「質」の同一あるいは相違を問題にしたのかは明らかであるように思われる。元来、諸個人は体つき、容貌、性格、能力など様々な点において互いに異質であるが、彼が問題にしたのは社会における精神的連帯を促進させたり、あるいは阻害したりするような諸個人の「質」、すなわち、思想・宗教・価値観・人生観など個人のアイデンティティにかかわるような内心的部分であったと考えられる。彼は、「個人の人格」が尊重されるようになってきた過程について以下のよ

1)　ÉMILE DURKHEIM, LEÇON DE SOCIOLOGIE: PHYSIQUE DES MOEURS ET DU DROIT 163-197 (1950). 例えば、デュルケームは、不動産所有権について以下のように述べている。彼は、ある個人に物の所有権が認められている状態を、「その物が社会の構成員の共同使用から分離され、その個人の排他的独占的利用のみに服している状態」と捉える。そして、彼は、所有権の起源は、宗教信仰の本質の中に見出されるはずだと仮定する。なぜなら、およそ宗教的なる物ないし神聖なる物は、すべて、それを使用できるのは聖職者などほんの一握りの神聖なる者のみであり、社会の他の構成員は、これらを使用することはおろか、触れることすら許されないという特質を持っており（社会の構成員の共同使用を排除し特定の人間のみの排他的独占的使用を要求するという性質を持っており）、それと近代的所有権とが極めて類似した状態をひき起こすと考えたからである。

デュルケームは、この仮定を証明するために歴史を遡る。彼によれば、所有が見出されるのは、農耕が確立されてからのことである。すなわち、ある特定の家族集団が一定部分の土地に腰を落ち着け、そこに所有権を印すことによってはじめて所有権が出現する。そして、この古い家族所有地は、明らかに宗教性を帯びていて、そこに付与されていた諸権利、諸特権は宗教的性質のものであった。例えば、古代においては、土地は譲渡不可能とされていたことが多かったが、譲渡の禁じられている事物は永久に同一の家族に帰属しなければならないということ、永久に共同の使用から切り離されているということを意味するのであり、この譲渡不可能性こそが、神聖物の際立った特徴をなしている。そして、やがて、部族において１人の首長ないし家長のような存在が出現すると、いままで土地に宿っていた神聖さが１人の個人へと移動していく。かくして、個人所有が誕生すると言うのである。

このように、デュルケームは、所有権は、土地が有していた神聖さを人間が承継したものに他ならないと考えている。すなわち、排他的独占的使用権を認めるような神聖さが本来宿っていたのは事物の中であって、この事物から発して人間へと遡っていったのである。したがって、不動産所有権は、一般に言われるように、個人的人格に対する尊敬の念が事物にまで拡大されたものではなく、あくまでそれは個人の人格外的な源泉に根ざしているのであると彼は言う。

うに描写している。

まず、人間の中には２つの意識が存在する。１つは、集合意識であり、もう１つは個人意識である。前者は社会の平均的な構成員に共通な信念・感情の全体であり、後者は個人的人格のみを表象していて、各人が固有の特徴として持っているもの、自己と他者を区別しているところのものであり、我々の各々の個性を表すようなものである。そして、個人意識は集合意識との逆比例においてのみ増大することができる。個人意識は、共同体の価値観や伝統的信念が個人のうちに場所を占めることの少ない場合に、はじめて生起することができる。社会の他の構成員と同じような信念を共有し思考し活動する傾向を強く持っている人間は、活発な個人意識を持つことはできない。社会の集合意識は個人意識に圧迫を加えるのである。このように、デュルケームは、個人意識を、諸個人の意識のうちで社会の伝統的価値観や信念から解放された部分として捉えている[2)]。そして、社会が拡大・発展し、社会における同質性が徐々に薄れていくにつれて、個人の中の集合意識は衰退し、それに伴って個人意識が増大していくと言うのである。

こうした描写から考えると、デュルケームが社会の同質性という言葉によって表そうとしたのは、社会の構成員が共有する意識、すなわち、社会ないし共同体に見られる価値観や信念における同質性であったということがわかる。反対に、社会の異質性とは、集合意識の圧力から脱却した個人の自由な意識領域、すなわち社会ないし共同体の価値観や信念から解放された末に諸個人が自由に獲得し形成していった各々の思想・信念・価値観における異質性を指すということがわかる[3)]。

共同体間の垣根がとり崩されることによって、社会に外部から異質な思

---

2)　ただし、デュルケームは、人間は集合意識から完全に自由であるような個人意識を持つことはできないと考えている。なぜなら、彼は、人間は社会に規定されており、いかなる人間も社会的刻印から完全に脱却することは不可能であると考えたからである。

3)　ただし、デュルケームは、有機的連帯を論じる時に、部分的に、「個人の尊重」の領域を個人の思想・価値観の尊重のみならずその他のものにまで拡大しているかのような記述をもしている。デュルケームは、『社会分業論』の中で、機械的連帯を論じる際には、明らかに「個人の思想・価値観」における同質性のみを前提としているのに対して、有機的連帯を論じる際には、一部においては、思想・価値観の相違のみならず、才能や能力における相違も念頭に置いているかのような記述もなされている。なぜ、有機的連帯においてのみ、このような拡大が部分的になされているのかということに関して彼は何ら論証もしておらず、一貫性に欠けるのではないかとの批判もありえよう。しかし、本書で着目しているのは、もっぱら『社会分業論』における「個人の尊重」という道徳すなわち機械的連帯の生成に関してであり、彼のこうした欠点は本書にほとんど影響しないと考えられる。

想・宗教・価値観が流入してきた場合、それまで社会の構成員の多くによって共有されその正当性が微塵も疑われることなく信じられてきたような思想・価値観が従前の力を失う。こうして、社会において集合意識が衰退していくにつれて、諸個人の個人意識、すなわち、社会の価値観や信念から解放されて自由に思考する意識部分が増大していく。この部分は、個人ごとに固有のものであり、自己と他者とを相違させるものである。ここにおいてデュルケームが示した「個人の尊重」という道徳は、社会の構成員の思想・信念・価値観に同質性が失われるようになった時においても最後までかろうじて残る同質性、すなわち、すべての人が各々価値観を持ちそれに拠って生きていく存在であるという意味での同質性に基づくものとなるはずである。すなわち、デュルケームが示した「個人の尊重」の核心原理は、精神的領域においては、「各人を各々の価値観に基づいて生を追求しようとしている存在として認め、各人のいかなる価値観ないし生き方をも尊重すべきである」ということ、言い換えれば、「個人の思想・信条・価値観の尊重」を意味するということになる。

リベラリズムは、異質な要素が併存する社会においてその共存を可能とさせるようなルールを模索しようとするものであった。では、現代国家はいかなる異質な要素の共存を目指すべきなのであろうか。この点に関して、デュルケームの議論は1つの手がかりを与えてくれる。それは、諸個人間には様々な点で相違が見られるが、現代国家は個人の思想・信条・価値観における異質性に関してその共存可能な方法を模索していかなければならないということである。そして、これを表現の自由領域に置き換えて考えれば、表現の自由権は、「それがいかなる思想・価値観であろうとも、自分の思想・価値観を表現することを禁じられない」ということ、そして「その表現の根底にいかなる思想・価値観が前提にされていようとも、国家が国民の持つ思想・価値観に対して干渉してはいけない」ということを意味するものでなければならないということになる。このように考えると、前に列挙したいくつかの表現の自由論の中で、ドゥウォーキンの表現の自由論がもっとも適切なものとして支持され得るということがわかる。あえて、再び彼の3ルールを記すと、それは以下のようなものであった。

①「ある表現が受け手に望ましくない信条を抱かせる」という受け手の不利益を根拠に、その表現を規制することはできない。

②「ある表現、もしくはその根底にある思想が価値のないものである」ということを根拠に、送り手の表現活動を抑圧することはできない。

③すべての人は、「自分の思想・価値観を表現し、外的環境に働きかける機会を得る権利」としての表現の自由権を有する。

この3つのルールは社会的利益とは無関係に実現を要求されるようなものであり、そのような意味で side constraint である。

ドゥウォーキンは、上記3ルールを修正1条の核心部分としてよりいっそう確実に保護しようとするために、これを「強い意味での権利」であるとし、一方、その他の表現活動に関しては「弱い意味での権利」としての保障のみを与えるという考え方を採っている。この点に関しても、デュルケームの議論を参考にすると説得的であることがわかる。

第1部第2章で論じたように、デュルケームは、道徳は、社会の集合意識であり、功利の原理によってでは説明し得ないと考えている。社会の道徳は功利に基づく合理的計算によって導き出されるものではないのである。したがって、たとえたまたま道徳が功利主義によっても説明可能であるという場合があったとしても、依然として、道徳の本質は功利の原理とは異質なものに求められなければならない。

そして、デュルケームによれば、人々が社会に感じていた超越的な力が集合意識に転化され、それによって集合意識は必然的に宗教的刻印を帯びるようになるのであるが、それは、現代国家のような異質性社会においては、「個人」に対する崇拝という一種の宗教が確立するということを意味する。すなわち、現代社会においては、個人は、いわば、1個の神、それも至高の神とみなされている。このような社会においては、個人に従属を要求したり、個人を国家の意のままになる1個の用具とみなすことは不可能である。国家は集合意識を表象する象徴として構成員に認められる時にのみ存続し得る。国家は、個人を至高のものとして尊重することにその努力を振り向けなければならず、仮に「個人」に対する崇拝に反する原理に基づいて社会制度を構築しようと試みるならば、それは失敗することになろう。このように考えれば、「個人の尊重」という道徳の核心原理そのものを表す上記第1・第2ルール、および核心原理から直接導き出される第3ルールが他の利益との比較をほとんど許さないような side constraint に近い重みを持つということも説明され得るのである。

第2節　表現の自由論

以上のようなドゥウォーキンの表現の自由に関する3ルールは抽象的なものである。では、この3ルールからいかなる具体的な表現の自由論が引き出されるのであろうか。この点に関して、部分的に筆者が独自に補足しながら、より具体的なレベルで表現の自由を考察していきたいと思う。

アメリカ合衆国憲法修正1条には「連邦議会は、国教を樹立し、または宗教上の行為を自由に行うことを禁止する法律、言論または出版の自由を制限する法律、ならびに人民が平穏に集会する権利……を侵害する法律を制定してはならない」と規定され、また日本国憲法21条には「集会、結社及び言論、出版その他一切の表現の自由は、これを保障する」と規定されているが、その対象となる表現行為とは何かについては具体的には明記されていない。一般に、表現活動には、政治的言論のみならず、芸術的・文学的・科学的表現も含まれるし、場合によっては言語を用いない表現もそこに含まれ得ると言われている。しかし、これらすべての表現を一律に絶対的に保障すべしとの考え方は、現在においては説得的ではないであろう。では、いかに考えるべきなのであろうか。例えば、従来の学説においては、政治的表現はそれ以外の表現よりも強く保障されるとの見解もしばしば見受けられたが、果たしてそうすべきなのであろうか。このような問題について考察していきたい。

まず、第1部および前節の議論に照らして考えると、「表現の自由権」における「表現」とは本来的には、「表現者の思想・価値観を表明するような表現」を指すということになる。なぜなら、第1部で論じたデュルケームの議論から、現代国家が今後模索し続けていかなければならないのは異質な思想・信条・価値観の共存を可能にするルールであると考えられるからである。このように考えると、精神的領域における「個人の尊重」とは、「個人の思想・信条・価値観の尊重」を意味するということになり、したがって、「表現の自由権」における「表現」とは、本来的には、「表現者の思想・価値観を表明するような表現」、すなわち、表現者の何らかの思想・価値観・人生観・世界観など表現者のアイデンティティにかかわる内心的部分を表明するような表現を指すということになる。また、逆に、そうである限り、すべての表現が「表現の自由権」における本来的な意味での「表現」に含まれるのであって、それはいわゆる政治的表現には限られないと解すべきである。同様に、それが芸術的・文学的・科学的価値を持つ表現であるか否か、商業的表現であるか否か、性表現であるか否かなども、本来的な意味における「表現」に含まれるか否かの判断基準にはならない。なぜなら、現代国家が採用すべき原理は、異質な思想・価値観の共存を可能にするようなものでなければならず、「表現の自由権」における「表現」もそのような観点から捉えるべきであるからである。

では、ある表現が「表現者の思想・価値観を表明するような表現」に該当するか否かをいかにして判断すべきであろうか。筆者は、表現者がどのような意図に基づいてそれを発したかという表現者の主観によるのではなく、その表現に表現者の思想・信条・価値観が含まれているかどうかということを客観的に判断して決せられるべきであると考える。より具体的に言えば、それは、社会の構成員のうち数人の人間が——全員である必要はないが——そのようなものであると考えるのであれば、送り手の意図とは関係なく、本来的な意味における「表現」に含まれるものとして認めてもよいと考える。なぜなら、異質性社会における構成員の協働を可能にするルールとして「表現の自由権」を考えるのであれば、「表現の自由権」が本来的に保障すべき「表現」は、異質性社会における個人の思想・価値観の共存のしかたの現状に何らかの影響を及ぼすものでなければならないし、逆にそのようなものであれば足りるからである。さらに、このような意味での「表現」は、受け手によって受領されることが前提とされているので、単なる個人的な日記など受け手のまったく存在しないような表現は、原則としてここでの「表現」には該当しないということになる。ただし、送り手が当初は個人的な日記として記したようなものであっても、後に何らかの理由で衆目にさらされるようになったようなものは、すべてここで言う「表現」に含まれることになるであろう。

ここで、表現者の思想・価値観を含んでいるような表現と、表現者の思想・価値観を含んではいないが、その表現が外的環境に何らかの反応を呼びおこし、その結果として、真摯な政治的・社会的議論にまで発展するような表現とを区別する必要がある。例えば、後者の例としては、それ自体は表現者の真摯な思想・価値観の表明とは何ら関係のない性表現ではあるが、多くの受け手の強烈な反応（不快・困惑など）を呼び起こし、それをきっかけにして、社会における真摯な政治的議論（性表現を厳しく取り締まるべきであるなどという議論）へと発展していくようなものが挙げられる。筆者の考えによれば、前者が「表現の自由権」の本来的な「表現」とみなされるのに対して、後者はそうではないということになる。

そして、以上のような表現者の思想・価値観を含む表現に関して、権利として保障されているのは、ドゥウォーキンも論じているように、「自分の思想・価値観を表現し、外的環境に働きかける機会を十分に得る権利」(傍点は筆者)である[4)]。これは、あくまで、そのような機会を与えられる権利なのであって、実際に外的環境に影響を及ぼすような結果を得る権利ではない。また、このような機会は十分与えられていなければならないし、逆に、十分にそのような機会が与えられているのであれば、必ずしも送り手の好む時にこのような機会が与えられなければならないということを意味するわけではない。ただし、本来的意味における「表現の自由権」(自分の思想・価値観を表現し外的環境に働きかける機会を十分に与えられるという権利)は、社会的利益とは関係なくほぼ絶対的に保障されるもの(side constraint)である。したがって、この権利は他の基本権と衝突するケースのような例外的な場合でない限り、他の社会的利益の存在を理由に縮減されてはならない。

一方、それ以外の表現、すなわち、表現者の思想・価値観の表明とは言いがたいような表現は、「表現の自由権」における本来的意味での「表現」とは言えない。しかし、だからといって、それらに「表現の自由権」の保障がまったく及ばないわけではない。なぜなら、①このような表現に対する自由は、「個人の尊重」という道徳の核心部分に対応するわけではないが、周辺部分に対応するものであると考えられるからである。前述のように、精神的領域における「個人の尊重」という道徳の核心部分は「個人の思想・信条・価値観の尊重」であると考えられるが、個人に対する尊重の念は核心部分のみにとどまらず勢力を弱めながらもその周辺部分にまで拡大していくと考えられる[5)]。このように考えると、「個人の尊重」の核心部分から周辺部分へと移行するにつれて、それに対応する権利の保障の程度は次第に弱まっていくであろうが、一方で、「個人の尊重」の核心部分から外れたからといって

---

4) Ronald Dworkin, Freedom's Law: The Moral Reading of the American Constitution 236-238 (1996).

5) デュルケームも、個人に対する尊敬の念がその周辺のものにまで拡大していくことを認めている。例えば、彼は動産所有権について論じる際に、以下のように述べている。「個人に付与されているこの神聖さは、必然的にそこから個人と緊密に適法的にかかわりを持つ事物へと拡大されていく。個人に向けられる尊敬の感情は、肉体としての個人に限られることなく、彼の所有物にまで拡大していく」(Durkheim, *supra* note 1, at 199)。

直ちに保障が及ばなくなると考えるのは妥当ではないであろう。すなわち、表現者の思想・価値観の表明とは言いがたいような表現に対する自由は、「個人の尊重」という道徳の周辺部分に対応するものであるがゆえに、社会的利益を根拠とする制限も許容され得るが、しかし、依然として「個人の尊重」という道徳の一部分を構成するものであるため、一応の保障を及ぼすべきであると考えられるのである[6)]。②また、たとえ、その表現が表現者の思想・価値観を表明するようなものでなかったとしても、その表現には様々な価値――芸術的・文学的・科学的価値あるいは娯楽的価値など――が備わっている場合もしばしばある。例えば、芸術的・文学的価値に富んだ叙情詩や風景画の中には、表現者の思想・価値観をほとんど含まないものも存在するかもしれないが、これらの表現に対しても一応の権利を保障するということには、これらの表現が有する社会的効用の大きさを考えると、それなりの意味があるように思われる。③また、「表現の自由権」における本来的な「表現」を確実に保障するためには、いわば breathing space を確保しておく必要がある。そのような意味でも、表現者の思想・価値観の表明とは無関係な表現に対しても、一応の自由を保障しておくのが相当であると考えられる。以上の理由①は構成的な正当化根拠であり、理由②③はプラクティカルな側面からの正当化根拠である。

しかし、これら、表現者の思想・価値観の表明とは言いがたい表現は、異質性社会における共存という観点から考えれば、それに自由を保障するということは決して必要不可欠なものであるとまでは言うことができない。したがって、こうした表現について表現活動をする機会を十分に与えられるという権利は、もはや side constraint とは認められない。これらの表現活動の自由は、他にそれを上回る社会的利益が存在する場合には制限することも可能

---

6)　このような考え方によれば、表現者の思想・価値観の表明とは言いがたいような表現に対する自由に関しても構成的な正当化が可能となるが、一方で、それはいかなる社会的利益にも抗してまで保障すべきというような side constraint としての地位は承認されないということになる。すなわち、このような「弱い意味での権利」は、社会全体の利益によって制限することが許容されるようなものであるが、社会全体の利益のみに基づいて保障されるというわけではないということになる。

これに関連して、長谷部恭男は、筆者の言う「弱い意味での権利」に相当するものを、「公共の福祉に基づく権利」と考えているが、そこには、マスメディアや大学は公共の福祉に対応する社会的責務を自覚しつつその自由を行使すべきだという「思考上・心理上のインパクト」を与えるという狙いがあると言う（長谷部恭男「『公共の福祉』と『切り札』としての人権」同『憲法の理性』（東京大学出版会・2006）109頁）。

である。すなわち、これらの表現の自由は、他の社会的利益との比較衡量によって保障の程度が決せられる「弱い意味での権利」にすぎないのである。そして、こうした表現に対する自由を「弱い意味での権利」に「格下げ」することは、「表現の自由権」の核心すなわち上記表現の自由に関する3ルールをよりいっそう確実に保護しようとするためにも重要な戦略である。

そして、これらに加えて、ドゥウォーキンの第1・第2ルールから、すべての表現について、①「ある表現が受け手に望ましくない信条を抱かせる」という受け手の不利益を根拠に規制をしたり、②「ある表現もしくはその根底にある思想が価値のないものである」ということを根拠に送り手の表現活動を抑圧したりすることが一切許されないという原則（しかもこれは「強い意味の権利」である）が付加されることになる。

次節では、以上の表現の自由論とベーカーおよびサンスティンの表現の自由論とを比較し、どのような相違があるのかを検討してみたい。そして、以上の表現の自由論は、ベーカーやサンスティンなど従来の学説と細部においては異なるものの、従来の学説に対して大きな変更を要求するものではなく、これらの学説に照らしてみても十分受け入れられる余地のあるものであることを示したい。

第3節　従来の学説との関係

以上のような表現の自由論は、決して従来のアメリカの学説において論じられてきた表現の自由論を大きく変更するものではない。例えば、上記の議論は、「個人の自律性」から表現の自由論を論じたベーカーの議論と表現の自由権の保障の射程に関してかなりの部分を共有すると思われるし、またサンスティンの提示する表現の自由論とは、その論証の過程こそまったく異なるものの、その結論に関しては相当類似するものである。すなわち、上記の表現の自由論は、従来の学説に照らして十分受け入れられる余地のあるものであると言えよう[7]。ここでは、筆者の提示した表現の自由論と従来の表現

---

7)　筆者が、本文で論じてきた表現の自由論が従来の学説に照らして十分受け入れられる余地のあるものであるということを示そうとしているのは、筆者が、従来の学説を完全に壊してまったく新しいものを構築していくよりも、これまでの学説を前提としてその上に議論を積み重ねていった方が賢明であることが多いと考えるからである。法解釈に関して、長谷部恭男は以下のように述べている。「法律学は法律家共同体内部での共通言語の構築及び再生産に関わる。したがって、

の自由論とがどのような点で類似し、またどのような点で相違するのかを、ベーカーの議論とサンスティンの議論を例に挙げて検討したい。

1 ベーカー

まず、ベーカーは、前述のように、「個人の自律性」という概念から議論を出発させる。そして、彼は、公権力は、諸個人が本来自律的に判断する能力を有しているということを前提として諸個人の自律性を尊重していかなければならないので、諸個人がいかなる思想・価値観を選択するかということに関して公権力が干渉することは一切許されないと主張している。このようなベーカーの見解は、前述のドゥウォーキンの第1ルールや第2ルールと明らかに一致するものである。

また、ベーカーは、表現活動を送り手の自律的な意思の発露として捉え、そのような意味での表現活動は、諸個人に対してその自律性を害するような強制的な力を持つものでない限り、社会的功利とは無関係にその自由を保障すべきであると論じている。この点に関しては、ベーカーの表現の自由権の射程範囲は、筆者が論じてきた本来的意味における「表現の自由権」の範囲とかなりの部分で重なり合うと考えられるが、一方で、ベーカーの表現の自由論と筆者の表現の自由論との間には以下のような若干の相違もある。

ベーカーは、送り手の自律的な意思の発露として表現活動を捉え、それに基づいて表現の自由を論じているため、そこから、個人の自律的意思の発露ないし創造的な自己表現とは関係のない表現は修正1条の射程外であるという結論が導き出されることとなる。例えば、ベーカーによれば、公表されることを前提としていない個人的な日記なども、送り手の創造的な自己表現である以上、修正1条の保護の対象となるということになる一方で、商業的表現などは、送り手の自律的意思の発露とは関係が薄いため修正1条の保障の射程外となるという帰結がもたらされる。

しかし、筆者はこれらの点に同意することはできない。なぜなら、現代国

新説の提示の試みは、法律学が直面する問題の解決に従来の学説が失敗し、そのため、新説の提示が必要不可欠な場合に限り、これを行うべきである。適切な新説は……問題の解決に際して、従来の法理の具体的結論や各種の法源の総入れ替えを要求してはならず、むしろその大部分を引き継ぐとともに、それに対する新たな見方を提示することで、全体の相貌を、より説得力の持つ方向に転換するものでなければならない」（長谷部・前掲注6）102頁）。筆者の立場もこの見解と同じである。

家が目指さなければならないのは異質な思想・信条・価値観の共存を可能にするようなルールであり、したがって、現代国家が今後自由を保障していかなければならない「表現」とは、本来的には、「表現者の自律的意思の発露である表現」や「創造的な自己表現」ではなく、「表現者の思想・価値観を表明するような表現」であるということになるはずであるからである。そして、「表現の自由権」も、本来的に「表現者の思想・価値観を表明することによって外部の（共存の）環境に働きかける権利」を意味するということになるはずである。このように考えると、誰によっても受領されることのない単なる個人的な日記は、原則として本来的な意味における「表現」には含まれないということになる[8]。そして、筆者は、商業的表現が表現の自由の保障の枠外にあるとは考えない。なぜなら、まず、商業的表現の中にも、表現者の真摯な思想・価値観を表明するものが存在するし[9]、そのようなものである以上、商業的表現であってもすべて「表現の自由権」における本来的な意味での「表現」に含まれると解するからである[10]。一方、表現者の思想・価値観の表明をまったく含まない商業的表現は、「表現の自由権」の本来的部分を構成するわけではないが、表現の自由の保障が完全に否定されてしまうわけではない。また、例えば、「受け手に望ましくない信条を抱かせる」という受け手の不利益を根拠にその表現を規制することも許されない。いずれにしても、筆者の表現の自由論は、商業的表現にはまったく表現の自由権の保障が及ばないとするベーカーの見解とは異なっているのである。

それでもなお、ベーカーの議論から導き出される表現の自由論は、筆者の

8） ただし、当然のことながら、こうした個人的日記のようなものであっても、それを表現する機会を与えられる権利は「弱い意味での権利」としての表現の自由権に含まれるし、こうした日記についても、第2ルールに抵触するような規制は許されない（「その日記もしくはその根底にある思想が価値のないものである」ということを根拠に、その表現活動を抑圧することはできない）。

9） 商業的表現の中には、経済的動機に基づく部分と表現者の真摯な思想・価値観の表明との両方が併存しているような場合（例えば、宗教上の教義を説くと同時に、当該宗教の儀式に必要な物品を表現の受け手に購入させようと働きかけるような表現）も存在し得ようが、筆者はそのようなものであっても、表現者の真摯な思想・価値観の表明を含むものである以上、表現の自由権における本来的部分に属する表現と考え、表現者にはそうした表現をする機会を十分に与えなければならないと考える。

10） このように考えれば、前章注16）で指摘したベーカーの問題点（ベーカーの考えによると、政治家が自分の主張を商業広告や商業雑誌に載せた場合には修正1条で保護されないということになってしまうのではないかという問題点）に対しても、1つの解答を与えることができるのではないか。

表現の自由論と結論においてかなりの部分で重なり合う。彼の見解と筆者の表現の自由論とが大きく異なっているのはその論証の過程なのである。ベーカーは、「個人の自律性」という概念から表現の自由論を展開する。しかし、ベーカーの議論の出発点たる「個人の自律性」の概念は、それ自体何らかの他の根拠によって補強することが困難である。そのため、なぜ「個人の自律性」を究極的なgoalとみなされなければならないのかという問いかけを受けた時、それに対する説得力のある解答を示すことは難しいし、また、「個人の自律性」の価値はおよそどのような行為にも含まれているため、修正1条の射程を明確に示したり、「個人の自律性」を保護するための明確な体系を構成したりすることも難しいであろう。

2 サンスティン

前述のように、サンスティンは、マディソニアン・モデルと呼ばれる考え方から、表現の自由に関する2層構造的アプローチを導き出している。すなわち、サンスティンは、「熟慮による統治」に必要不可欠である政治的言論を、より厚く保護されるべき表現の自由権のコアな部分（第1の層）とする一方で、それ以外の表現を第2の層と位置づけている。ただし、そこには、①表現されている思想に同意できないという理由で当該表現を規制することは許されない、②政府自身の利益のためだけに公益に反してまで表現を規制することは許されない、③人々がその思想に説得され影響されるのを恐れてその表現を規制してはいけない、④人々を不快にさせるからという理由でその表現を規制してはいけない、というルールが付加される。したがって、第2の層に属する表現であっても、これらのルールに抵触するような規制は認められない。こうしたサンスティンの議論は、筆者の論じてきた表現の自由論と極めて類似するものである。

まず、サンスティンの議論において第1の層に分類されている表現（「政治的言論」）は、筆者の表現の自由論における本来的意味における「表現」（「自分の思想・価値観を表明する表現」）と相当程度重なりあうのではないかと思われる。なぜなら、サンスティンは、「政治的言論」という文言によって、狭い意味における純粋な政治的言論のみを指すのではなく、広く「公的問題に関する社会的熟慮に貢献する」表現すべてを指しているからである。したがって、このような表現であれば、性表現や文学・芸術作品などであっても、すべて第1の層に属する表現として厚く保護されるべきであると彼は考えている[11]。このように捉えれば、サンスティンの言う政治的言論とは、通常、表現者の思想・価値観が表明されているような表現物一般を指し示すと考えられるため、筆者が表現の自由権によって本来的に保障されると考えている「表現」とかなりの範囲で重なりあうであろうと考えられるのである[12]。

ただし、両者には若干の相違がある。それは、以下のような点である。サンスティンは第1の層に属する表現を、「公的問題に関する社会的熟慮に貢献するようなものとして意図して発せられ、かつそのようなものとして受けとられるようなもの」と定義している。彼は、第1の層に該当するための要件として、①送り手の意思と、②受け手がその表現を公的問題に関して社会的熟慮に貢献するようなものであると認識することとの両方が必要であると述べている。一方、筆者の表現の自由論においては、その表現が「表現者の思想・価値観を表明するもの」であるかは、送り手の意思とは関係なく客観的に判断されるべきものとされる。言い換えれば、サンスティンの要件のうち①を不要とし、主として②のみを考慮すべきであると考えているのである。これは、異質な思想・価値観の共存のしかたの現状に何らかの影響を与え得る表現であれば、送り手の意図とは関係なく、すべて、「表現の自由権」の本来的意味における「表現」であると解すべきだと考えたことによる。

一方、それ以外の表現に関しても、サンスティンの見解は筆者の表現の自由論と類似している。サンスティンは、彼が第2層の表現と呼んでいるところのものに対しても表現の自由権の保障の枠外としてしまうのは相当ではないと考え、一定の保障を及ぼすべきであると主張する。しかし、これらの表現は、「公的問題に関する社会的熟慮に貢献する」ものではないため、マディソニアン・モデルの観点から、第1の層に属する表現に比べて保障の程度が弱くなると言う。したがって、他にそれを上回るような社会的利益が存在するような場合には、それを制限することも許されるということになる。こ

11)　サンスティンは、本文のような広義の定義を採用することの理由として、①外観がどうであっても（例えば猥褻表現の外観を備えていても）、事実上政治的なものであれば、マディソニアン・モデルの観点から保護に値する表現と考えるべきであるし、②政治的言論を保護するのに余分の息継ぎのスペースを確保するためにも広い定義が必要であるということを挙げている。

12)　ただし、両者はまったく同値であるというわけではない。例えば、議会制民主主義体制の打倒を主張する表現は、必ずしも「熟慮による統治」に貢献するとは言えないため、サンスティンの言う第1の層の言論には該当しない可能性もあるが、筆者の表現の自由論によれば、本来的に保障されると考えられる「表現」とみなされることになる。

れは、上記の筆者の表現の自由論とほぼ同じである[13)]。

このように、サンスティンがマディソニアン・モデルから導き出す表現の自由論と、筆者の表現の自由論とでは、その帰結においてかなりの共通点を持つことがわかる。しかし、その論証の過程に関しては、両者の間に大きな相異が存在する。まず第1に、サンスティンの言う第1の層の言論と構成的正当化との関係は必ずしも明らかではないのに対して、筆者の表現の自由論における「表現者の思想・価値観を表明する表現」は構成的正当化根拠から導き出されている。前述のように、サンスティンの表現の自由論においても、最終的には第2の層の言論に対する4つのルールによって構成的正当化による歯止めがかけられるのであろうが、もし仮に、表現の自由においてもっとも厚く保護されなければならないとされている核心部分——第1の層の言論——を同定するに当たって、サンスティンが構成的正当化にまったく依拠していないとするのであれば、彼の表現の自由論は、表現の自由権の基底にある道徳の本質を適切に反映したものと評価することができないのではないかとも考えられるのである。第2に、サンスティンの議論は、アメリカ合衆国憲法の起草者の意図やその歴史的な経緯から導き出される理念を出発点とし、歴史的経緯からの正当性に相当の力点を置いているがために、日本国憲法の解釈に適用したときにその説得力が半減してしまう。一方、筆者の表現の自由論は、ドゥウォーキンの表現の自由論を前提にしたものであったが、ドゥウォーキンの議論は、デュルケームの議論を手がかりにすることによって、別の観点から新たな根拠——しかも現代の日本社会にも適用可能な根拠——により補強することが可能であった。これに関しては、次章の冒頭で論じるつもりである。

第4節　想定され得る批判とそれに対する応答

以上のような筆者の表現の自由論に対してはいくつかの批判が想定され得る。例えば、このような人権論においては、「弱い意味での権利」は社会全体の利益を根拠に制約され得るのでさしたる保障が与えられないし、一方、「強い意味での権利」も side constraint として位置づけられるがゆえに、必

13)　さらに、サンスティンの付加した4つのルールのうち①③のルールが、それぞれドゥウォーキンの第2・第1ルールとほぼ重なりあうということは明らかである。

然的にその範囲が極めて限定されることになり、やはり権利の保障に資するものではない、などである[14]。これに対して、どのように答え得るであろうか。

まず第1に、表現の自由を核心部分とそれ以外とに分ける解釈方法は、表現の自由の核心部分をよりいっそう確実に保護しようとする戦略から生まれたものだということに留意する必要がある。ドゥウォーキンも述べているように、いかなる表現であっても等しく自由が及ぶと考えてしまうのであれば、表現の自由の保障の範囲を拡大した分だけ必然的にその保障の程度は弱まってしまう。そこで、これまで表現の自由の重要な部分に属するというコンセンサスが成立してきたような表現――例えば、政治的・社会的に論争的な事柄に関する表現――について、確実に自由を保障するためには、そのような表現に対しては「強い意味での権利」としてほとんど比較衡量を許さないような絶対的な保障を与える一方で、それ以外の表現に関しては、他の社会的利益との比較衡量によって保障の程度が決せられる「弱い意味での権利」に「格下げ」する必要がある[15]。

そして第2に、「表現の自由権の核心部分に side constraint としての重み

---

14) ドゥウォーキンのように、憲法上の権利を「強い意味での権利」と「弱い意味での権利」とに区別して議論する考え方は、近年、日本の憲法解釈、特に日本国憲法における「公共の福祉論」の再構成において導入されるようになってきている（例えば、長谷部恭男の「切り札」論等。長谷部恭男『憲法〔第6版〕』（新世社・2014）109〜112頁）。こうした考え方に対しては以下のような批判がなされている。例えば、松井茂記は、長谷部の切り札論に対して、「長谷部教授の人権論は、結果的に本来憲法上保護に値する基本的人権をミニマムに限定し、そのほかはほとんどすべて自由な公共財として認められたものにすぎない」（松井茂記「プロセス的司法審査理論再論」佐藤幸治先生還暦記念『現代立憲主義と司法権』（青林書院・1998）84頁）、すなわち、社会全体の利益を理由に保障される権利は、社会全体の利益を根拠に制約され得るのでさしたる保障が与えられないし、一方、切り札としての権利もその範囲が極めて限定されており、やはり権利の保障に資するものではないという旨の批判をしている。しかし、これに対しては、長谷部も述べているように、①権利はより厚くしかもより広範に保障されればされるほどよいというわけではない。公共の福祉を覆すような強力な権利が広範に保障されれば、当然それによって社会全体の利益は損なわれる。②確かに切り札としての権利は範囲が限定されているが、必ずしも実践的意義に乏しいものではない。例えば、国家権力が独裁者の手に集中する危険が少ないからといって、権力分立原理の意味を確認する必要性がなくなるわけではない。③社会全体の利益を理由として保障される権利は、社会全体の利益を根拠として制約される程度の保障しか与えられないというのは、従来の支配的見解と同じである、との反論が可能であろう（長谷部恭男「憲法典というフェティッシュ」国家学会雑誌111巻11=12号（1998）1104〜1118頁）。また、高橋和之は、人権領域への介入の可否を国家権力の掲げる「理由」に依存させることに対して批判を展開している。高橋和之「すべての国民を『個人として尊重』する意味」塩野宏先生古稀記念『行政法の発展と変革㊤』（有斐閣・2001）294〜297頁。

15) RONALD DWORKIN, A MATTER OF PRINCIPLE 352-356 (1985).

を承認するということは、必然的にその範囲を極めて狭く限定しなければならなくなるので、権利の保障に資するものではない」とか、「ドゥウォーキンの３ルールのうち、特に第１・第２ルールが絶対的に保障されるのは至極当然のことであり、改めて言い及ぶほどの価値はない」とか、「ドゥウォーキンの第１・第２ルールは、当該規制自体の妥当性を問題にするものではなく、むしろ規制の理由を問題とするものであり、国会が（少なくとも建前上は）第１・第２ルールに反するような理由を明示して立法するようなことは通常考えられないから、やはり表現の自由を守る上でほとんど意味のないものである」などの批判に対しては、以下のように答えることができよう。確かに「強い意味での権利」は必然的にその範囲が狭く限定されることとなるが、だからと言って、それが意味のないものとなるわけではない。なぜならば、ドゥウォーキンの第１・第２ルールは、決して、現在の日本において至極当然のものとして定着しているものではないし、今後第１・第２ルールに正面から反するような形で立法がなされる危険性も大いにあるからである。例えば、次章で触れるように、猥褻表現をめぐって、最高裁は[16]、「［猥褻文書は］……性道徳、性秩序を無視することを誘発する危険を包蔵している。もちろん法はすべての道徳や善良の風俗を維持する任務を負わされているものではない。かような任務は教育や宗教の分野に属し、法は単に社会秩序の維持に関し重要な意義をもつ道徳すなわち『最少限度の道徳』だけを自己の中に取り入れ、それが実現を企図するのである。……性道徳に関しても法はその最少限度を維持することを任務とする」と述べており、現在に至るまで、基本的にこの立場は覆されていない。しかし、ここで最高裁が猥褻規制の根拠として挙げている「性道徳・性秩序の維持」は、国家が性に関するある種の思想ないし価値観を国民に対して強制するものであり、前述の表現の自由に関する第１・第２ルールに反するものである。また、2002年に国会では青少年有害社会環境対策基本法案が提出され、その後も同種の法案について繰り返し検討されているが、同法案には、「青少年有害社会環境」という文言の定義規定として、「青少年の性若しくは暴力に関する価値観の形成に悪影響を及ぼし、又は性的な逸脱行為、暴力的な逸脱行為若しくは残虐な行為を誘発し、若しくは助長する等青少年の健全な育成を阻害するおそれのある社会環境」という条文が登場する（同法案２条２項）。ここにおいては、未成年

16）　チャタレー事件判決（最大判昭和32年３月13日刑集11巻３号997頁）。

者とはいえ、青少年の価値観に国家が介入することは原則として許されないのではないかというような抵抗感ないし問題意識は微塵も感じられず、ただ、青少年を「堕落」した性的価値観から救済しなければならないという天真爛漫な正義感を看取し得るのみである。しかしながら、このようなことは、上記第1・第2ルールに反する可能性が極めて高い。こうしたことに鑑みれば、ドゥウォーキンの3ルールは、決して無意味なものではないということが明らかになろう。

第3に、「『弱い意味での権利』に関しては、社会全体の利益を根拠に制約され得るので、やはりさしたる保障が与えられないのではないか」との批判に対しては、従来の人権論もまったく同様であるとの反論が可能であろう。例えば、従来の人権論においても、「公共の福祉」の名のもとに、選挙活動の制限が許容されたり、法廷内での取材活動の制限が許容されたりした。他の利益と比較衡量して人権制約が許容されるか否かを判断するという手法は、従来の人権論においても、もっともポピュラーなものとしてしばしば採用されてきた。社会の利益との比較衡量をまったく行うことなく人権制約の妥当性を判断できるような議論を構築するのは不可能であろう。

第5節　自己実現と自己統治

従来の表現の自由論においては、表現の自由の価値を、自己実現の価値と自己統治の価値とに区別して論じられることが多かった。しかし、ドゥウォーキンの表現の自由論においては、第3ルールからも明らかなように、両者は必ずしも明確には区別されていない。では、両者の関係についていかに考えるべきであろうか。この点について、彼は明示的には論じていないので、筆者が独自に考察し補足していきたいと思う。結論を先に述べれば、もっぱら社会学的な観点から捉えれば、自己実現の過程（自己を形成し修正していく過程）と自己統治の過程（外部の環境に働きかけてそれを変えていく過程）とはまったく同一の過程と考えられるのではないかと思われる[17]。ここでは、こ

17)　自己実現の価値と自己統治の価値とを峻別しない立場を採った論者として、ペリー（Michael Perry）が挙げられる。彼は、「思想、価値観、感情の表現、世界に関する特定の理解のしかた、ものの見方、経験の表現」はすべて政治的な表現であるとし、一方、「真実の探求」と「自己充足」を一体のものとして捉え、人間の本質的特徴は認知的価値――現実を絶えずよりよく理解することを求めること、そしてそれを追求し達成する能力を有すること――にあるとし、したがっ

の点について若干検討したい18)。

まず、各人の内ではははじめから「内心」なるものの内容が表現行為とは独立して定まっており、それを送り手の意図のみに基づいて一方的に外部に送り出すことこそが表現活動であるという考え方は妥当であるとは思えない。なぜなら、送り手のメッセージは、それのみで確固たる意味・内容を持つのではなく、そこには必ず受け手側の解釈の幅が存在するからである。すなわち、1つの表現の趣旨は、送り手の意図のみによって決せられるのではなく、必ず送り手と受け手両者の相互作用の結果によって定まる。

また、人間には、所与のものとしてはじめから「自己」ないし「内心」なるものが与えられており、それを発露させることこそが表現行為であるという捉え方にも問題があるように思われる。自己は所与のものとして与えられているのでは決してない。自己は、他者に投影された自己を再びフィードバックさせるという過程を続けることによって、次第に獲得されていくものである19)。自己は他者という鏡に映し出された己の姿である。そのような意味で、自己ははじめから所与のものとして与えられているものではなく、あくまで他者を通じて映し出されるものである。また、一方で、他者という鏡自身も、我々が表現活動などを通じて働きかけることによって絶えず変化していく。このような意味でも、自己は他者との関係において規定されるもので

て、自己統治の価値によって保護される思想・情報の範疇と自己実現の価値によって保護される思想・情報の範疇とは、互いに一致しているとの議論を展開している。Michael Perry, *Freedom of Expression: An Essay on Theory and Doctrine*, 78 Nw. U. L. Rev. 1137 (1983). このように、ペリーが、両者の価値の保護する範囲が一致するとの議論を展開しているのに対して、本書は、社会学的な観点から見れば、自己実現の過程と自己統治の過程がまったく同一の過程であるとの観点から両者の非峻別を論じるものである。

18)　本文のような捉え方に関しては、阪本昌成の議論に依拠するところが大きい。阪本は、オースティン（John Lamgshaw Austin）やサーレ（John Rogers Searle）などの言語哲学を基礎に、そして、ミード（George Herbert Mead）とハーバーマス（Jürgen Habermas）のコミュニケーション理論から、我々は、①自我は人間の本質として与えられているのではなく、コミュニケーション行為の中で作られていくものであること、②自我確立のためにコミュニケーション行為が必要であること、③コミュニケーション行為は、メッセージについて相互了解に至る必要条件であること、④コミュニケーション行為の内容は、常に不確定であり、他者の批判に開かれていなければならないこと、⑤コミュニケーション行為のゆがみに気づき、それを正していくのは、合理的コミュニケーション行為であること、⑥コミュニケーション行為を成立させる構成ルールが討議のルールとして組み込まれているという結論を導き出している。阪本昌成『コミュニケイション行為の法』（成文堂・1992）。

19)　このような捉え方に関しては、見田宗介「序　自我・主体・アイデンティティ」、船津衛「『自我』の社会学」井上俊ほか編『自我・主体・アイデンティティ』（岩波書店・1995）1～12頁、木村洋二「『私』の構成―自己システムのソシオン・モデル」同45～84頁参照。

ある。我々は、他者との表現活動を通じて自己を獲得し、また、やはり表現活動を通じて他者に働きかけ続け、絶えず他者に投影される自己の像を修正しつづける。すなわち、言語を使用した社会関係に参加することによって、我々の自己は不断の自己修正的循環の中で形成され展開されていくのである。このように考えると、社会学的な観点から捉えれば、自己を獲得し実現していく過程（自己実現の過程）と、それを表現し外的環境に働きかけていく過程（自己統治の過程）とがまったく同一の過程であることがわかる。人間は、この過程を通じて他に働きかけ自己を確定していくのであり、特に、近現代社会における個人は、この過程の結果を最善のものにしようと努力し続ける。

このように、自己実現と自己統治とは同一の過程であると考えられるのであるが、実は、この過程に自由を保障することこそが、異質な諸個人が同一社会において協働していく上で重要な役割を果たす。なぜなら、様々な思想・価値観を持つ諸個人が１つの社会の中で協働することを可能にするには、各人が異質な思想・価値観に対する寛容さを持つことが必要となると考えられるが、この異質な思想・価値観に対する寛容さは、自分が社会的負荷を負う存在であることを自覚すること、そして自己の中に深く埋め込まれた社会的刻印をつかみ出して対象化することがいかに困難であるかということを自覚することから生まれると思われるからである。前述のように、すべての個人は必然的に社会的刻印を負っているのであり、社会的負荷から完全に自由である個人というものは存在し得ない。しかし、その社会の刻印は、異質な者に自己を投影させることによってのみ、それを対象化し自己の外につかみ出すことができる。

もちろん、その場合、自己に対して一定の距離を保つことはできても、その視点はやはり自己の歴史を超出することはできない。あくまで自分に負わされた負荷を自己の視点から、「自己解釈」によってつかみ出すということにならざるを得ないのである。それでも、ある程度それを自己の中から切り離すことは可能である[20)]。

そして、今まで自己に埋め込まれていた刻印を対象化して見ることによって、いままで当然視されまったく疑問にも思わなかったようなものが、必ずしも絶対的なものではないということがわかるようになる。言い換えれば、

20）　本文のような考え方に関しては、井上達夫『共生の作法』（創文社・1986）235～240 頁に依拠するところが大きい。

仮に自己に埋め込まれた刻印を異質な他者によって攻撃されるようなことがあったとしても、その反応力を弱めることができるようになるのである。この段階に至れば、少なくとも他者の異質な行為の存在を黙認することができるようになってくるのではないかと考えられる。

しかし、それでもやはりその負荷部分は自己の中で強い力を持ち続ける。すなわち、たとえそれを対象化して見ることができたとしても、それを自己から切り離し捨て去ることは困難であろう。そして、もし仮に、我々がその負荷部分を他人から否定されることになれば、我々はやはりそれを我慢することはできないであろう。だからこそ、異質性の高い社会において異質な者と真に連帯していくために、諸個人に対して異質なものに対する寛容さという資質が要求されるのである。

このように考えてみても、どこまで自分に課せられた刻印をつかみ出すことができるのか、表現活動を通して万人がすべてについて相互了解に至るであろうかという問題は残る。しかし、異質な価値観を持った人々から成る社会において、諸個人が社会的協働をし、精神的紐帯を維持し続けていくためには、こうした過程に頼るしか方法は存在しないと思われる。

以上のような考え方は、デュルケームの議論から引き出されるものではないが、それと矛盾するわけでもない。なぜなら、こうした表現活動の捉え方は、自己を社会と切り離した所与のものと考えるのではなく、あくまで他者との絶え間ない関係の中で変化し修正されていくようなものとして捉えるものであるからである。このような意味では、以上のような捉え方は、デュルケームの議論とはむしろ整合的であると言えよう。

また、ドゥウォーキンが以上のような捉え方をしているのか否かということに関しても、決して明らかではない。しかし、前述のように、ドゥウォーキンが、政治的な権利を、「その人の思想・価値観がいかなるものであっても、自分自身の好みや選択、主張などを通して、政治過程のみならず広く外部の道徳的環境に働きかけ、それを変えていく権利」として捉えていることに鑑みれば、以上のような捉え方は、ドゥウォーキンの議論にもなじむものと言い得るであろう。

第3章
日本国憲法における表現の自由

前章で論じた表現の自由論は、日本においても十分適用可能なものである。ドゥウォーキン（Ronald Dworkin）の表現の自由論は、モラル・リーディングないし純一性を追求した結果として引き出されたものであり、そのような意味で、ある特定の時代のある特定の社会に限定された解釈論である。したがって、それを日本法に適用するに当たっては特別の考慮が必要となる。この点、ドゥウォーキンは、法の解釈をめぐって2つの主張が対立しているとき、どちらが有力な解釈であるかは、①どちらが説得力のある道徳的主張をしているかと、②社会の実定法的諸ルールにどのくらいその解釈が整合的であるかによって決せられると考えているのであるが、これらの点に照らしてみると、ドゥウォーキンの表現の自由論は日本の憲法論においても説得力を持ち得る[1)]。

1）ドゥウォーキンは、第1章注36）で略述したように、憲法解釈において、ある意味では、憲法起草者の「意図」を重視する面もあるので、一見すると、彼のアメリカ合衆国憲法に関する議論を日本国憲法の議論に適用することはできないようにも思われる。しかし、彼が問題にしている起草者の「意図」とは、起草者がいかなる具体的な「観念」を「意図」していたかという意味における「意図」ではなく、起草者がいかなる抽象的な「概念」を「意図」していたかという意味におけるものであり、そこでいう「意図」は、高度に抽象化されたものである。すなわち、憲法起草者が「意図」した「概念」（例えば「平等」の概念など）は、当該社会にのみ固有のものであるというよりは、それと同質の憲法を持つ社会にも通用するような（そのような意味である程度の普遍性を持った）「概念」であろうと考えられる。そして、ドゥウォーキンは、その抽象的な「概念」から、現代国家が採用すべき「観念」を導き出すに当たっては、モラル・リーディングないし純一性に従った解釈をすべきだと主張している。ここにおいては、共同体の歴史性が重要な意味を持つとされているが、ここで、彼は、法の全歴史的過程を通じての整合性（垂直的な整合性）というよりはむしろ、共同体が現時点で効力を認めている実定法的諸ルールの整合性（水平的な整合性）を重視している（RONALD DWORKIN, LAW'S EMPIRE 227-228 (1986)）。彼が法や共同体の歴史性を重視している最大の理由は、法を解釈する際には共同体内の構成員の結合関係のあり方を明らかにすることが必要不可欠であり、かつ、それを明らかにするためには共同体の歴史的過程を解釈することがやはり必要不可欠であると彼が考えているからである。このような彼の見解に依拠すれば、もし、日本の社会が、アメリカの社会と同様な異質性社会であり、構成員の間に同種の結合関係（「個人の尊重」に基づく機械的連帯）が見られる社会であると考えるのであれば、日本の法解釈においてアメリカでの法解釈を参照することも許されるということになろう。

まず、デュルケーム（Émile Durkheim）は、同質性の高い社会から異質性に富む社会へと変化していくにつれてその社会の道徳は必然的に「個人の尊重」という道徳になっていくと主張している。このような彼の議論は、同質性を失い異質な要素が併存するに至った社会であればいかなるものに対しても適用可能なものであり、そのような意味ではある程度の普遍性を有する。これまで、日本の社会は、諸外国に比べれば比較的同質性が高いと言われてきたが、近年の交通手段、インターネットなどのめざましい発達、そしてそれに伴って激増した諸外国との社会的・文化的・経済的交流などを一因として、日本社会の多様化が著しく進んでいることはすでに周知の事実である。そして、この傾向はますます進行しつつある。こうした状況においては、社会の現在の諸条件およびこれからそうなっていくであろうところの趨勢を考えれば、それに対応する道徳は「個人の尊重」以外にはあり得ない[2)]。そして、表現の自由に関する議論も、前章で論じたように、異質な思想・信条・価値観の共存を可能にするルールとして考えられなければならないということになるはずである。そのような意味で、デュルケームの議論から導き出される「個人の尊重」という道徳、およびそれによってもっとも適切に支持されるドゥウォーキンの表現の自由論は、その道徳的主張という点において、現代の日本の社会において極めて大きな説得力を持つと考えられるのである。

また、日本国憲法は、「個人の尊重」を前提とする表現の自由権を規定し、民主主義制度を基盤にしながらも違憲審査制度によって表現の自由権に民主的過程による多数決に対する拒否権のような効力が与えられているという点で、その諸ルールに関しては、アメリカの憲法と同質のものである。以上のことからも、ドゥウォーキンの表現の自由論を日本の憲法論に参照することは十分可能であると考えられるのである。

本章では、前章で論じた表現の自由論を、日本における憲法論の文脈の中

2)　これに関連して、愛敬浩二は、現代日本社会は、果たして通約不能な多様な価値が深刻に対立している社会なのか、疑問であるとの指摘をしている。愛敬浩二「リベラリズム憲法学の行方―『国家の中立性』の問題を中心に」法律時報73巻6号（2001）81頁。これに対して、阪口正二郎は、確かに、「日本社会は、相互に対立し通約不能な多様な諸価値がせめぎあっているような社会でない」が、「一定の価値や考え方がまるで『空気』であるかのように扱われ、それと異なるような価値や考え方を……抑圧・排除するような社会であ」り、このような社会において、「異なった価値や考え方を尊重するような社会に変えるために政治的リベラリズムは有用である」と応答している。阪口正二郎「比較の中の三段階審査・比例原則」樋口陽一ほか編『国家と自由・再論』（日本評論社・2012）262頁。筆者自身は、本文で述べたように、少なくとも今後の趨勢としては、日本社会における価値の多様化が進み、異質性社会になっていくと考えている。

で論じていきたいと思う。まず初めに、表現の自由に規制を及ぼす法律に対して適用されるべき違憲審査基準について論じる（第1節）。これまで、日本の学説においては、二重の基準論や表現内容規制・内容中立規制二分論が有力であり、筆者もそれに与するが、近年では、ドイツで基本権制限の合憲性審査に用いられてきた三段階審査論が日本でも活発に論じられるようになってきている。前述の表現の自由論とこれらの議論は整合するのかしないのか、そして、二重の基準論をベースとする従来の違憲審査基準論と三段階審査論との間にはどのような異同が存在するのかについても、（補論として）検討していくつもりである。次いで、前章で論じた表現の自由論を前提として、猥褻規制（第2節）やヘイトスピーチ規制（第3節）について論じていく。

第1節　違憲審査基準

Ⅰ　二重の基準論

日本の学説においては、これまで、二重の基準論をベースとした違憲審査基準論が有力であった[3)]。二重の基準論とは、裁判所の違憲審査基準をめぐる1つの考え方で、「人権のカタログの中で、精神的自由は立憲民主制の政治過程にとって不可欠の権利であるから、それは経済的自由に比べて優越的地位を占める」とし、したがって、「人権を規制する法律の違憲審査に当たっては、精神的自由の規制立法に関しては経済的自由の規制立法に比べて厳しい基準を用いなければならない」とするものである。この二重の基準論は、近年、後述の三段階審査論の登場などにより、様々な観点から批判を受けて

3）　判例においては、学説の提示するような形では二重の基準論は使われていない。これについて、井上達夫は、従来の判例について、「規制目的が消極的か積極的か、規制方法が直接的か間接的かなどの観点から一種の『二重の基準論』が形成されているが、これは精神的自由を経済的自由と同列におく『横割り』の二重の基準論であり、本来の二重の基準論、すなわち、精神的自由を経済的自由の上位におく『縦割り』の二重の基準論から区別される」と指摘している。井上達夫『法という企て』（東京大学出版会・2003）183頁。また、小売市場距離制限事件などいくつかの最高裁判決において二重の基準論が示唆されていると評されることもあるが、この点について、新正幸は、これらの判決は、経済的活動の自由については精神的自由の場合と異なって、積極的な社会政策的規制のあり得ることを憲法は予定し、かつそれを許容しているということが述べられているにすぎず、精神的自由の「優越的地位」（経済的自由の「劣位的地位」）を示すものではないと指摘している。新正幸『憲法訴訟論〔第2版〕』（信山社・2010）543頁、550頁。

大きく動揺しつつあるが[4)]、それでもなお、いまだこの理論を支持する者も多い。この二重の基準論は様々な論拠から導出可能であるとも考えられているが[5)]、ここでは、いわゆる実体的価値論と民主的プロセス論との対立に焦点を絞って議論を進めていきたい[6)]。

二重の基準論は、アメリカの連邦最高裁判所のCarolene判決に起源を持つ。この判決は、「立法府の判断を支持する事実の存在は推定されるべきであり、通常の商取引に影響を与える規制立法は、知られている［か、あるい

---

4) 近年、二重の基準論に代わる違憲審査理論を提示するために、もしくは二重の基準論を補強する論拠の１つを提示するために、「ベースライン」という文言がしばしば用いられるようになっている。ただし、「ベースライン」という言葉の概念や、いかなる根拠に基づいていかなる位置に「ベースライン」を設定するかに関しては、論者によって様々である。例えば、高橋和之は、裁判所が立法に対して行う違憲審査の基本線をもって「ベースライン」と呼んでいる。彼は、明文上違憲審査権の根拠のないアメリカ憲法とは異なって、日本国憲法は81条の明文で違憲審査権を認めているため、日本においては、裁判所が憲法で期待された職務権限行使を忠実に行うということが議論の出発点に置かれるべきであり、したがって、人権間に序列はないことと、憲法が個人の尊厳を護るために不可欠な権利として人権を規定し、人権の最終的な保障の任務を裁判所に委ねていることをあわせ考えれば、いかなる人権であれ、原則的には、裁判所による審査は厳格なもの（憲法が裁判所に期待する役割に対応する独自の観点から立法事実を審査し、それを基礎に利益衡量を行って合憲か違憲かを判断し、その結論に説得的な理由を付記するというようなもの）でなければならないはずであると主張する。そして、彼は、このような原則的な審査のあり方を「通常審査」と呼び、これを違憲審査基準の「ベースライン」として設定した上で、人権の性格や規制の性格によっては、この「ベースライン」よりもいっそう厳格な審査が必要な場合もあれば、逆により緩やかな審査が適当な場合もあり得るので、個々具体的に検討し、類型化していかなければならないと述べている。高橋和之「司法制度の憲法的枠組―法の支配と司法権」公法研究63号（2001）24〜25頁、同『立憲主義と日本国憲法〔初版〕』（有斐閣・2005）115〜116頁、同〔第３版〕130〜131頁（2013)、同『現代立憲主義の制度構想』（有斐閣・2006）190頁。

一方、長谷部恭男は、憲法上の制度のあるべき原則的形態をもって「ベースライン」と呼んでいる（例えば、近代市民社会における所有形態の原則的形態として「単独所有」というベースラインを設定することができると彼は述べている）。そして、憲法上の制度のあるべき内容について法律家共同体内部で広く共有された理解があり、それが当該社会の通念に対応しているような場合には、そのような法律家共同体の共通了解が「ベースライン」となることもあり得ると言う。このような「ベースライン」は比較的容易に設定できる場合とそうでない場合とがあるが、何らかの「ベースライン」を設定し得るような場合には、そこからの離脱を図る立法に対しては、厳格審査が可能となる場合があると彼は主張している。長谷部恭男「『二重の基準論』の妥当性」法学教室285号（2004）12〜18頁、同「国家による自由」ジュリスト1244号（2003）34〜36頁。

5) 長谷部恭男「芦部信喜教授の憲法訴訟論」法律時報59巻9号（1987）38頁。

6) 本文で挙げられた論拠の他にも、長谷部恭男は、「精神的自由に対しては経済的自由より、政府の恣意的な規制がなされやすい」ということや「経済的自由は、財産権の対象及び帰属ルールなどを前提としてはじめて成立するものであるが（民法も商法もなく、窃盗も詐欺も取り締まられることのないところでは経済活動自体が想定しがたいが)、精神的自由はそうではない（新聞法や出版法がなくとも表現の自由は存在しうる)」ということをも、二重の基準論の根拠として挙げている。長谷部恭男『比較不能な価値の迷路―リベラル・デモクラシーの憲法理論』（東京大学出版会・2000）103頁、105〜107頁。

は一般に知られていると思われている］事実に照らし合わせて、それが立法者の知識と経験の範囲内の何らかの合理的な根拠に基づいているとの仮定を排除するような性格のものでない限り、違憲と宣言されるべきではない」と述べて、原則として裁判所は民主的機関である立法府の判断を尊重すべきであるというルールを打ち出した。ただし、①憲法上の特定の権利——修正1条から修正10条等——に該当するような場合（およびこれらの条項が修正14条に包摂される場合）、②通常望ましくない立法を廃止し得ると期待されている政治的プロセスを制限する立法、③特定の宗教的・民族的・人種的少数者に向けられた法律が問題になっているケースにおいては、例外的に裁判所が立法府の判断に審査を及ぼす可能性があるという脚注がつけられたのである[7]。芦部信喜は、この脚注の①と②は異なる思想に立脚していると評価している。すなわち、①は実体の価値について語っているのに対して、②はプロセス（過程）の価値について語っていると言うのである[8]。

芦部は、二重の基準の論拠として、まず、民主制における精神的自由の重要性（民主的な政治過程が正常な機能を維持している限り、そこに拠って不賢明な立法の除去ないし矯正をすることは可能であるから、裁判所は立法府の裁量を広く認め、ある程度その判断に干渉しないという政策をとることも許されるが、精神的自由の規制や政治的に支配的な多数者による少数者の権利の無視ないし侵害をもたらす立法は、民主的な政治過程そのものの機能を阻害し、裁判所の介入がなければこの立法の改廃を不可能にしてしまうものであるから、裁判所の積極的かつ厳格な審査によって速やかに正常な政治過程の回復を図らなければ、人権の保障を実現することはできないということ）を挙げる。しかし、芦部は、このことから精神的自由の重要性を正当化することはできるが、経済領域の司法の不干渉を導くことはできないということをも付言している。

さらに、芦部は、経済的領域での司法の能力の限界ということをも根拠に挙げている。しかし、同時に芦部は、経済的活動といっても精神的自由と密接に結びついていることが多く、そのような意味では両者を明確に区別することは不可能であるので、経済的領域に属するからという理由のみで、必ず

7) United States v. Carolene Products Company, 304 U.S. 144 (1938). この脚注のうち、ストーン判事（Justice Harlan Fiske Stone）のロー・クラークであったラスキー（Louis Lusky）が作成した最初の原案には、脚注②と③のみ記載されていた。脚注①はヒューズ判事（Chief Justice Charles Evans Huges）の意見を加味して後から付加した部分である。

8) 芦部信喜『憲法訴訟の現代的展開』（有斐閣・1981）68〜75頁、79〜84頁。

しもそれに対する司法の全面的な不干渉を正当化することはできないとも指摘している[9)]。

このような芦部の見解に対して、松井茂記は、芦部は二重の基準論を「精神的自由」に「経済的自由」より手厚い保護を及ぼすための理論と考えているが、それは妥当ではないとして、以下のように批判している。まず、芦部説は、「制度的・権限分配的正当化（精神的自由が民主的過程にとって不可欠であるから、それを擁護することは裁判所の制度的役割といえる）」に基づくものであるのか、「実体的価値序列的正当化（精神的自由が経済的自由より価値が高く裁判所によるより手厚い保護が必要である）」に基づくものであるのか明らかではないと言う[10)]。芦部は、Carolene 判決の趣旨から解釈して、民主制過程論に立つと理解しながらも、民主制過程に欠陥がある場合に限って厳格な審査が正当化されるという趣旨には理解していない。むしろ、芦部は、Carolene 判決脚注を、プライバシー権・生存権など「人格的生存に不可欠な権利」についても厳格審査を正当化するものと考えている。しかし、価値序列論は価値には客観的な序列があるという立場を前提としておりその点で妥当ではないし、また、何が実体的価値なのかは明らかではないという問題もある。この点、芦部は、「人格的生存に不可欠な権利」を人権の核心と捉えているようであるが、なぜ、「人格的生存に不可欠な権利」が人権の核心と認められるのかは明らかではない。さらに、たとえ、「人格的生存に不可欠な権利」が「基本的人権」として認められるにしても、明文上の根拠がないにもかかわらず、なぜ司法が厳格な審査を及ぼし得るのかを説明できない[11)]。松井は以上のような批判を展開した上で、民主的政治過程論において重要なことは、権利が政治参加に必要不可欠なものかどうかであって、「精

9)　芦部・前掲注 8) 84～94 頁。芦部は、このような点を踏まえて、アメリカでは、精神的・経済的自由の両者とも不干渉の立場を採る者（フランクファーター判事（Justice Felix Frankfurter）等）と、両者とも司法審査すべきであるという考え方を採る者（マクロスキー（Robert G. McCloskey）等）とに分かれたが、いずれも極端な議論であるとして退け、中間審査基準という第 3 の基準を導入する考え方を採用している。精神的自由と経済的自由とが密接に結びついている点に関しては、井上達夫、佐藤幸治も指摘している。井上・前掲注 3) 184～185 頁、佐藤幸治「いわゆる『二重の基準論』について」法学教室 150 号（1993）13 頁。

10)　松井茂記『二重の基準論』（有斐閣・1994）194～216 頁。

11)　この点に関しては、井上達夫も「経済的自由が精神的自由よりも内在的価値において劣るというのは『知識人』特有の偏見ではないか。経済活動が物質的な欲望追求であるというイメージが、ひとつの動機として、そこには伏在しているようである」と述べている。井上・前掲注 3) 184 頁。

神的自由」であるかどうかではないと結論づけている[12)]。

Ⅱ　実体とプロセス

以上のように、松井茂記は、芦部説は、「制度的・権限分配的正当化」なのか、「実体的価値序列的正当化」なのか明らかではないとの批判を加えている。確かに、芦部信喜の議論の中には、実体的価値論に基づく部分と、実体ではなく「プロセス」に着目すべきであるとする部分とが混在している。例えば、芦部は、生存権やプライバシー権に対する違憲審査基準を論じる中で、実体保障に関する立法府・司法府の適性という観点からではなく、もっぱら実体的価値が重要か否かという側面から、すなわち「人格的生存に不可欠」であるか否かという観点から違憲審査基準を論じているが[13)]、一方で、別の箇所では、「精神的自由ないし少数者の権利が経済的自由よりも深く人間人格の尊厳性に根ざす基本的性格を持つが故に、厳格な司法審査が要求される、という人権それ自体の優劣に基礎をおく」（傍点は原文）議論は妥当ではないとも述べており[14)]、その点で複雑さを極めている。これは、彼が、実体とプロセスとを峻別しない立場に立っていることにも起因するのではないかと考えられる。彼は以下の２つの点において実体とプロセスの峻別を拒んでいる。

---

12)　さらに、松井は、「芦部は司法の能力の限界を二重の基準論の論拠としてあげているが、司法の能力の限界論は、一定の高度な社会政策判断を要する問題について、裁判所が立法府の判断を尊重すべき根拠とはなり得ても、それ以外の場合に裁判所が積極的に司法審査権を行使すべきことの根拠とはなり得ない」との旨の批判も加えている。
　一方、このような松井のプロセス論に対する批判として、長谷部恭男「憲法典というフェティッシュ」国家学会雑誌 111 巻 11=12 号（1998）1104～1118 頁、同「政治取引のバザールと司法審査―松井茂記著『二重の基準論』を読んで」法律時報 67 巻 4 号（1995）62～67 頁参照。松井のプロセス論の前提には憲法典実証主義があると推測する長谷部は、松井の憲法典実証主義を批判する（憲法学が取り扱う問題の中には、憲法典の文言を引き合いに出すことで直ちに答えの出る問題も存在するが、多くは憲法典の「解釈」が要求される問題であり、そのような場合には、なぜそのような「解釈」が正当なのかを論者は憲法典外の根拠に依拠して主張・立証しなければならない）とともに、仮に、松井のように憲法典実証主義の立場に立ったとしても、松井の多元主義を前提とするプロセス論は憲法典の文面との衝突をひき起こし根拠に乏しいなどの批判を加えている。

13)　芦部信喜『憲法学Ⅱ　人権総論』（有斐閣・1994）240～242 頁。なお、芦部の議論が「民主主義プロセス」の議論から「原理にもとづく裁判」論へとゆれ動いているかのように見える点について分析したものとして、市川正人「違憲審査制と民主制」佐藤幸治ほか編『憲法五十年の展望Ⅱ　自由と秩序』（有斐閣・1998）294～308 頁。

14)　芦部・前掲注 8) 80 頁。

まず、彼は、表現の自由論において、自己実現の価値と自己統治の価値とを峻別して論じない立場を採っている。芦部は、「憲法は『人間の尊厳』の原則を中核とする実体的な価値の体系であること、また、精神的自由を支える価値は、民主制の過程を基礎づけ維持するために不可欠な機能を営むという価値だけでなく、それと並んで（というよりも、その前提にあるものとして）、各個人が多様な情報を受領して自己の知見を広め、自己の人格の発展の可能性の伸長を確保する価値から成り、前者を『自己統治』の価値、後者を『自己実現』の価値と呼べば、両者は密接に結び合ってともに表現の自由の保障の意義を基礎づける原則であること、を考えると、民主制の過程に直接関わる思想や表現の自由（政治的表現の自由）のみ厚く保障され……ると解することは許されない」とし[15)]、また、「自己統治の価値によって保護される思想・情報の範疇と自己実現の価値によって保護される思想・情報の範疇とは、互いに一致しており、1つのカテゴリーだ」（傍点は原文）というペリー（Michael Perry）の立場を支持している[16)]。このように、芦部は、表現の自由論において自己実現の価値と自己統治の価値とは峻別すべきではないので、したがって、実体的価値論と民主的プロセス論とを峻別して論じることも妥当ではないと考えているのである。

また、彼は、司法府の役割を、民主的過程の瑕疵を修正したりその過程ないし手続きを維持したりするもののみに限定するのではなく、それを超えて、司法府に一種の政策形成者（policy maker）としての役割をも期待しているのであるが[17)]、司法府がどの程度政策形成機能を担うべきなのかを判断する際には、実体論が必要不可欠であると考えているようである[18)]。確かに、彼は、民主主義制度に対して、①国民の代表者による政治が行われ、少なくと

---

15) 芦部・前掲注 13) 221〜222 頁。

16) 芦部信喜『憲法学Ⅲ 人権各論(1)〔増補版〕』（有斐閣・2000）260 頁。

17) 芦部・前掲注 8) 156〜159 頁。

18) 芦部信喜『司法のあり方と人権』（東京大学出版会・1983）110〜118 頁、同『憲法訴訟の理論』（有斐閣・1973）21 頁、芦部・前掲注 8) 160〜168 頁。ただし、芦部は、「政策形成者」という文言を用いているが、ここで言う政策とは、長谷部恭男が指摘するように、「原理」を意味するのではないかと考えられる。芦部・前掲注 8) 150 頁、175〜177 頁。すなわち、芦部が、司法府は政策形成機能を担うべきであると述べたとき、彼は、司法府に対して、「経済成長、国防など社会全体の共通の目標を設定する基準」を策定する役割を期待するのではなく、「公正、正義など、何らかの道徳的理由にもとづいて個人あるいは団体の権利を設定しているが故に守られるべき基準」を策定し適用するという役割を期待しているのではないかと考えられる。長谷部・前掲注 5) 36 頁。

も多数派の意思が決定に反映される蓋然性が高いこと、②憲法事件の合憲性をめぐる争いは事件の事実判断をめぐる争いに還元されるが、司法部が憲法問題を抽象的に扱いがちであるために内容貧弱な結論に至りやすいのに対して、立法府はより具体的経験に基づいて判断することが可能であることなどを理由に、優れた制度として高い評価を与えている[19)]。しかし、一方で、彼は、司法府の役割を、民主的過程の瑕疵を修正したりその過程ないし手続きを維持したりすることのみに限定しようとはしていない。彼は、それを超えて、司法府に対して、立法府や行政府と並んで積極的に政策形成者としての役割を果たしていくことをも期待しているのである[20)]。そして、どこまで司法府に政策形成者としての役割を求めるべきかという問題を考える上で（司法府にいかなる実体に関して、いかなる程度で政策形成機能を要求するかを判断する上で）、実体論が不可欠であると彼は考えているようなのである[21)]。これは、トライブ（Laurence Tribe）の「ある具体的な状況の下で司法過程と代表過程のいずれが要請されるかの問題は、各種の参加の手続きがその手続きに服する人々の利益や希望をいかに公正かつ正確に反映するか、という視点からでは解明できない。憲法がいかなる種類の参加を要請するかを決めるには、他の選びうる過程の有効性についてのみならず、問題とされている利益の性質と重要性――すなわち当該個人が一人の個人として生きていくうえでその利益が果たす役割――について解明することが必要である。その解明には、憲法の人権規定の基礎にある価値と権利に関する理論と同じまさしく実体的な価値と権利に関する理論……が必要である」という一節を高く評価しているという点からも窺い知ることができる[22)]。

---

19)　芦部・前掲注18)『憲法訴訟の理論』33頁。しかし、一方で、芦部は民主主義に対する不信感も露にする。彼は「民主主義制度を採用したとしても、国家機関・政党その他社会集団の複雑な関係によって政策形成なり決断なりが行われる現実の政治過程においては、国民意思が結晶し自己を主張できる機会はほとんど存在しないし、そもそも民主主義は、しばしば利益集団間の妥協の産物となりがちであ」るとし（同36頁）、また、「Carolene判決にいう政治過程は、その正常な運営が維持されれば国民の権利・自由の保障が自動的に確保されるという機械的な概念ではなく、国民の自由との緊張関係をはらみ民主的専制（democratic despotism）の手段となる可能性をも含む概念である」と記述している。芦部・前掲注13) 222頁。

20)　芦部は、裁判所は、立法制定当時議会が利用できなかった経験や知識に基づいて憲法上の主張を衡量する能力を持っていることなどを挙げて、裁判所は立法府とは異なった観点から実体の保障にすぐれている場合があり得ると考えている。

21)　芦部・前掲注18)『司法のあり方と人権』110～116頁。この問題に関して、芦部は、「穏健な積極主義」なるものを提唱している。

22)　芦部・前掲注13) 224頁。

このように、芦部は、「プロセス」のみならず「実体の価値」にも依拠して違憲審査基準を論じている。彼の見解を要約するとおそらく以下のようなものとなるであろう。まず、彼は、民主主義を手段としてのみならず目的としても評価している[23]。このような観点からすれば、司法府は、まず、民主的プロセスの瑕疵を修正したりその手続きを維持したりすることによって、民主的プロセス自体が十全なものとなるよう貢献していかなければならないということになるはずである。しかし、この点については、芦部は、さらに一歩踏み込んで、立法府・司法府間の権限分配の問題として――すなわち、そのケースにおいて立法府と司法府のいずれの判断に委ねるのがより適切であるのかの問題として――リアリスティックに判断していくべきであるとも考えているようである[24]。さらにそれにとどまらず、彼は、実体の価値を重視する。すなわち、人権の核心――彼はこれを「人格的生存に不可欠な権利」と考える――が侵害される恐れのあるケースにおいては、彼は司法府に積極的な役割を期待しているようである。そして、これら両者の問題――「実体の価値」の問題と「プロセス」の問題――は互いに密接に結びついていると言うのである。

筆者は、以上のような芦部の見解を支持したい。なぜなら、まず第1に、社会学的観点から見れば、表現活動において自己実現の過程（自己を形成し修正していく過程）と自己統治の過程（外部の環境に働きかけてそれを変えていく過程）とは同一の過程であると捉えられるので、筆者も表現の自由に関しては実体とプロセスを峻別して議論するべきでないと考えるからである。第2に、筆者は、ドゥウォーキンの司法府における純一性という考え方、すなわち、司法府は政治共同体における公正、正義などに関する首尾一貫した原理に基づいて法を解釈すべきであるという立場を支持する。これによれば、

23)　芦部は、「日本国憲法の基本原理と考えられる民主主義は、人権の保障を本質としている」と述べ、民主主義を人権という実体を保障するための単なる手段であるかのような記述もしているが、一方で、個人の自己決定がそのまま政治システムに転化したものとして民主主義という制度自体の価値をも承認している。

24)　すなわち、芦部は、精神的自由など民主的プロセスに不可欠な人権が侵害されその過程に瑕疵が生じているような場合のみならず、その過程には瑕疵が生じていなくても、民主主義的決定の結果として少数派の人権が侵害される可能性があるような場合などにも、司法府の判断に委ねるべきであると考えている。そして、彼は、「いかにして最高裁が重大憲法事件の介入の回避を極大化できるかという問題よりも、いかにして最高裁が民主主義に対する貢献を極大化できるかという問題に、リアリスティックな見地から分析を加えることが必要である」と述べているのである。芦部・前掲注18)『憲法訴訟の理論』37頁。

司法府は、単に健全な民主的プロセスを維持するという役割のみならず、当該政治共同体の原理をその時々の政治的妥協や政治的気まぐれから守るという役割をも期待されるようになる。そして、この際には、司法府が守らなければならないとされる当該政治共同体の原理とは何かという問題——すなわち実体の問題——の考察を避けて通ることはできない。第3に、筆者は、「国家は、その道徳の象徴ないしは体現者であるとみなされない限りは、構成員の自発的支持を取りつけることができない」というデュルケームの見解をも基本的に支持している。すなわち、現代国家は、「個人の尊重」という道徳の象徴ないし体現者であり続けない限り存続していくことができない。このような考え方によれば、司法府の役割を民主的過程の維持のみに限定することはできない。なぜなら、今後国家は、立法府・司法府・行政府すべての協働によって、「個人の尊重」という道徳の維持に努めていく必要があるからである。そして、この「個人の尊重」という道徳を、司法府・立法府の間のいかなる役割分担に基づいて維持していくのかという問題を考えるに当たっては、やはり、その道徳の内容がいかなるものであるかという問題を考慮しなければならなくなるであろう。すなわち、「実体の価値」の問題と「プロセス」の問題とを峻別することができないと考えられるのである。以上のような理由で、筆者は、「実体の価値」の問題と切り離してもっぱら「プロセス」の観点から違憲審査基準を論じるという考え方には与しない。

では、これを、筆者が上で述べてきた表現の自由論に照らして考えるとどうなるのであろうか。まず、表現の自由権の本来的部分が問題になっているケースにおいては司法府による厳格な審査を認めるべきであると考える（実体の価値）。なぜなら、「個人の尊重」という重要な道徳の核心を表す部分に関して、司法府がある程度積極的にその実現に努めるべき役割を期待されると思われるからである[25)]。さらに、このような表現の自由権の本来的部分に対する厳格審査は、プロセスの観点からも正当化可能である。すなわち、立法過程に瑕疵が生じており立法府自らの力ではそれを修正していくことが困

25) 芦部は、人権の核心を「人格的生存に不可欠な権利」とみなし、こうした「人格的生存に不可欠な権利」が問題になっているようなケースにおいては、民主的過程に瑕疵が生じているか否かにかかわらず、司法府による厳格な審査を要求している。筆者は、芦部の見解を基本的に支持しているのであるが、芦部の議論においては、なぜ「人格的生存に不可欠な権利」が人権の核心と言い得るのかが明らかではない。この点に関連して、筆者は、ドゥウォーキンおよびデュルケームの議論から、表現の自由に関しては、前章で論じた3ルールが核心的部分であると考えている。

難であるような場合や、立法府が恣意的な規制を課す恐れが高いような場合には、民主的過程に判断を委ねるのは適当とは言えないので司法府の厳格な審査に服させるべきであろうが、表現の自由権の本来的部分は、これらの場合に該当すると考えられるのである[26]。この点については、次のⅢでより詳細に論じたい。

Ⅲ 内容規制・内容中立規制

これまで、二重の基準論すなわち「表現の自由権に対する規制が問題となっている立法の合憲性を判定する際には、経済的自由権に対する規制が問題となっているときに比べて、裁判所は厳格な審査基準を用いるべきである」という議論を紹介してきたが、学説は、さらに精神的自由権を細かく区分し段階的な違憲審査基準を設定すべきであると主張している。すなわち、現在では、表現活動をさらに内容規制と内容中立規制とに分類し、前者には特に厳格な審査基準を、そして後者には前者に比べればやや緩やかな審査基準を適用すべしとの二分論が通説的見解となっている。

この内容規制・内容中立規制二分論とは、表現規制を、表現の内容に着目するものであるか、あるいは内容とかかわりのない中立的な表現の時、所、方法に関する制約であるかによって二分した上で、それぞれに別個の合憲性判断基準を設定するという考え方である。すなわち、表現の内容に着目する規制についてはもっとも厳格な審査基準（①やむにやまれぬ政府の規制目的の存在、および②規制が当該目的の必要最小限の達成手段として厳密に設定されていることを、政府の側が立証するという基準）が要求されるのに対して、内容中立規制（表現の時、所、方法に関する規制）については、中間審査基準（①

26） これについて、経済的自由は本当に民主主義の過程において回復できるのかという批判もある。例えば、阪本昌成は、「少数者の経済的自由権は、多数を占める中流階級の利益のために、民主過程のなかで軽んじられているのであって、民主過程による是正に期待は寄せられない」と述べている。阪本昌成『憲法理論Ⅲ』（成文堂・1995）236頁。新・前掲注3）559頁も同旨。しかし、長谷部恭男が指摘するように、「精神的自由……が司法審査において特に厚く保護されるべきなのは、これらに関する政府の行動が、偏見に基づいた、したがって個人を同等の存在と見ない立場から、情報流通の操作により人々の理性的な思考過程そのものを遮断しようとしてなされる危険が大きいからであ」り、「商品の広告の規制と宗教や政治活動の規制とでは、政府の行動が恣意的になされる危険は明らかに異なる」であろう。すなわち、「特定の思想の流布を禁止する場合と異なり、特定の営業活動を禁止することが、人々の理性的な思考および議論の過程そのものを遮断するとはにわかに想像しにくい」（長谷部・前掲注6）103頁）。

政府の規制が重要な政府の利益を促進するものであり、②表現の自由に対する付随的制約が当該政府利益の促進に必要な限度を超えないこと、を政府の側が立証する必要があるという基準）が妥当するという見解である[27]。

この内容規制・内容中立規制二分論は、一般に、表現内容規制は――それが特定の立場・見解・観点のみを禁止する view point 規制であろうと、特定の主題に関する表現活動を規制する subject matter 規制であろうと――権力者が自己に都合の悪い表現内容を規制したのではないかという疑いの余地があるので厳格な審査基準が要求される[28]のに対して、内容中立規制の場合はそのような疑いが小さいので通常の審査（中間審査）でもよいということから根拠づけられている[29]。すなわち、表現の内容に基づく規制、とりわけ view point 規制は、「表面上の立法理由はともあれ、特定の考え方を抑圧したり、助長したりする目的で、つまり『君の考え方は間違っている』という理由に基づいて行われる蓋然性が高い」ので、「そうした規制に関しては、表向きの立法目的と採用されている立法手段の適合性を厳密に要求し、もし、両者が厳密に適合しない場合には、隠された不当な立法目的の存在が推測できるため、違憲として立法府に差し戻すという手続きがとられ」なければならないと言うのである[30]。

こうした考え方に対しては、これまで、表現内容規制と中立規制とは明確に区別することができないのではないかとの批判も加えられてきた[31]。しか

27）もっとも、日本の最高裁は、しばしば、内容規制であるか内容中立規制であるかの区別をあまり意識せず、表現活動への規制一般について「規制が必要とされる程度と、制限される自由の内容及び性質、これに加えられる具体的制限の態様及び程度などを較量して」、「公共の福祉による合理的で必要やむをえない限度の制限」であるか否かを判断するという抽象的な判断枠組みを示している。長谷部恭男『憲法〔第6版〕』（新世社・2014）206頁。

28）view point 規制は、特定の立場を公的議論の過程から排除するもので、自己統治・民主政治の理念に反するし、政府が自己に都合の悪い表現を抑圧する危険性が大きいから極めて厳格な審査が必要である。また、いわゆる subject matter 規制であっても、容易に特定の思想・見解に対する狙い撃ちにつながるので、やはり、厳格な審査が要求されると言うのである。

29）本文のような多数説を紹介するものとして、高橋・前掲注4）『立憲主義と日本国憲法〔第3版〕』208～209頁。本文で挙げたような根拠以外にも、浦部法穂は、表現内容に対する規制の場合と違って、時・所・方法の規制の場合には、当該表現行為と「害悪」発生との関連性が比較的明白であるという理由を挙げている。浦部法穂『憲法学教室〔全訂第2版〕』（日本評論社・2006）170頁。

30）長谷部恭男「『公共の福祉』と『切り札』としての人権」同『憲法の理性』（東京大学出版会・2006）107頁。

31）市川正人「表現の内容規制・内容中立的規制二分論」長谷部恭男編『リーディングス現代の憲法』（日本評論社・1995）。また、浦部法穂は、表現の自由とは、「自分の思っていること言い

し、たとえ表現の時・場所・方法に対する規制のようないわゆる内容中立規制であっても、それによって表現の機会を失わしめるような場合や、その方法でなければ効果的に表現することができないような場合には、やはり厳格な審査が必要であるとの弾力的な解釈も可能であるし、むしろ、現在では、内容規制・内容中立規制二分論に関しては、こうした弾力的で柔軟な解釈の方が主流となっている[32]。

では、これについていかに考えるべきであろうか。筆者は、前章で論じた表現の自由に関する3ルールに対しては厳格な審査をすべきであると考える。なぜなら、第1に、筆者は、表現の自由の核心は、ドゥウォーキンの3ルールが表すところのものであると考えている（実体の価値）。そして、筆者は、ドゥウォーキンの司法府における純一性という考え方を支持し、司法府に、当該政治共同体の原理——すなわち表現の自由に関する3ルール——を議会の多数派の安易な変更から守らせるという役割を担わせるべきであると考える。さらに、デュルケームの論理に従うのであれば、この3ルールは、「個人の尊重」という道徳から直接導き出されるものであり、現代国家は、この道徳の象徴ないし体現者であるとみなされない限りは、構成員の自発的支持を得ることができない。したがって、こうしたルールの実現について司法府が立法府とは別の観点から再度慎重に審査するということにも理由がある。第2に、この部分の保障に関して、立法過程にのみ委ねてしまうのは妥当ではないということは明らかであるように思われるからである（プロセスの価値）。立法府に対して、多数派にとって価値がないとか堕落していると評価されている思想・価値観の自由をも確実に保障していくことを期待するのに

たいことを、自分の思う仕方で表明する自由であるから、その表明の仕方（時・所・方法）を制限することも、表現の自由に対する重大な制約となる」と指摘している。浦部・前掲注29）170頁。

32）　弾力的解釈の例として、芦部・前掲注16）401～407頁や、松井茂記『日本国憲法〔第3版〕』（有斐閣・2007）469頁。松井茂記は、「たとえ制約が表面的には表現内容中立的でも、実際には特定の見解ないし表現カテゴリーの抑圧を意図したとしか考えられない場合もありうる。……従って裁判所としては、表現内容中立的制約であっても、それが実際には表現内容に向けられたものではないかを慎重に判断すべきであり、表現内容に向けられていた場合には、裁判所はその制約を表現内容に基づく制約として扱うべきである」としている。また、それとは異なるが、やはり、弾力的解釈を示したものとして、高橋・前掲注4）『立憲主義と日本国憲法〔第3版〕』209頁。高橋和之は、「主題規制は、特定主題を公的討論の場から全面的に排除してしまう場合には、見解規制と同じ問題をはらみ、厳格な審査が必要であるが、時・場所・態様規制と結合してなされる場合には、公的討論の場に向けて表現する他の回路が開かれている限り、内容中立規制の場合と同様に考えることができよう」としている。

は無理がある。また、これらの部分に瑕疵が生じた場合には、立法過程自身が傷ついてしまうことになり、それを立法府自らの力では修正していくことが困難である。したがって、これらの3ルールに対しては厳格な司法審査に服させるべきであるとの結論が導き出される。

これを詳細に述べれば以下のようになる。自分の思想・価値観を表明しようとする表現活動について、①その表現の根底にある思想・価値観を理由にその表現を規制する view point 規制は、3ルールに抵触するものであり、前述の理由から厳格な司法審査を要求される。②特定の主題に関する議論を一切禁止してしまう subject matter 規制も、第3ルールである「自分の思想・価値観を表現し外的環境に働きかける機会を十分に得る権利」を否定する可能性が高いため、厳格な審査基準が要求される。さらに、③いわゆる表現の時・場所・方法に対する規制のようないわゆる内容中立規制であっても、それによって第3ルールを侵す可能性のあるような規制（自分の思想・価値観を表現し外的環境に働きかける機会を失わしめるような規制）[33]に対しては、厳格な司法審査が要求される。一方、以上のいずれにも該当しないものに関しては中間審査基準で足りると解すべきである[34]。このように考えれば、筆者の表現の自由論は従来の内容規制・内容中立規制二分論の弾力的適用論と整合するものであると言える。

Ⅳ　補論：三段階審査論について

1　概　　観

これまで日本で提唱されてきた違憲審査基準論は、アメリカの「二重の基準論」を出発点にして、すべての人権に通則的な違憲審査基準論として展開されてきたものであった。そこでは、表現内容に基づいて規制を課す法律に対しては厳格な審査基準が適用されるとする一方で、内容中立規制について

33）　例えば、8月6日（原爆の日）に広島平和記念公園で表現することによってしか、効果的に自分の思想・価値観を表明することができないにもかかわらず、その日時・場所における表現活動を内容中立的に禁止するような場合など。

34）　こうした表現の規制立法に関して、緩やかな審査基準ではなく、中間審査基準を要求するのは、(i)このような表現であっても、「個人の尊重」という道徳の（核心部分ではないが）周辺部分に対応しているので、立法府の判断に全面的に委ねるのは妥当ではないし、(ii)「個人の尊重」の核心部分に対応する3ルールをよりしっかり保障するためには、その隣接部分について裁判所がある程度慎重に判断した方が戦略的に優れていると考えられるからである。

はLRAの基準[35]が用いられるべきであるとされた。また、経済的自由については、消極目的規制の合憲性は「厳格な合理性」基準によって、積極目的規制の合憲性は「明白性」の原則によって判断すべきとされた。さらに、個人の人格的ないし自律的存在にとって基本的と考えられるプライバシー権の侵害や、人種や門地に基づく差別については厳格審査が、個人の人格的ないし自律的存在にとって基本的と考えられるプライバシー権以外のプライバシー侵害や、信条・性別・社会的身分などに基づく差別などに対しては、中間審査基準が適用されるべきだと論じられた[36]。こうした違憲審査基準論は、人権ごとに1つだけの審査基準を対応させるものではなく、そのような意味で、相当の柔軟性を持っていたものであったと言える[37]。これに対して、近年、日本では、ドイツ連邦憲法裁判所の合憲性審査の手法である「三段階審査論」の考え方をもとり入れるべきであるとの議論が活発になされつつある。

三段階審査論とは、ドイツ連邦憲法裁判所が基本権（防御権＝自由権）制限の合憲性を判断するために用いる手法である[38]。そこでは、まず第1に、①問題となっている行為・自由が基本権の保護範囲にあるかどうかが検討され、次いで、②国家行為が基本権を制約しているかどうか、そして最後に、③基本権の制約があるのであれば、基本権制約が正当化されるような事情があるか否かが検討される。そして、最後の③基本権制約の正当化の段階では、まず、形式的な正当化要件として、ｉ）法律の留保の原則とⅱ）規範の明確性の要件を満たすかが問題とされる。そして次いで、実質的正当化要件としてa）規制目的の正当性を前提とした上で、b）広義の比例原則を満たさなければならない。このb）広義の比例原則とは、bｉ）適合性の原則（制約手段が制約目的を達成するための手段として役立つか）、bⅱ）必要性の原則（制約手段が制約目的を達成するために必要か）、bⅲ）狭義の比例原則（制約目的と制約手段が互いに均衡を保った適切な関係にあるか）から成っている[39]。

35）　芦部信喜の主張したLRAの基準は、適用の厳格さに幅のある審査手法として想定されており、そのような意味で、弾力的なものであった。曽我部真裕＝赤坂幸一＝新井誠＝尾形健編『憲法論点教室』（日本評論社・2012）11頁〔横大道聡〕。

36）　芦部・前掲注13）230～242頁。芦部・前掲注16）25～31頁。

37）　君塚正臣「司法審査基準―二重の基準論の重要性」公法研究71号（2009）88～99頁。なお、君塚正臣は、こうした柔軟な審査基準論（特に中間審査基準を設定すること）について批判的見解を述べている。

38）　市川正人「最近の『三段階審査』論をめぐって」法律時報83巻5号（2011）6～11頁。

39）　三段階審査論については、ボード・ピエロート＝ベルンハルト・シュリンク（永田秀樹ほか訳）『現代ドイツ基本権』（法律文化社・2001）71頁、小山剛『「憲法上の権利」の作法』（尚学

このような三段階審査論が近年日本において提唱され始めた背景としては、従来の違憲審査基準論が、ともすると安易な定型論に流れがちであり[40]、硬直化してきているのではないかとの批判が存在していた。例えば、違憲審査基準論の下では、しばしば人権制約の正当化の文脈を急ぐあまり審査基準の選択にばかり目を奪われがちとなり、それが人権論の貧困化を招く原因となってきたし、また、「中間基準の氾濫や硬直した厳格審査論が……［日本の最高裁の］裁判官をして審査基準論に距離を置かせて」きたと言うのである[41]。一方、三段階審査基準論は、基本権保護範囲内にあるか、基本権の制約があるかという発見の文脈を、その制約が正当化され得るかという正当化の文脈から明確にその論証段階において峻別するので、改めて権利侵害の様相を丁寧に考察することの重要性を認識させるという利点を持っている[42]上、三段階審査論の考え方をとり入れることによって、日本の判例に接合可能な、あるべき憲法的論証の型を示し得ると言うのである[43]。

しかし、一方で、三段階審査論に対して懐疑的な立場を採る論者も多い。例えば、高橋和之は、三段階審査論を、「目的審査・手段審査の明確な枠組みを設定することなく、かつ、審査の厳格度を定型的に区別することもなく、その意味でまさに『裸の利益衡量論』を採用し」たものと評している[44]。すなわち、アメリカにおいては、目的審査の段階で人権と公益の重要度が同等であるということを確保するという思考法を採り、それと整合的に、事件の類型に応じて厳格度の違う3つの基準を分ける審査の仕方を構成しているのに対して、ドイツの三段階審査論においては、目的審査は非常に緩やかで、目的が正当なものであればパスしてしまうので、人権と公益の重要度が同等であるということの判断は、実質的には狭義の比例原則の段階で決着がつけ

社・2009)、松本和彦『基本権保障の憲法理論』(大阪大学出版会・2001) 14 頁以下、石川健治「憲法解釈学における『論議の蓄積志向』―『憲法上の権利』への招待」法律時報 74 巻 7 号 (2002) 60 頁以下、新・前掲注 3) 211 頁以下参照。

40) この点に関連して、石川健治は、三段階審査論においても、「思考経済の要請として、新たなフォルマリズムを産み出す陥穽がある」と指摘している。石川健治「夢は稔り難く、道は極め難し―『憲法的論証』をめぐるいくつかの試行について」法学教室 340 号 (2009) 57 頁。

41) 駒村圭吾「憲法的論証における厳格審査」法学教室 338 号 (2008) 51 頁。

42) 駒村・前掲注 41) 41～42 頁。

43) 駒村・前掲注 41) 42 頁参照。

44) 高橋和之「違憲審査方法に関する学説・判例の動向」法曹時報 61 巻 12 号 (2009) 3609 頁。同様の指摘として、君塚正臣「二重の基準論とは異質な憲法訴訟理論は成立するか」横浜国際経済法学 18 巻 1 号 (2009) 23～29 頁。

られるが、これは、この狭義の比例原則という単一の基準を用いてその都度直接確認される、いわばアドホック・バランシングであると言うのである[45]。そもそも、違憲審査基準論の硬直性は、市川正人が指摘するように、裁判官による憲法解釈・憲法判断が主観的な性格を免れないことを前提に、それを「硬直した」枠組みによって統制することを狙ったものであった。すなわち、違憲審査基準論は、利益衡量を裁判官の主観的判断に全面的に委ねるのではなく、人権の性質に応じて審査の厳格度基準を区別し、その限りで裁判官による利益衡量を枠づけ、予測可能性を高めようとする試みであった。これは、日本の最高裁がほとんど実質的な検討なしに人権制約立法の合憲性を認めていた観念的「公共の福祉論」や比較の基準が明確でない「比較衡量論」に対する批判として生まれたものである[46]。

さらに、三段階審査論のような憲法裁判所型の違憲審査制において発達した論理が、付随的違憲審査制を採用する日本においてそのまま妥当し得るか疑問であるとの見解も存在する[47]。例えば、市川は、「憲法裁判所型の違憲審査制においては、違憲審査の政治的性格は正面から認められており」、「そこでは、違憲審査と民主主義の緊張関係は、消滅してはいないものの、憲法上、違憲審査制に有利な形で処理がなされている」のに対して、「付随的違憲審査制においては、非民主的な裁判所が憲法判断を行い民主的な決定を覆すことが民主主義の見地から問題とならざるをえ」ないと述べている。そして、もし仮に「ドイツ連邦憲法裁判所の憲法判断の枠組みをわが国に導入しようとするのであれば、憲法裁判所型の違憲審査制と付随的違憲審査制との相違を踏まえての『変換』がなされなければならない」と言う。

ここでは、従来の違憲審査基準論と三段階審査論とを比較し、前述の表現の自由論とより整合的なのはいずれの議論か、そして両者の間にはどのような異同が存在しているのかについて検討をしてみたい。

---

45)　高橋和之「『通常審査』の意味と構造」法律時報83巻5号（2011）12～19頁。このような考え方に対して、宍戸常寿は、「比例原則が厳格に適用される場合……には、目的達成手段が合理的かつ必要なものであるという審査をパスした上で、制約が違憲となりうる最後の関門として狭義の比例性の審査が機能することを見落とすべきではなかろう。目的達成手段の合理性・必要性の審査では違憲としがたく、立法目的が複合的であるために直ちに目的違憲ともしがたい局面で、あるいは法律適用段階で多次元的な比較衡量によって制約を違憲と判断するという手法は少なくとも、人権保障にとっては不利に働くものではない」と応答している。宍戸常寿「『猿払基準』の再検討」法律時報83巻5号（2011）27頁。

46)　市川・前掲注38) 9頁。

47)　市川・前掲注38) 11頁。

2　違憲審査基準論と三段階審査論との異同

(1)「切り札」論との整合性　上記の表現の自由論は、表現の自由の核心部分を他の社会的利益との比較衡量を許さない「強い意味での権利」ないし「切り札」として設定するものであり、このように考えると、利益衡量の手法である比例原則をその中心とする三段階審査論は、一見すると、上記の議論と整合しないかのようにも見える。しかし、違憲審査基準論もまた利益衡量の手法の一種であり、その点では三段階審査論と同様である[48]。また、対抗利益の重要性ではなく、あくまで侵害される権利の重要性に応じて厳格度の異なった審査が設定されるという点においても、両者の間には相違はない[49]。

また、前章のドゥウォーキンの第1・第2ルールは、いわば正当でない立法目的に基づく表現の自由規制を禁止するものであったが、この点に関しては、一見、三段階審査論の方が整合的であるかのようにも思われる。なぜなら、三段階審査論は、対抗利益との比較衡量を始める前の、目的審査の段階で、反憲法的な立法動機や別な立法目的の密輸入などを排除してしまおうと意図するものだからである[50]。しかし、三段階審査におけるこの目的審査は緩やかなものにすぎず、あまり大きな意味を持たないとも評されている[51]。確かに、立法府が正当でない目的に基づいて立法を行うとき、その目的を前面に押し出すことはほとんどなく、それをもっともらしい妥当な目的で覆い隠すことが常であろうことを考えると、通常、立法目的を表面的に審査するだけでは、真の正当でない立法目的を暴き出すことはできない。正当でない

---

48)　阪口正二郎「憲法上の権利と利益衡量―『シールド』としての権利と『切り札』としての権利」一橋法学9巻3号（2010）713頁。「切り札」論と違憲審査基準論・三段階審査論との関係については、同「憲法学と政治哲学の対話―リベラリズム、違憲審査基準、権利」公法研究73号（2011）42〜62頁も参照。

49)　駒村圭吾『憲法訴訟の現代的転回―憲法的論証を求めて』（日本評論社・2013）135頁。なお、駒村圭吾の議論は、ドイツ流の三段階審査論にアメリカ流の違憲審査基準論の成果を接合させたものである。

50)　小山剛は、比例原則における目的審査の役割について、「目的審査は、『公共の福祉』を狭く解することにより特定の資質を備えた目的を要求するという積極的な意味合いのものではなく、恣意的目的や憲法に適合しない目的、基本権制限の重大性に見合わない目的による基本権制限を阻止するという消極的側面にその意義があると考えるべきである」としている。小山・前掲注39）73頁。

51)　駒村圭吾は、ドイツ流の比例原則に規制目的を実質的に審査する発想が希薄なのは、この原則がドイツ警察行政法における裁量統制論に淵源を持つことと関係があると指摘する。すなわち、行政法由来の論証手法であるなら、立法府の設定した規制目的を疑い厳密に審査することは基本的に行われないと言う。駒村・前掲注49）140頁。

立法目的を暴き出したり、あるいは正当でない目的を追求しにくくしたりするためには、立法目的や手段に対する厳密な審査が不可欠となる[52)]。このように考えると、前述の表現の自由論との整合性という点では、違憲審査基準論と三段階審査論との間には大きな差はない。

結論を述べれば、「切り札」論は、従来の違憲審査基準論と三段階審査論とのいずれにも整合させることが可能である。「切り札」論は、両者のいずれとも矛盾するものではなく、むしろ、それらとは異なる機能や役割を果たすものとして位置づけるべきであろう[53)]。

(2) 両者の異同　　では、両者のうちいずれの議論を選択すべきであろうか。ここでは、違憲審査基準論と三段階審査論の異同について検討してみたい。

(a)　**保護範囲や制約の強度に関する論証の有無**　　まず、三段階審査論の方が、違憲審査基準論よりも、権利の保護範囲・制約などについて丁寧に見ることができるし、法律の留保の重要性について確認することもできると言われることがしばしばある。しかし、松本哲治が指摘するように、「三段階審査の最初の二段階、保護領域と制限の問題について……審査基準論が考えていないということはあり得ない」のであり、「審査基準論を前提とする解釈論も、この点を明示的に議論する必要がある場合は論じてきたはずであるし、そうでない場合は論ずるまでもないから論じていないだけであ[54)]」ると考えるべきであろう。すなわち、この点に関しては、両者の間に大きな相違はない。

(b)　**違憲審査基準論は硬直的？**　　次に、従来の違憲審査基準論は硬直的であったのに対して、三段階審査論は事例ごとに権利の重要性や制約の強度に応じて柔軟に考察することができるとも言われる。しかし、前述のように、従来の違憲審査基準論や表現内容規制・内容中立規制二分論は、本来、細かく柔軟なものであった。

52)　阪口・前掲注 48)「憲法上の権利と利益衡量」728 頁。阪口正二郎は、こうした立法目的の審査は、立法目的自体を直接審査するという形をとる必要はなく、立法目的それ自体の審査と手段審査を厳格に行う「厳格審査」基準や「厳格な合理性」の基準を、「目的審査」として代用することができるとも付言している。

53)　阪口・前掲注 48)「憲法上の権利と利益衡量」728 頁。青井未帆「三段階審査・審査の基準・審査基準論」ジュリスト 1400 号（2010）72 頁も同旨。

54)　曽我部=赤坂=新井=尾形編・前掲注 35) 19 頁〔松本哲治〕。松本は、「形式的正当化についても、審査基準論と排他的関係にあろうはずがない」とも付言している。

まず、芦部信喜が唱えた違憲審査基準論は、アメリカの二重の基準論をベースにして、精神的自由や経済的自由に限らず、すべての人権に通則的な審査基準を、実体的価値にも即して、あらかじめ設定しようとするものであった。一方、三段階審査論は、侵害された権利の重要性やそれに対する制約の強度などに鑑みて、事例ごとに柔軟に細かく審査密度を設定できるところにもっとも大きな魅力と特徴があると考えられている。しかし、三段階審査基準が純然たるアドホック・バランスに堕することのないようにするためには、今後、人格的アプローチなど原理的な尺度に準拠して、ある程度審査密度の枠組みを設定（類型化）していく議論が構築されていくのではないかと思われる[55)]。このように考えれば、枠づけされた三段階審査論と従来の違憲審査基準論では、あまり異なるところがないと思われる。

また、従来の表現内容規制・内容中立規制二分論と三段階審査論を前提とする議論との間にも、実質的に大きな違いは見られないように思われる。例えば、宍戸常寿は、三段階審査論の立場から、内容規制 v. 内容中立規制といったような単純な図式化を批判して、以下のように論じている[56)]。すなわち、そもそも、内容規制は内容中立規制に比べて、a）思想の自由市場を歪める、b）「誤った思想」の抑止といった許されない動機に基づく規制である、c）「伝達効果」（メッセージの内容が受け手に起こす反応）による規制である、といったおそれが高いため、厳しく審査されるべきだというのであれば[57)]、審査を緩和し得る表現内容中立規制とは、a'）規制が思想内容毎に差別的な効果を生じず、また規制されたのとは別のチャンネルを通じて同じ内容が自由市場に参入できる、b'）美観風致の維持のような正当な公共の利益に基づく、c'）表現行為と害悪発生の因果関係が直接であり、受け手の自律的判断という介在（いわば因果関係の切断）がないといった規制類型ということになる。こうした考え方は、これまでの弾力的な二分論と大きな差異のないものである。

(c)　狭義の比例原則の有無　　さらに、違憲審査基準論においては、目的と手段についての審査のみが行われるのに対して、三段階審査論においては目的・手段の審査に加えて狭義の比例原則も要求されるという点で、両者

---

55)　例えば、駒村の議論。駒村・前掲注 49) 78 頁。
56)　宍戸常寿『憲法解釈論の応用と展開〔第 2 版〕』（日本評論社・2014）135〜136 頁。
57)　芦部・前掲注 16) 401〜407 頁。

の間には相違があると言われることがある。これについては、狭義の比例原則の機能や役割をどう考えるかによって、両者の異同についての評価も異なってくる[58]。

そこで、狭義の比例原則について検討してみると、まず、そもそも、なぜ三段階審査論において狭義の比例原則が最後に登場してくるのか、必ずしも明らかではない。すなわち、三段階審査論における広義の比例原則は、適合性・必要性・狭義の比例原則の3つの部分からなるが、本来であれば、狭義の比例原則は3つのうち最初に検討されるべきものなのではないかとの疑問が生じる。例えば、この3つの要素の検証は、病気の治療の際にある薬を用いるのが妥当か否かを判断する際の過程にたとえて、「治療に効かない薬は駄目である（適合性）」、「より副作用の少ない薬でないと駄目である（必要性）」、「軽微な病気の治療に劇薬を用いるのは駄目である（狭義の比例原則）」の三段階の検証に擬せられることがある[59]。しかし、最後の狭義の比例原則は、そもそも薬を飲む必要があるほどの病気なのか否かの判断でもあって、本来、それは、どのような薬を用いるのが妥当かを議論する前提問題としてすでに決着をつけておかなければならない問題である。すなわち、一般に、利益衡量は、「憲法上の権利に何らかの制約を課すもっともな理由があることを示しているだけであって、問題となった特定の規制構造が丸ごとこの不等式によって正当化されるわけではない[60]」が、一方で、憲法上の権利に何らかの制約を課す何らかの理由があることは冒頭で示されなければならない。もし、狭義の比例原則においても、この段階ではじめて憲法上の権利に何ら

58）　狭義の比例原則の機能や役割をどう考えるかについては論者によってまちまちである。その一例を挙げると、例えば、亘理格は、「比例原則は、目的と手段の相互関係にとどまらない次元での比例性の要求として捉えられるべきであり、比例原則は、本来、目的と手段の二項間関係の具体的事実状況という第3のファクターを組み込んだ均衡性の要求として、把握すべきである」と主張している。すなわち、「単に目的ないし目標とその達成のための手段たる決定行為との均衡の要求にとどまらず、均衡状態を確保すべき要素の中の第3の範疇として、具体的な『事実状況』を指摘する［こと］が重要である。……具体的事実状況に応じた比例原則の理解は、国家による権利侵害の目的および手段について、抽象的事実ではなく、個々の事案の具体的事実状況に応じてバランスのとれた正当化理由を要求するという点で、利益衡量過程の適正化に関する審査密度の高度化に寄与することが期待できる」と言う。亘理格「利益衡量型司法審査と比例原則」法学教室339号（2008）45頁。また、宍戸常寿の見解については、前掲注45）、後掲注61）を参照。

59）　新・前掲注3）518頁。

60）　駒村・前掲注49）137〜139頁。駒村は、猿払基準の利益衡量審査は「最後ではなく、冒頭に来るべき審査要素である」とし、利益衡量は、①規制目的の審査での考察、あるいは、②さらにその前段階である審査密度の決定レベルでの考察に吸収されることになると論じている。

かの制約を課すもっともな理由があるか否かが審査されると考えるのであれば、この論証の順序には違和感を感じざるを得ないということになろう。

しかし、適合性・必要性・狭義の比例原則という3つの段階を一体として捉えて、憲法上の権利に何らかの制約を課すもっともな理由があるか否かについての判断、そしてそれと同時にその制約が憲法上許されるものであるか否かについての判断について、様々な角度から少しずつ論証を深化させていく一連の流れとして捉えることが可能なのであれば、上記の違和感は解消されよう[61)]。例えば、前述のように、三段階審査論における目的審査は緩やかなものにすぎず、違憲目的の阻止などの消極的な機能を果たすのみであると言われるが、本来的な意味での「目的審査」に相当するものは、この3つの段階を通じて様々な角度から検証され補われていくとも考えられよう。また、三段階審査論における目的審査は、恣意的な目的や憲法に適合しない目的をもつ立法を排除するという役割を果たすが、法律に隠された正当でない立法目的を暴くのは通常容易ではなく、そのためには目的・手段についての厳密な審査を積み重ねることが必要となる。この点、適合性・必要性・狭義の比例原則と複数の視点・角度から検証を加えることによって、違憲目的を浮かび上がらせていくという捉え方も可能であろう。そうだとすれば、三段階審査論の実質的正当化の論証内容は、違憲審査基準論の目的手段審査の内容と審査の程度の問題に還元して説明することができ[62)]、違憲審査基準論と三段階審査論との間には大きな違いは存在しないということになろう。

(d)　**プロセス的視点の有無**　　とすれば、両者の相違は、もっぱら、各々の理論的根拠の中にプロセス的視点が含まれているか否かという点に集約されることになろう。前述のように、従来の審査基準論は、実体的価値論のみならずプロセス論にも立脚して議論が構築されていた。しかし、三段階審査論ではそうではない。三段階審査論においても、機能的権限分配論を読み込むことは可能であるが、山本龍彦が指摘するように、「このような機能論的視点は、『立法裁量を尊重すべき例外的事情』の1つと化して」おり、「結局のところ比例原則（論）の枠内に回収され、『裁判所か立法府か』とい

61)　ちなみに、宍戸常寿は、狭義の比例原則には、侵害の原因や侵害の強度、立法者の予測のもっともらしさ、さらには規制から直接生じる政府の利益や市民の損害だけでなく、間接的な効果を含めて、かなり多様な要因が考慮されるといった意義を期待できるとしている。宍戸・前掲注45) 27頁。

62)　曽我部=赤坂=新井=尾形編・前掲注35) 20頁〔松本哲治〕。

うより巨視的な役割分担論としての《位置》まで獲得していない[63]」。この点が、両者の間の大きな相違であり、違憲審査基準論の、三段階審査論にはない大きな長所であると考えられる。

3 結　語

このように、違憲審査基準論と三段階審査論はかなりの部分において共通する要素を有していると考えられるが、ただ、プロセス的視点が含まれているか否かという点において大きな違いが見られる。そして、まさにこの点で、違憲審査基準論は三段階審査論よりも一歩優れていると評価することができよう。すなわち、市川正人が指摘するように、「二重の基準論は、付随的違憲審査制の下での裁判所の制度的役割についての一定の見識に基づく、『司法審査と民主主義』問題に対する重要な解答であ」り、このような観点からすると、「二重の基準論は、『適材適所で』部分的に」とり入れられるものではなく、あくまで基本とされるべきものなのではないかと考えられる[64]。

第2節　猥褻規制

本節では、以上の表現の自由論をより具体的なレベルで示すために、猥褻規制について論じてみたい。刑法175条は、「猥褻な文書、図画その他の物を頒布し、販売し、又は公然と陳列した者は、2年以下の懲役又は250万円以下の罰金若しくは科料に処する。販売の目的でこれらの物を所持した者も、同様とする」と規定している。この条文に関しては、学説においては、①表現の自由との関連で、刑法175条を限定的に解釈した上で、刑法175条の規定自体は合憲である[65]とする見解と、②規制目的を達成するためには表現の手段・場所・方法に関する規制で足りるので、猥褻文書の頒布・販売を全面的に禁止している刑法175条は過度に広範であるがゆえに違憲である[66]とする見解などが対立してきた。ここでは、まず、(i)刑法175条における猥褻表

---

63)　山本龍彦「三段階審査・制度準拠審査の可能性―小山剛著『「憲法上の権利」の作法』を読む」法律時報82巻10号（2010）102〜103頁。

64)　市川・前掲注38）11頁。

65)　この見解を採るものとして、例えば、佐藤幸治『憲法〔第3版〕』（青林書院・1995）528〜529頁。

66)　この見解を採るものとして、例えば、浦部・前掲注29）162〜163頁。

現規制の根拠として許容され得るのは何か、(ii)猥褻規制に関する最高裁の見解、(iii)伊藤正己判事の補足意見を検討し、最後に、自説として、(iv)憲法上いかなる態様の規制が許されるのかを論じていきたい。ここでは、青少年保護の観点からというよりはむしろ成人に対する猥褻表現の規制という問題に焦点を絞って論じていきたいと思う。

I　猥褻表現の規制根拠

まず、刑法175条における猥褻表現規制の根拠は何か。刑法175条は猥褻表現物の単なる所持を処罰の対象としていないので[67]、それと整合的に解釈するためには、個人の意思に基づく単なる所持に伴わない法益侵害を規制根拠として解釈しなければならない。この点に関して従来、以下の5つが挙げられてきた[68]。

まず第1に、善良な性道徳・性秩序の維持である。これは、後述するように、チャタレー事件以来最高裁が一貫して採用している猥褻の定義「徒らに性欲を興奮又は刺戟せしめ、且つ普通人の正常な性的羞恥心を害し、善良な性的道義観念に反するもの」の中にも窺うことができる。しかし、このような規制根拠は、国家が性に関するある特定の思想ないし価値観（例えば、性は自然で美しいものであり、性をタブー視したり秘めごとにしたりしておくのではなく、性に対するおおらかな姿勢や性の解放を追求していくべきであるという思想など）を国民が持つことを防ごうとするがゆえに規制を課すものであり、前章の表現の自由に関する3ルールのうち第1・第2のルールに抵触するため許されないと考えられる。また、最高裁判決[69]（昭和58年10月27日）補

67)　判例（最判平成7年4月13日刑集49巻4号619頁）も「我が国の刑法175条がわいせつ表現物の単なる所持を処罰の対象としていないことにかんがみると、その輸入規制を最小限度のものにとどめ、単なる所持を目的とする輸入を規制の対象から除外することも考えられなくはない」と述べている。

68)　林美月子「性的自由・性表現に関する罪」法学セミナー455号（1992）90〜96頁。

69)　最判昭和58年10月27日刑集37巻8号1294頁。この事件で団藤判事は、補足意見の中で、以下のように述べている。「性風俗を維持するということは、なにも強姦のような性犯罪やその他の犯罪の防止を主眼とするものではない。むしろ、端的に、社会環境としての性風俗を清潔に保つことじたいを本来の目的とするものである。社会環境には物心両面にわたつて種々のものがあるが、たとえば市街等の美観風致を保持するために広告物等の制限や一定地区内における建築物の制限などが刑罰の制裁のもとにみとめられていることを考えるとき（屋外広告物法、建築基準法）、このような物理的・視覚的美観にかぎらず、風俗的にいかがわしい商品等が世上に氾濫することのないようにして、いわば精神的社会環境ともいうべきものを保護することが許されな

足意見の中で団藤重光判事が猥褻規制の根拠として示した「社会環境としての性風俗の清潔さの維持」に対しても、同種の批判が加えられ得る。前章で論じたように、現代国家は異質な思想・価値観の共存を可能にするようなルールを模索していくべきであり、物質的環境であればともかく[70]、精神的環境に関しては、ある特定の思想・価値観を前提とするような環境を維持するために国家が介入することは許されないはずである。なぜなら、ある特定の思想・価値観を前提とするような精神的環境を国家が維持しようとすることは、とりもなおさずその他の思想・価値観を抑圧する効果を持つことになるからである。したがって、これらを根拠として猥褻表現を規制することは憲法上許されないと言うべきである。

第2に、猥褻表現が性犯罪や重大な反社会的行為を増加させるということを根拠に規制を正当化する考え方がある。もし、仮に、猥褻表現と性犯罪の増加との間に因果関係が証明できるのであれば、これは猥褻表現に対する規制根拠として有力なものになるであろう。しかし、現段階においては、いまだその因果関係は実証的・科学的に論証されていないという説も有力である[71]。このような段階においては、これを根拠として規制することについては慎重さが要求されよう。

第3に、パンダリング、つまり顧客の性的興味をそそるために公然と広告した出版物を供給する商売に焦点を当てる見解がある[72]。これは、社会の構

いはずはないであろう」。ただし、ここにおいて、「社会環境としての性風俗の清潔さの維持」が単に性秩序の維持を意味するものであるのか、それとも見たくない者の権利の保護をも含む趣旨のものであるのかは、明らかではない。

70) なお、佐藤幸治は、「『猥褻』的表現はそれを見たくない人にとって苦痛事であり、ポルノ大量陳列などがその周辺の生活環境にある程度の衝撃を与えることは否定できない」として、「生活環境を守る」ということを規制根拠に挙げている。佐藤・前掲注 65) 528 頁。

71) 例えば、市川正人「表現の自由とわいせつ」法学セミナー 486 号（1995）87 頁や、三島聡「性表現と犯罪」法学セミナー 502 号（1996）49～51 頁等がこのような見解を披露している。

72) パンダリングを規制根拠の1つとする見解は、『悪徳の栄え』事件判決（最判昭和 44 年 10 月 15 日刑集 23 巻 10 号 1239 頁）の色川幸太郎判事の反対意見に現れている。彼は以下のように述べている。「出版、頒布、販売にあたり、商業的な利潤追及を主眼とし、印刷製本の体裁や、宣伝、広告、販売の方法その他が明らかに、読者の低俗な好色淫蕩な興味、関心をかきたて、その性的な興奮を狙ったものであると認められるときは、作品が社会的価値を有しているとしても、猥褻の文書の頒布等としてこれを処罰してもこれまた憲法上の問題ではないと解すべきである。けだし、作品の猥褻性の有無と社会的価値は、一般読者が作品全体に含まれる思想や主題を追って、真摯にこれを通読した場合の影響如何によって判断さるべきであるところ、上記の如きいわゆるパンダリングとよばれる頒布等のあり方こそは、正にかかる読書態度の否定を意図するものであって、その結果作品の猥褻性がどぎつく浮び上り、作品の社会的価値も低俗に堕するにいたるものと考えざるを得ないからである」。

成員はノーマルな性的欲求や好奇心と性的行動に対する強力な社会的・法的抑制の挟間で葛藤しているが、この葛藤の商的利用は処罰されてしかるべきであるという考え方である。この種の規制根拠は、前章の表現の自由に関する第1・第2ルールに抵触しないのでそのような意味で許容され得るものである。しかし、これを規制根拠とする見解に対しては、性的興味をそそるために公然と広告した出版物を供給する商売に対しては、読者が猥褻文書としての影響を実際に受けていない場合であっても処罰が及ぶということになり、パンダリングの過度の強調は危険であると警鐘を鳴らす声も強い[73)]。

第4に、猥褻表現を見たくない者の権利を保護するということを規制根拠とする見解もある。すなわち、「不快だと感じるものを強制的に見せられないという利益」や「自己の意思と無関係に性欲を刺激され興奮させられない利益」を保護しようというものである。このような利益は十分保護に値するものであり、猥褻表現の規制を正当化する有力な根拠となり得るが、この見解によれば、例えば、入場料を払って自分の意思で映画を鑑賞する場合などには本罪は成立しないということになるし、また、表現に対する一律の規制ではなく表現の時、場所、方法の規制で足りることが多いということにもなるであろう。さらに、「不快だと感じるものを強制的に見せられないという利益」自体は表現規制の根拠となり得るであろうが、性表現から受け手が感じる不快感・羞恥心はその受け手が有している性道徳に起因することが多い。したがって、「見たくない者の権利の保護」という名目で、社会の多数派が有しているある特定の性道徳が押しつけられることがないように注意する必要がある[74)]。

第5に、猥褻表現の中には男性支配・女性従属の社会構造を構築する効果

73) 例えば、田中久智「文学とわいせつ(2)―『悪徳の栄え』事件」『マスコミ判例百選〔第2版〕』(1985) 32〜35頁。

74) 「不快さ」という概念には注意が必要である。確かに、「不快さ」には、①その表現の根底にある思想・信条・価値観が、受け手のそれと強く衝突するがゆえに受け手に対して与えられる不快さと、②例えば、残虐な暴力表現を視聴したときの「ぞっ」とする感覚や猥褻表現を目にしたときの困惑などの不快さとがあり、おそらく両者は異質なものであろうと考えられるのであるが、両者が混合していたり、相互に作用しあっているような場合も多いと思われる。この点に関して、ドゥウォーキンも、「人々が過激な性描写に対して感じる不快感は、彼（女）らの道徳的信念と独立していることはめったにない。……我々は、人々がポルノの広告や陳列に対して覚える反感の動機においては、少なくとも様々な態度や信条や傾向――しかもこれらに基づいて規制を正当化すれば、ある個人の道徳的自律の権利を侵害することになってしまうような態度や信条や傾向――の混同および相互関係に遭遇するのである」と述べている。RONALD DWORKIN, A MATTER OF PRINCIPLE 356 (1985).

を有するものがあるということを根拠に、猥褻表現を規制しようという見解がある。例えば、マッキノン（Catharine MacKinnon）は、以下の２つの点において、ポルノグラフィーが女性の自由および平等権を侵害すると主張している[75]。①まず、ポルノグラフィーが、サイレンシング（silencing）の効果を生じさせるという点である。つまり、ポルノグラフィーは、女性に自分の意見を語らないことがよいことであるとの観念を植えつけるとともに[76]、社会に彼女らの主張を軽視するような風潮を生み出すという効果をも有しているという。ここにおいては、社会において女性が実際に男性と平等に発言し、かつその発言に対して男性と平等な尊重を受けるという意味での平等が問題となる。②次に、ポルノグラフィーが、女性を性的対象物もしくは従属的な対象物として描くことによって、女性の一般的な従属——経済的従属や社会的従属など——を助長しているという点である。そして、このような現実を打破し、現実的な平等を達成するためには女性の従属という社会的現実を作り上げている表現手段、すなわちポルノグラフィーを打破しなければならないと彼女は主張する[77]。

まず、前者①サイレンシングの効果に関しては、もし仮に本当にポルノグ

75)　本文で述べるようなマッキノンの主張に関する分析は、ドゥウォーキンによるものである。RONALD DWORKIN, FREEDOM'S LAW: THE MORAL READING OF AMERICAN CONSTITUTION 227-243 (1996). ポルノグラフィーをめぐるドゥウォーキンとマッキノンとの論争については、齊藤愛「ドゥウォーキンの表現の自由論に関する一考察」本郷法政紀要７号（1998）355～379頁を参照されたい。

76)　マッキノンは以下のように述べている。「こうして、女性の人生はポルノグラフィーの制作者の台本通りに作られるのである。生き延びるためにあなたがた女性は恥じることを覚え、それを隠すために性的虚勢を張ることも覚え、自分が社会において影響力のない人間であるということを学び、それを魅惑的・秘密なものとする術を学び、自分でも忘れてしまうまで自分の知っていることを語らない習慣を身につける。……そして、人にとり入り、媚びへつらい、まねをし、積極的なまでに受動的になり、沈黙するようになる。つまり、『女らしさ』を身につけていくのである」（CATHARINE MACKINNON, ONLY WORDS 7 (1993)）。

77)　ただし、マッキノンは、すべての猥褻表現にこのような効果があると主張しているわけではないということに留意する必要がある。彼女は、ポルノグラフィーを「画像・言葉にかかわらず、女性の従属を写実的かつ性的にあからさまに描写したもの」のみに限定しており、その制作・頒布・販売を禁止すべきであると主張しているのである。この定義に該当するのは、例えば、①女性が苦痛や屈辱やレイプを楽しむものとして描かれているもの、②女性が堕落したり、拷問を受けていたり、不潔なものとして描かれているもの、③女性が血を流していたり、打撲傷を受けている形で描かれているもの、④女性が隷従・服従・陳列の姿勢で描かれているものなどである。Catharine MacKinnon, *Pornography, Civil Rights, and Speech,* reprinted in PORNOGRAPHY: WOMEN, VIOLENCE, AND CIVIL LIBERTIES, A RADICAL VIEW (Catharine Itzin ed., 1993). マッキノンの議論を紹介したものとして、高橋和之「ポルノグラフィーと性支配」岩村正彦ほか編『現代の法 11 ジェンダーと法』（岩波書店・1997）9頁 221～246頁。

ラフィーが女性から発言の機会を直接奪ってしまうというのであれば、規制が許容されることもあり得よう。なぜなら、前述した表現の自由に関する第3ルールは、各人に「自分の思想・価値観を表現し、外的環境に働きかける機会を十分に得る権利」を保障することを命じているからである。しかし、筆者は、現実の社会において、女性が、「自分の思想・価値観を表現し、外的環境に働きかける機会を十分に得る権利」を奪われているとまでは言えないのではないかと考える。また、ポルノグラフィーが女性らの主張を軽視するような風潮を社会に生み出すという効果を有しているということを根拠に規制を正当化するという議論に関しても、筆者は同意することができない。なぜなら、表現の自由権はあくまで「自分の思想・価値観を表現し、外的環境に働きかける機会を十分に得る権利」であって、いかなる表現者も自らの発言に対する敬意を他人に要求し得る権利ではないからである。もし、いかなる表現者も自らの発言に対する敬意を他人に要求することができるというのであれば、ドゥウォーキンも指摘するように、天地創造説の主唱者も含めて、いかなる人も自分の考え方を主張しやすい環境を提供してもらうために必要な、もしくは自分の主張が正しく理解されるために必要な、敬意に満ちた他人の注目を受ける権利を有していると主張することになる。これは明らかに妥当ではない[78]。

さらに、後者②に関しては、もし現実においてポルノグラフィーが女性の一般的な従属――経済的従属や社会的従属等――を構築しているというのであれば、場合によっては、ポルノグラフィーの規制も許容され得るかもしれない。しかし、現代社会における女性に対する差別・偏見は、ポルノグラフィーの送り手の自由を制約する必要があるほど深刻なものであるとは思われないし[79]、そもそもポルノグラフィーと女性の一般的従属との間の因果関係も必ずしも明らかではない。そして、少なくとも、この点のみから、現行刑

78) この点に関して、ドゥウォーキンは、ポルノグラフィーが女性の主張を軽視するような風潮を社会に生み出すという効果を有しているという議論においては、表現の自由内部における2つの自由の衝突――すなわち、ポルノグラフィーの送り手の「消極的自由」と女性の「積極的自由」との衝突――を生ぜしめると指摘した上で、たとえ、ある言論が他の言論を誤解させたり沈黙させるようなことがあっても、国家が介入して是正することは憲法上認められていないと述べている。DWORKIN, *supra* note 75, at 214-223.

79) 阪口正二郎も、「国家が一定のセクシュアリティを押しつける方がかえって性差別を促進する可能性があるし、女性は『国家による自由』としての規制を必要とするほど弱い存在であろうか」と疑問を投げかけている。阪口正二郎「わいせつの概念―『悪徳の栄え』事件」『憲法判例百選Ⅰ〔第5版〕』(2007) 119頁。

法175条を正当化することはできないと考えられる。なぜなら、たとえ仮に猥褻表現の一部に男性支配・女性従属の関係を構築するようなものが存在すると認められるとしても、同法175条が規制対象としているもののすべてが女性の一般的従属を構築するとは到底思われないので、同条は過度に広範な規制であると言わざるを得ないからである。

Ⅱ　最高裁判例およびその検討

では、刑法175条に基づく猥褻表現規制に関して、最高裁判例はどのような立場を採ってきたのであろうか。そしてそれは妥当であったのであろうか。ここでは、最高裁の見解[80]を、①猥褻規制の根拠、②最高裁が採用すべきとした「社会通念」、③猥褻の定義・判断基準の3点について検討していきたい。

1　猥褻規制の根拠

最高裁は、チャタレー事件[81]において、「およそ人間が人種、風土、歴史、文明の程度の差にかかわらず羞恥感情を有することは、人間を動物と区別するところの本質的特徴の1つであ」り、「人間に関する限り、性行為の非公然性は、人間性に由来するところの羞恥感情の当然の発露である［ので、］かような羞恥感情は尊重されなければなら」ないし、また、「猥褻文書は性欲を興奮、刺戟し、人間をしてその動物的存在の面を明瞭に意識させるから、羞恥の感情をいだかしめる。そしてそれは人間の性に関する良心を麻痺させ、理性による制限を度外視し、奔放、無制限に振舞い、性道徳、性秩序を無視することを誘発する危険を包蔵している。もちろん法はすべての道徳や善良の風俗を維持する任務を負わされているものではない。かような任務は教育

80)　長峯信彦「“わいせつ”映像類はどこまで自由に表現できるか」法学セミナー565号（2001）14～17頁参照。評釈として、チャタレー事件については、阪本昌成「わいせつ文書の頒布禁止と表現の自由—チャタレイ事件」『憲法判例百選Ⅰ〔第4版〕』（2000）118～119頁、中山研一「文学と猥褻（1）—チャタレー事件」『マスコミ判例百選〔第2版〕』（1985）30～31頁、『悪徳の栄え』事件については、阪口・前掲注79）120～121頁、田中・前掲注73）32～35頁、『四畳半襖の下張』事件については、江橋崇「猥褻文書頒布等禁止と表現の自由（1）—四畳半襖の下張事件」『マスコミ判例百選〔第2版〕』（1985）36～37頁、角替晃「わいせつ概念の再構築—『四畳半襖の下張』事件」『憲法判例百選Ⅰ〔第4版〕』（2000）122～123頁等参照。

81)　最大判昭和32年3月13日刑集11巻3号997頁。

や宗教の分野に属し、法は単に社会秩序の維持に関し重要な意義をもつ道徳すなわち『最少限度の道徳』だけを自己の中に取り入れ、それが実現を企図するのである。……性道徳に関しても法はその最小限度を維持することを任務とする」と述べている。最高裁は、現在に至るまで、基本的にこの立場を変えていない。

以上の記述から、最高裁は、猥褻規制の根拠として、主として、①性道徳・性秩序の維持、②見たくない者の権利の保護[82)]の２つを想定していることが明らかになる。ここでは、この２つの規制根拠について検討を加えていきたい。

まず、①「性道徳・性秩序の維持」に関しては、前述のように、国家が性に関するある種の思想ないし価値観を国民に対して強制しようとするものであり、前述の表現の自由に関する３ルールに照らして、許容されないものである。最高裁は、国家が維持すべき「最少限度の道徳」として、「性行為非公然の原則」を挙げる[83)]。ところが、猥褻表現の規制について言及する段階になると、この「最少限度の道徳」は、いつのまにか、「性行為非公然の原則」から「性行為表現の非公然の原則」へとすり替えられてしまう[84)]。そして、そこにおいて、最高裁が想定している「最少限度の道徳」とは、性を秘めごとにしておくべきであるというものである。最高裁がこうした特定の思

82）判例中の「猥褻文書は性欲を興奮、刺戟し、人間をしてその動物的存在の面を明瞭に意識させるから、羞恥の感情をいだかしめる」という箇所や「羞恥感情は尊重されなければならない」ないという箇所から、最高裁は、猥褻表現の規制根拠として、「見たくない者の権利の保護」を持ち出していることが明らかである。

83）最高裁は、以下のように述べている。「例えば未開社会においてすらも性器を全く露出しているような風習はきわめて稀れであり、また公然と性行為を実行したりするようなことはないのである。要するに人間に関する限り、性行為の非公然性は、人間性に由来するところの羞恥感情の当然の発露である。かような羞恥感情は尊重されなければならず、従ってこれを偽善として排斥することは人間性に反する。なお羞恥感情の存在が理性と相俟って制御の困難な人間の性生活を放恣に陥らないように制限し、どのような未開社会においても存在するところの、性に関する道徳と秩序の維持に貢献しているのである」。

このように、判例が「超ゆべからざる限界」として、すなわち最少限度の道徳として直接言及しているのは「性行為非公然の原則」である。しかし、前述のように、実際には、最高裁はそれを超えた道徳――「性行為表現の非公然」――を強制している。同種の指摘として、長峯・前掲注 80）16 頁参照。

84）チャタレー事件において、真野毅判事も以下のように述べている。「多数意見が前提として説いている『性行為の非公然性の原則』とは、すでに触れたように性行為を公然と実行しないというだけの意義に過ぎないから、性行為の非公然性の原則に反するとは、性行為を公然と実行するということに帰着する。（本訳書はもとより生き物ではないから、公然であろうと秘密であろうと、訳書そのものが性行為を実行することはありえないことである。）」。

想・価値観を採用するということは、とりもなおさず、性の解放を追求していくべきであるという思想・価値観などを国民が持つことを抑圧するものである[85]。したがって、前章の表現の自由に関する３ルールのうち第１・第２のルールに抵触するため許されないということになる。

また、②「見たくない者の権利の保護」に関しては、それ自体としては十分規制根拠となり得るが、前述のように、「羞恥心」は受け手の性道徳の反射として現れることも多いので、「羞恥心」の保護の名の下に、社会の多数派の性道徳が押しつけられることがないよう特に注意しなければならない。また、「見たくない者の権利の保護」ということからのみ考えれば、通常、手段・場所・方法に対する規制で十分対処し得ると考えられるので、猥褻な文書、図画を頒布し、販売し、または公然と陳列した者あるいは、販売の目的でこれらを所持した者を、その時・方法・手段などにかかわりなく一律に禁止してしまうことには合理性を見出すことはできないと考えられる[86]。

２　最高裁が採用すべきとした「社会通念」

最高裁は、チャタレー事件において以下のようにも述べている。

> 著作が一般読者に与える興奮、刺戟や読者のいだく羞恥感情の程度といえども、裁判所が判断すべきものである。そして裁判所が右の判断をなす場合の規準は、一般社会において行われている良識すなわち社会通念である。この社会通念は、「個々人の認識の集合又はその平均値でなく、これを超えた集団意識であり、個々人がこれに反する認識をもつことによつて否定するものでない」……本著作が猥褻文書にあたるかどうかの判断が一部の国民の見解と一致しないことがあっても止むを得ないところである。この場合に裁判官が良識に従い社会通念が何であるかを決定しなければならぬ……。……性一般に関する社会

85）　ドゥウォーキンは、過激な性表現を公然と陳列しようとする表現者は、性に関する公・私の既存の境界線を利用して表現しているのだとも述べている。すなわち、この既存の境界線があるからこそ、公然と行われる性表現がショッキングで魅力的なものとなるのだと言う。そして、公然と過激な性表現をしようとする者は、そのこと自体によって、性に関する公・私の境界線を再設定しようとしていると述べている。DWORKIN, *supra* note 74 , at 343-344.

86）　さらに、判例中の「それは人間の性に関する良心を麻痺させ、理性による制限を度外視し、奔放、無制限に振舞い、性道徳、性秩序を無視することを誘発する危険を包蔵している」という箇所からは、「性道徳・性秩序の維持」という規制根拠のみならず、「性犯罪の増加」という規制根拠をも匂わせているかのようにも思われるが、明らかではない。この「性犯罪の増加」という規制根拠に関しては、前述のように、現段階では猥褻表現との因果関係が明確に立証されていない以上、慎重に判断すべきである。

通念［は］時と所とによって同一でなく、同一の社会においても変遷がある……。しかし性に関するかような社会通念の変化が存在しまた現在かような変化が行われつつあるにかかわらず、超ゆべからざる限界としていずれの社会においても認められまた一般的に守られている規範が存在する。

ここにおいて裁判所が採用すべきとしている「社会通念」は、裁判所が社会の多数者に抗してでも守るべき「規範」としての「社会通念」であり[87)]、それはいわば超社会的社会通念とも言うべきものである。こういった見解は、『悪徳の栄え』事件判決[88)]ではそのトーンはやや下がったものの、今に至るまでそれは明確には否定されていない。

こうした超社会的社会通念の導入は、これまで学説から激しく批判されてきたが[89)]、筆者はそれ自体としてはまったく的外れであるとは考えていない。前章で論じたように、筆者は、基本的に以下のようなデュルケームの主張を支持している。すなわち、それは、「国家は、社会の構成員の社会的共存を可能ならしめるために必要不可欠な集合意識ないし道徳を維持していかなければならない。ただし、そこでいう道徳は、必ずしも既存の道徳とは限らない。既存の道徳が社会の正常態の諸条件に合致していないような場合は、国家は、それに合致するような、社会に潜在的に潜むところの趨勢を一歩先取りした道徳を採用することが要求される。そして、国家（およびその一端を担う司法府）は、その道徳の象徴ないし体現者とならなければ、構成員の自発的な支持をとりつけることはできない」という主張である。そして、現代の人権国家が今後採用していかなければならない道徳は、異質な思想・価値観の共存を可能にするようなものである。このように考えると、今日の日本において、仮に裁判所が採用すべき超社会的社会通念があるとすれば、それは、精神的領域においては「個人の思想・信条・価値観の尊重」という道徳であろう。すなわち、裁判所が多数派に抗しても採用しなければならない「社会通念」とは、いかなる思想・価値観であっても各人の自由に委ねるというルール、国家が決して特定の思想・価値観を個人に強制しないというルールなのである。しかし、最高裁が超社会的社会通念として採用したのは、

87）阪口・前掲注79）120〜121頁。

88）前掲注72）最判昭和44年10月15日。

89）例えば、阪本昌成は、ここに、裁判官が客観的に識別し得る「社会通念」なるものが存在するというトリックが見受けられると指摘している。阪本昌成「性表現」ジュリスト812号（1984）46頁。

そのようなものではなく、前述のような性に関するある特定の価値観であった。このようなことは、上記表現の自由に関する3ルールに照らせば許されるべきものではない[90]。

3　猥褻の定義・判断基準

最高裁は、サンデー娯楽事件[91]において、猥褻表現を「徒らに性慾を興奮又は刺戟せしめ且つ普通人の正常な性的羞恥心を害し善良な性的道義観念に反するもの」と定義づけた。この定義は、そのままその後のチャタレー事件判決に踏襲され、現在に至っている[92]。そして、最高裁は、ある文書が猥褻の定義に該当するのであれば、その文書が表現者の思想・価値観を含むものであるか否かや、文学的・芸術的価値を有しているか否かなどを一切考慮することなく、それに対して刑法上の規制を及ぼすことが許されると考えている。チャタレー事件において、判例は、「芸術性と猥褻性とは別異の次元に属する概念であり、両立し得ないものではない。……ほぼ同様のことは性に関する科学書や教育書に関しても認められ得る」と述べている。また、『悪

90)　さらに、判例は、猥褻に該当するか否かを判断する要素の1つとして、「性的羞恥心を害すること」という要素を挙げている。しかし、この「羞恥心」は表現によって受け手が示す現実的拒否反応である。したがって、「羞恥心」を害するか否かを判断するためには、現実の生の人間の感情を考慮しなければならず、そのような意味では、一般人の社会通念を参照すべきであるということになるはずである。しかも、「羞恥心」を害するか否かといった生の人間の反応は、時間とともにたえず変化していくものであるため、そのような人々の感覚の変化を考慮していくことも必要となるはずである。

91)　最判昭和26年5月10日刑集5巻6号1026頁。

92)　最高裁は、ある文書が上記の猥褻表現の定義に該当するか否かについては、チャタレー事件判決においては、一見部分的考察説を採っていたかのようにも受けとれたのであったが、『悪徳の栄え』事件判決では、「文書の個々の章句の部分は、全体としての文書の一部として意味をもつものであるから、その章句の部分の猥褻性の有無は、文書全体との関連において判断されなければならないものである。したがって、特定の章句の部分を取り出し、全体から切り離して、その部分だけについて猥褻性の有無を判断するのは相当でない」として、はっきりと全体的考察説を打ち出している。さらに、その後の『四畳半襖の下張り』事件判決（最判昭和55年11月28日刑集34巻6号433頁）においては、この全体的考察の判断に関して、「文書のわいせつ性の判断にあたっては、当該文書の性に関する露骨で詳細な描写叙述の程度とその手法、右描写叙述の文書全体に占める比重、文書に表現された思想等と右描写叙述との関連性、文書の構成や展開、さらには芸術性・思想性等による性的刺激の緩和の程度、これらの観点から該文書を全体としてみたときに、主として、読者の好色的興味にうったえるものと認められるか否かなどの諸点を検討することが必要であり、これらの事情を総合し、その時代の健全な社会通念に照らして……決すべきである」と述べ、判断の方法・基準の具体化を試みるようになっている。また、『四畳半襖の下張り』事件判決では、猥褻の判定基準として、「主として、読者の好色的興味にうったえるものと認められるか否か」という要素も重視されるようになっている。

徳の栄え』事件においては、チャタレー事件判決を踏襲し、「猥褻と芸術性・思想性とは、その属する次元を異にする概念であり、芸術的・思想的の文書であつても、これと次元を異にする道徳的・法的の面において猥褻性を有するものと評価されることは不可能ではなく、その文書が、その有する芸術性・思想性にかかわらず猥褻性ありと評価される以上、刑法175条の適用を受け、その販売、頒布等が罪とされることは当然である」と述べ、さらに、「文書がもつ芸術性・思想性が、文書の内容である性的描写による性的刺激を減少・緩和させて、刑法が処罰の対象とする程度以下に猥褻性を解消させる場合があ［ったとしても］、右のような程度に猥褻性が解消されないかぎり、芸術的・思想的価値のある文書であっても、猥褻の文書としての取扱いを免れることはできない」とも述べている。

このように、最高裁の見解によれば、ある文書が前述の猥褻の定義に該当する以上、それがいかに思想性・文学性・芸術性を有していたとしても、すべて刑法175条によって規制することが許容され、ただ性的刺激を緩和することがあるという限りにおいて、これらが考慮に入れられるということになる[93]。そこでは、「芸術的・思想的価値のある文書は猥褻の文書として処罰対象とすることができない」とか、「文書のもつ猥褻性によって侵害される法益と芸術的・思想的文書としてもつ公益性とを比較衡量して、猥褻罪の成否を決すべし」とするような主張は一切退けられている。

しかし、これはなぜであろうか。なぜ、最高裁は、その表現が送り手の思想・価値観を表明するものであるかや、その表現が社会的利益——文学的・芸術的・科学的利益および娯楽の利益等——に資するものであるかなどを一切考慮することなく、そこまでして自身が列挙した規制目的を達成しようとしているのか理解できない。ここにおいては、作品の猥褻性によって侵害される法益とその芸術性・思想性などの価値が社会に与える貢献度等とを比較衡量して規制の可否を判断するなどということはかたくなに排除されてしまっている[94]。確かに、こうした比較衡量論に対しては、「表現の持つ文学

93） 市川・前掲注71）88頁。

94） ちなみに、チャタレー事件に付された反対意見のほとんどは、比較衡量をすべきであると主張している。ただし、比較衡量をした後、不可罰の根拠をどのように法律構成するかという点に関しては、反対意見を述べた判事の間でも相違が見られる。これを分類すると以下の4つのようになる。①芸術性などの価値が猥褻性に優越する場合、「猥褻文書」に当たらないとするもの（田中二郎・色川幸太郎判事）、②「猥褻文書」に当たるが、正当行為として猥褻罪を構成しないとするもの（岩田誠判事）、③「猥褻文書」に当たるが、可罰性を否定するもの（横田正俊・大

的・芸術的価値などを猥褻か否かを判断する際の比較衡量の材料として使うとなると、裁判所がこうした表現の価値について判断することになり、芸術・学問への国家の過度の干渉を招くのではないか」との批判もあり得よう[95]。しかし、当該文書・図画の内容がどのような政治的・芸術的価値を持つかという判断ではなく、何らかの政治的・文学的・芸術的な思想や価値観などを含むものか否かという点に関してのみ判断が要求されていると解するのであれば、この種の批判も緩和されるのではないかと考えられる[96]。

Ⅲ　伊藤正己判事補足意見

伊藤正己判事は、ビニ本事件[97]補足意見の中で、「猥褻」表現をいわゆるハード・コア・ポルノと、それには当たらないが、「猥褻」的要素の強いもの（「準ハード・コア・ポルノ」）とに区別し、前者には表現の自由の保障が及ばないが、後者には憲法21条の保障が及ぶので、後者については、規制が認められるか否かについては当該性表現によってもたらされる害悪の程度とその表現の有する社会的価値との利益較量をして決すべきとの議論を展開している。ここでは、彼の議論について紹介し、検討を加えたい[98]。

彼によれば、ハード・コア・ポルノとは、「性器または性交を具体的に露骨かつ詳細な方法で描写叙述し、その文書図画を全体としてみたときにその支配的効果がもっぱら受け手の好色的興味に感覚的官能的に訴えるものであって、その時代の社会通念によっていやらしいと評価されるもの」であり、このようなハード・コア・ポルノは、「特定の思想や意見を伝達するものとはいえず、社会的価値を欠いているか、または法的に評価できる価値をほとんどもつものではない［ので、］憲法21条1項の保護の範囲外にあり、これに法的規制を加えることがあっても、表現の自由に関する憲法的保障の問題は生じない」（傍点は筆者、以下同）とされる。一方、準ハード・コア・ポルノは「性器または性交の直接の具体的描写ではないが、その描写から容易に

隅健一郎判事）、④「猥褻文書」に当たるが、超法規的違法阻却事由に当たり、処罰を免れるとするもの（奥野健一判事）。田中（久）・前掲注73）34頁。

95）　奥野健男「性表現の自由」ジュリスト812号（1984）42～44頁。

96）　同種の見解として、林・前掲注68）91頁。

97）　最判昭和58年3月8日刑集37巻2号15頁。

98）　ビニ本事件の評釈として、堀部政男「わいせつ文書頒布等禁止と表現の自由（2）―ビニール本の販売事件」『マスコミ判例百選〔第2版〕』（1985）38頁参照。

性器や性交を連想させ、その支配的効果がもつぱら又は主として好色的興味をそそるものであつて、社会通念に照らして、ハード・コア・ポルノに準ずるいやらしさをもつ文書図画」と定義される。そして、「これらの文書図画のうちには、芸術性や思想性の要素を含み、ある程度の社会的価値をもつものがありうるから、それらは憲法上の表現の自由の保障の範囲外であるということはできない。そこで、……ある性表現物が『猥褻ノ文書、図画』にあたるかどうかの判断にあたつては、当該性表現によってもたらされる害悪の程度と右作品の有する社会的価値との利益較量が不可欠となる」と言う。

このように、表現を、表現の自由権の保護の及ぶ表現と及ばない表現とに分けて議論を進めていくという手法は、これまでアメリカの判例や学説においても見受けられてきたが、保護の及ぶ表現とそうでない表現との線引きの難しさなどから、今では、あまり成功しているという評価はなされていない[99]。伊藤判事の見解にも同様の難点が見られる。

まず、伊藤判事は、基本的に、「特定の思想や意見を伝達するもの」を表現の自由の核心として捉えており、それを前提にして、ハード・コア・ポルノの定義に該当するような表現物は、直ちに、「特定の思想や意見を伝達するものとはいえず、社会的価値を欠いているか、または法的に評価できる価値をほとんどもつものではない」と考えているようである。しかし、この定義に該当するような表現であっても、表現者の思想・意見を表明しようとするようなものがあり得るのではないだろうか。例えば、同性愛者どうしの肉体の結合を露骨に表した写真などの中には、同性愛に対する社会のより深い理解を訴えるような表現もあり得ると考えられるが、このような表現の中には、上記ハード・コア・ポルノの定義に該当するようなものもあるのではな

99）アメリカでは、Miller 判決（Miller v. California, 413 U.S. 15）以来、猥褻表現に該当するか否かは、「①通常人が、現時点の地域社会の基準に照らして、当該作品を全体として好色的興味に訴えるものだと思うか否か、②当該作品が、明らかに不快感を与える方式で州法によって特定化された性的行為を描写ないし叙述しているか否か、③当該作品が、全体としてまじめな文学的、政治的、ないし科学的価値を欠くものであるか否か」によって判断し、それに該当する以上、その表現は修正１条によって保護されないという手法がとられてきた。こうした手法に対しては、例えばサンスティン（Cass Sunstein）は以下のように批判している。すなわち、「保護される言論」と「保護されない言論」とをあらかじめ区別しておく方法は、その線引きの難しさ、なぜその表現が保護されないのかを示すことの難しさにおいてあまりよい方法ではない（サンスティン自身は、このような手法を採らず、性表現も一応修正１条で保護されるとした上で、保障の程度において差をつけるという議論を展開している）。Cass Sunstein, Democracy and the Problem of Free Speech 151-152 (1993).

いかと思われる。このような場合に憲法上の保障が一切及ばないと考えるのは妥当ではないように思われる。また、伊藤判事は、表現の価値を「政治的言論を含んでいたり、学問的・芸術的価値」を有したりするようなものにだけに限定して考えているように思われる[100)]。しかし、表現の価値はそれのみには限定されないであろう。映画やドラマが視聴者に与える娯楽性や性表現が読者に対して与える快楽も、市場で価格がつけられている以上、それなりに重要な価値であると思われる。しかし、伊藤判事はこのような価値を有する表現であっても、ハード・コア・ポルノの定義に該当する以上、その価値の大小などを個別的に比較衡量することなく、直ちに刑法上の規制を課すことが許されると考えているようであるが、その根拠は必ずしも明らかではない[101)]。

表現の自由の保障の及ぶ表現とそうでない表現とに分けて論じる見解は、一般に、すべての表現を一応表現の自由権の保障の枠内に入れて、その上で何らかの形で個別的な利益衡量をするような手法と比べて、その線引きにい

---

100) 伊藤判事は同事件の補足意見の中で、準ハード・コア・ポルノの規制における比較衡量に関して、考慮すべき表現の価値について以下のように述べている。「当該作品が単に娯楽的価値を有するにすぎない場合はともかく、それが、政治的言論を含んでいたり、学問的・芸術的価値を有する場合には、右の利益較量がとくに慎重になされるべきであるということである。政治的言論の自由や学問・芸術上の表現の自由は、憲法 21 条の保障のまさに核心をなすものであって、憲法上最大限の尊重を必要とするものであるから、いやしくも『猥褻』の取締りに名を藉りて、政治的言論や学問・芸術上の表現の自由に対する不当な抑圧を是認するようなことは、許されないというべきである」。

101) また、伊藤判事は、当該言論が一般的に持つ利益(価値)と、対立する本質的部分(保護法益の本質部分)とをあらかじめ衡量して、一定の範疇(要件)を公式化しておいて、具体的事件をこの要件に適用することによって「保護された言論」と「保護されない言論」とに自動的に振り分けるいわゆる範疇化テストの手法を提唱しているのであるが、阪本昌成は、このような手法を使うことができる場合として、以下の 2 つを挙げている。それは、①言論を禁止しないで more speech による救済によるべしという命題が通用しない場合、つまりある人物のこうむった損失が、more speech によって回復できないような場合と、②思想表明の必須部でない言論であること、または、社会的価値をまったく持たないかもしくはほとんど持たない言論であるような場合である。そして、阪本は、猥褻表現にこの手法が用いられるのは、②の場合としてであるが、そもそも表現行為とは、「正確で、客観的に説明しうる思想だけではなく、説明のつかない感情の表出も同時に伝達するもの」であり、思想表明の必須部でないという理由は、せいぜい保障の程度を決めるために用いられるべきであって、保障の範囲外におくための理論としてはあまりに粗雑であるとして、こうした手法を批判している。阪本昌成「わいせつ物規制と表現の自由の基本理論」法学セミナー 343 号 (1983) 51〜52 頁、同・前掲注 89) 48 頁参照。また、市川正人は、「思想・科学・芸術の主張ないし価値を持つものではないとされるハードコアポルノは、表現の自由が及ぶ『表現』ではないとされるが、『思想・科学・芸術の主張ないし価値を持つものではない』との判断は裁判所が行い、このようなものとして分類されてしまうと、表現の自由が一切及ばなくなるというのはいかがなものか」と批判している。市川・前掲注 71) 88 頁。

っそうの厳格さと慎重さが要求される。また、憲法上の保護を受けないとされる表現に対しては、なぜそれらに対して表現の自由の保障が一切及ばないのかということに関して、十分な根拠を示すことが求められる。それを成功させるのは極めて困難である。

Ⅳ 結　　語

最後に、前述の表現の自由論に照らして、猥褻表現に対する規制についていかなる結論が導き出されるのかを論じたい。

まず、上記ドゥウォーキンの第1・第2ルールに抵触するような規制は一切許されない。例えば、その表現、もしくはその根底にある思想（例えば、性を解放すべきであるというような思想）が価値のないものないし堕落したものであるとか、その表現が受け手に望ましくない信条を抱かせる（受け手に性に対する堕落した思想を植えつける）ということを根拠に、その表現を規制することは許されない。

また、性表現の中でも、表現者の思想・価値観を表現しようとするようなものは、すべて表現の自由権における本来的意味での「表現」とみなされる。この表現に該当するか否かについては、表現者がどのような意図を有していたかという主観的な観点からではなく、それが表現者の思想・価値観を真摯に表明しようとするものか、それとももっぱら好色的興味に訴えるものかという観点から、客観的に判断すべきである。そして、思想・価値観を表現する機会を十分に与えることが表現の自由権の本来的部分であり、この部分が「強い意味での権利」である。したがって、たとえそれを規制することによって他の社会的利益を増大させるという事情が存在したとしても、この権利を否定することは許されない。ここでは、ある特定の性道徳・性秩序の維持という目的や、その表現が女性の従属的地位を固定化させるといったことを理由に、表現者の十分な表現の機会を奪うことが許されないのみならず、パンダリングや、見たくない者の権利を保護するということなどを根拠にこのような権利を侵害することもやはり許されない。ただし、「自分の思想・価値観を表明し外的環境に働きかける機会を得る権利」と言えども、他の基本権と衝突する場合は規制が許される場合があり得る。例えば猥褻表現と性犯罪の増加との因果関係がはっきりと立証されるのであれば、表現者の思想や価値観を表現する機会を失わしめることも許容され得よう。しかし、この点に関しては、現時点では十分に立証されていないということは前述のとおりである。

そして、さらに付言すれば、一般に、パンダリング、見たくない者の権利を保護するという規制根拠においては、受け手に対してその表現がどのような態様・手段・方法で発せられるかが問題になるので、これらの規制目的を達するためには通常、表現の時・場所・手段の規制で足りると思われる。これらの根拠のみに基づいて猥褻表現を一律に禁止することは過度に広範ゆえに違憲無効と言わざるを得ないであろう。そして、表現の時・場所・方法に関する規制であっても、それ以外に表現手段がなく、それによって自分の思想・価値観を表明する機会を失ってしまうような場合には、そのような規制は許されない。

一方、その他の性表現、すなわち、表現者の思想・価値観を表現しようとするようなものとはみなされないような性表現であっても、「個人の尊重」という道徳の（周辺部分ではあるが）一部分に対応するものであるし、このような表現の中にも、芸術性・文学性・科学性といった価値、あるいは娯楽性といった価値を有しているものも多く、このような価値は人間に大きな利益を与え得る。したがって、この種の表現に対しても表現の自由の保障が及ぶと考えるべきである。しかし、この種の表現は、いわば表現の自由における「弱い意味での権利」に属するものにすぎないので、それを上回る社会的利益が存在する場合にはそれを制限することも認められる。

以上のような議論に照らして考えてみると、『四畳半襖の下張』事件高裁判決[102]が注目に値する。この判決では、刑法175条で言う「猥褻」の要件として、①まず性器または性的行為の露骨かつ詳細な具体的描写叙述があり、その描写叙述が情緒、感覚あるいは官能に訴える手法でなされているという2つの外的事実の存在すること、②その支配的効果が好色的興味に訴えるものであること、③その時代の社会通念上普通人の性欲を著しく刺戟興奮させ性的羞恥心を害するいやらしいものと評価されるものであることの3点を示しているのであるが、特に、②の要件を論じる中で、「［上記①の条件］をみたす文書であつても、これを客観的にみたときに、その支配的効果がむしろ性についての真摯な思想表明にあつて好色的興味にうつたえるものではないと評価されるようなものはわいせつ文書に当らない」と述べている。さらに、

102）　東京高判昭和54年3月20日高刑32巻1号71頁。

同判決では、「その文書の表明する思想や主題が性に関する道徳や風俗あるいは性秩序を攻撃するもので、それがあるいは反道徳的、非教育的と非難されるものであつたとしても、これをわいせつ性の判断に当り考慮に入れることは許されない」とも述べられている。

この判決は、表現者の思想を真摯に表明するような表現に対しては、上記①の外的条件を満たすものであっても猥褻文書として規制することは許されないとしている点で、筆者が上で述べてきた表現の自由論と一致する。また、同判決は、「その文書の表明する思想や主題……をわいせつ性の判断に当り考慮に入れることは許されない」とも述べている点で、表現の自由に関する第2ルール（「ある表現、もしくはその根底にある思想が価値のないものである」ということを根拠に、送り手の表現活動を抑圧することはできないというルール）と同旨である。これらの点においては、この判決は、筆者が上で述べてきた表現の自由論と整合的であるように思われる[103]。

第3節　ヘイトスピーチ規制

現在、ヨーロッパ諸国やカナダなど多くの国々において、人種・民族・国籍・宗教などを理由に個人または集団を攻撃する憎悪表現を規制する法律が設けられている[104]。その一方で、表現の自由を「絶対的」に保障する伝統を持つアメリカにおいては、たとえ差別的憎悪表現であっても表現内容に基づいて規制を課すことは修正1条に反すると考えられており[105]、人種差別

103）ただし、この判決は、「自分の思想を真摯に表明する表現」以外の表現には一切憲法21条の保障が及ばないと考えている点において、筆者の見解と異なる。

104）例えば、ドイツの刑法130条1項（民集扇動罪）や、フランスのゲソ法、カナダの刑法319条（憎悪の煽動の罪、故意による憎悪の助長の罪）および人権法13条等がある。なお、カナダの人権法13条は、2013年に廃止されている。ドイツにおけるヘイトスピーチ規制については、楠本孝「ドイツにおけるヘイト・スピーチに対する刑事規制」法と民主主義485号（2014）27～30頁。カナダやフランスのヘイトスピーチ規制に関する研究として、成嶋隆「ヘイト・スピーチ再訪（1）（2）」獨協法学92号（2013）328～296頁、93号（2014）762～695頁。諸外国のヘイトスピーチ規制を概観するものとして、前田朗「ヘイト・スピーチ処罰の世界的動向―差別と迫害による被害を止めるために」法と民主主義485号（2014）31～36頁。

105）アメリカ合衆国最高裁の判例法理では、「fighting words（喧嘩言葉）」などには修正1条の保障が及ばないとされているものの、人種、肌の色、信条、宗教または性別を理由に他人に激しい不安または憤りなどを引き起こす表現を禁じた市条例に対して違憲判決が出されている。R.A.V. v. City of St. Paul, Minnesota, 505 U.S. 377 (1992). この判決について詳細に紹介・分析したものとして、榎透「米国におけるヘイト・スピーチ規制の背景」専修法学論集96号（2006）69～111頁。

撤廃条約についても、人種的優越や憎悪に基づく思想の流布などを禁じる第4条に関して留保を付す形で批准している。

日本も、アメリカと同様、差別的表現であるがゆえに刑事罰などをもってそれを規制することは、日本国憲法が保障する表現の自由に抵触する可能性があるという考え方に基づいて、「憲法の保障と抵触しない限度において、本条約第4条に規定する義務を履行する」という留保付きで人種差別撤廃条約に批准している[106)]。しかし、最近では、社会のマイノリティに対する憎悪表現がしばしば見られるようになってきており、このことを受けて、日本でも、いわゆるヘイトスピーチ規制法を制定すべきだとの声が高まりつつある。ヘイトスピーチは、その標的となった者に対して心身ともに大きなダメージを与えるものである。しかし、これに対処するためにヘイトスピーチ規制という手段を採ることは、日本国憲法に照らして様々な疑義や困難を伴う。本節では、ヘイトスピーチ規制がはらんでいる憲法上の問題点について論じる。

I　ヘイトスピーチとは何か？

まず、ヘイトスピーチとは何か。ヘイトスピーチ規制の是非を論じる前に、本書において、何をもってヘイトスピーチとするかを明らかにしておきたい。

ヘイトスピーチの概念は、論者によって様々である。それは、ヘイトスピーチの概念が、各論者が社会から排除されなければならないと考える害悪に対応するような形で定義されることが多いからであろう[107)]。しかし、一般的に言えば、ヘイトスピーチは、①歴史的に差別され抑圧されてきた集団に対して、さらにその差別を助長するような発言であるということ（「マイノリティに対する差別」の要素）と、②当該集団に対する「憎悪」が表明されていること（「憎悪」の要素）との両方の要素を兼ね備えたものとして捉えられることが多い[108)]。

例えば、マツダ（Mari Matsuda）は（人種的）ヘイトスピーチ（racist hate

---

106)　小谷順子「日本国内における憎悪表現（ヘイトスピーチ）の規制についての一考察」法学研究（慶應義塾大学）87巻2号（2014）386～388頁。

107)　Robert Post, *Interview with Robert Post,* in THE CONTENT AND CONTEXT OF HATE SPEECH 31 (Michael Herz and Peter Molnar eds., 2012).

108)　ヘイトスピーチの定義については、成嶋・前掲注104)(2)751～745頁。

speech）を示すためのメルクマールとして、①人種的劣等性を示すメッセージを有していること、②そのメッセージが歴史的に抑圧されてきた集団に向けられていること、③そのメッセージが対象者に迫害を加えるようなものであり、憎悪を含み、貶めるようなものであることを挙げている[109]。また、パレク（Bhikhu Parekh）は、ヘイトスピーチを「人種・民族・性別・宗教・国籍・性的嗜好などある特定の特徴によって区別された集団または個人に対して憎悪[110]を表現したり、憎悪を助長し、煽り立て、掻き立てたりするような表現」と定義している[111]。ここでは、マイノリティに対する差別に限られず、自らの意思ではどうにもならない属性[112]を理由とするすべての差別が問題となっているかのようにも見えるが、彼のヘイトスピーチ規制擁護論は、明らかに、歴史的に抑圧されてきたマイノリティに対する差別的表現という問題に焦点を絞って論じられている[113]。このように、一般的に言えば、ヘイトスピーチは、「マイノリティに対する差別」の要素と「憎悪」の要素との両方を兼ね備えたものとして理解されていると言えよう[114]。

本書においても、一般的な定義に基づいて、ヘイトスピーチを、「自分の

109） Mari Matsuda, *Public Response to Racist Speech: Considering the Victim's Story*, 87 MICH. L. REV. 2320-2359 (1989).

110） パレクは、ここで言う「憎悪」は、「単に敬意を欠いていることや、（それどころか）積極的に無礼や嫌悪、不同意を表したり貶めたりすることとは異なる。そこには、敵意や悪意、激しい軽蔑、拒絶、ある集団を傷つけたり崩壊させたりしようという意図、その集団に対する明示的もしくは黙示的宣戦布告が含まれていなければならない」と述べている。Bhikhu Parekh, *Is There a Case for Banning Hate Speech?*, in THE CONTENT AND CONTEXT OF HATE SPEECH 40 (Michael Herz and Peter Molnar eds., 2012).

111） Parekh, *ibid.*, at 37.

112） パレクは、ヘイトスピーチを「恣意的かつ規範とは無関係な（normatively irrelevant）」理由に基づく憎悪表現と定義しているので、例えば、「殺人犯は憎むべきであり、みな処刑にするべきだ」といった表現はヘイトスピーチには該当しないとしている。Parekh, *ibid.*, at 41.

113） 彼がヘイトスピーチに当たる例として具体的に列挙した事例は、いずれも社会のマイノリティを対象にしたものであるし、彼がヘイトスピーチ規制を正当化するために挙げた「ヘイトスピーチはその標的となる者を社会から孤立させる」という論拠は、明らかに社会のマイノリティを想定して論じられたものである。Parekh, *ibid.*, at 37-56.

114） 日本においても、ヘイトスピーチのメルクマールとして「マイノリティに対する差別」の要素と「憎悪」の要素の両方が挙げられることが多いと思われる。例えば、師岡康子は、ヘイトスピーチを「人種、民族、性などの属性を理由として、その属性を有するマイノリティの集団もしくは個人に対し、差別、憎悪、排除、暴力を煽動し、又は侮辱する表現行為」と捉えている。師岡康子「国際人権基準からみたヘイト・スピーチ規制問題」世界848号（2013）210頁。一方、「差別」に力点を置いた定義としては、奥平康弘『「表現の自由」を求めて―アメリカにおける権利獲得の軌跡』（岩波書店・1999）262頁。奥平は、ヘイトスピーチを「人種・性別・その他なんらかの識別要素によって集団を差別する言論」と定義している。

意思とは無関係に負わされた属性を理由として歴史的に差別され抑圧されてきた個人または集団に対して、さらにその差別を助長し、かつ憎悪を表明するような表現」と捉えて議論を進めていきたい。そして、この定義に該当するものであれば、それが攻撃的で激しい口調でなされたか否かを問わず、また、暴力などを即時に引き起こす可能性をはらんでいるか否かを問わず、ヘイトスピーチに当たると考えていくこととする[115]。

Ⅱ　ヘイトスピーチ規制擁護論の根拠とその検討

以上のような定義に基づいてヘイトスピーチを考えてみると、現行法によっても対処できる部分がかなりあることがわかる。例えば、あるヘイトスピーチによって特定の個人の社会的評価が傷つけられたような場合には刑法上の侮辱罪や名誉毀損罪が適用されることになるであろうし、ヘイトスピーチが特定の個人に対して畏怖させるに足りるような害悪を告知するような場合であれば脅迫罪が適用されることになる。また、職場で人種を理由に労働者に対して差別的取扱いがなされたような場合であれば、労働基準法3条が適用される。さらに、近時の京都朝鮮学校事件判決[116]が示したように、特定の集団であっても、ヘイトスピーチによって名誉が毀損されたり業務が妨害されたりしたような場合には、民事上の救済を受けることができる。

そうすると、現行法ではカバーできないものとして主として問題となるのは、不特定多数の属する人種・民族集団全体に向けられた憎悪表現ということになる。では、このような問題に対処するためにヘイトスピーチを規制すべきであろうか。

ヘイトスピーチ規制を支持する論拠には様々なものが挙げられるが、ここ

115)　この点に関連して、パレクは、本書と同様に、ヘイトスピーチは、穏健で、感情的でなく物腰やわらかな言葉である可能性もあるし、無秩序を引き起こす危険性を持たない言論であることもある（重要なのは、即時に何らかの反応を引き起こすかどうかではなく、集団もしくは社会に対して長期にわたって及ぼす影響なのである）としている。Parekh, *supra* note 110, at 41. これに対して、ポスト（Robert Post）は、ヘイトスピーチは、単なる嫌悪（dislike）ではなく極端な憎悪（hate）を示すものでなければならないが、そのためには、①その表現の仕方が侮辱的で攻撃的な口調であり、かつ②その表現が暴力など偶発的な害悪を引き起こす可能性をはらんでいなければならないとしている。Robert Post, *Hate Speech*, in EXTREME SPEECH AND DEMOCRACY 127-138 (Ivan Hare and James Weinstein eds., 2009). 本書ではパレクの見解によることとする。

116)　京都地判平成25年10月7日判時2208号74頁。大阪高判平成26年7月8日判時2232号34頁。

では、①ヘイトスピーチのもたらす害悪、②ヘイトスピーチの表現としての価値の２つの観点からそれを整理し、順次検討を加えていきたい[117)]。

Ⅲ　ヘイトスピーチがもたらす害悪

ヘイトスピーチの害悪をめぐる議論は、おおむね、ヘイトスピーチが他者の何らかの権利・利益を侵害すると論じるアプローチと、ヘイトスピーチが抽象的な社会的利益を侵害すると論じるアプローチとの２つに大別することができる。後者のアプローチには、例えば、「ヘイトスピーチは、社会に不信や敵意を醸成し、社会の多様な文化集団の間に不和をもたらす」という議論や「公的な秩序や道徳を頽廃させる[118)]」といった議論がある。しかし、ヘイトスピーチ規制は、基本的に、その表現の根底にある思想ないし価値観を理由に規制を課す、いわゆる view point 規制であり、こうした規制は、前述の表現の自由論に照らせば、単なる抽象的な社会的利益を根拠に正当化され得ないということになるし、またそう解するのが通説的見解でもある[119)]。したがって、以下では、もっぱら前者のアプローチに基づく議論に焦点を絞って検討をしていくことにする。

ここでは、(1) ヘイトスピーチはマイノリティの見解を軽視・無視するような風潮を社会に生み出し、そのような意味でマイノリティを沈黙させる（サイレンシングの）効果があるという議論と、(2) ヘイトスピーチは社会において不平等を構築し差別を助長するという議論、(3) ヘイトスピーチはその標的となった集団のアイデンティティを傷つけ、また、その集団のアイデンティティを負った諸個人のアイデンティティをも傷つけるという議論について検討する。

117)　ヘイトスピーチ規制をめぐる学説に関する研究として、内野正幸『差別的表現』（有斐閣・1990）101〜134 頁。

118)　Parekh, *supra* note 110, at 44.

119)　同様の視点として、Steven J. Heyman, *Hate Speech, Public Discourse, and the First Amendment*, in EXTREME SPEECH AND DEMOCRACY 158-181 (Ivan Hare and James Weinstein eds., 2009). ヘイマン（Steven J. Heyman）も Rights-based の議論と social-welfare based の議論とに峻別した上で、アメリカ合衆国憲法の下においては前者で考えるべきことを主張する。また、内野正幸も、同種の分類をした上で（他者権侵害のアプローチと客観法違反のアプローチとに峻別した上で）、「できるだけ……他者権侵害のアプローチを採用すべきだ」と述べている。内野正幸『表現・教育・宗教と人権』（弘文堂・2010）46 頁。

1　サイレンシングの効果――マイノリティの表現の自由

ヘイトスピーチ規制を正当化する根拠として、ヘイトスピーチにサイレンシングの効果があるということがしばしば挙げられる。すなわち、人種などへの憎悪、偏見の浸透した社会では、マイノリティは自己喪失感、無力感により言葉を失い、沈黙を強いられ、見えない存在へと貶められてしまう[120]。ヘイトスピーチは、マイノリティの発言を軽視・誤解するような風潮を社会に生み出し、それゆえ、マイノリティの人々が発言することを困難にするのである[121]。ここでは、ヘイトスピーチによって、マイノリティの「表現の自由」が侵害されているとの主張がなされることになる。

確かにヘイトスピーチには上記のようなサイレンシングの効果が認められるであろう。しかし、このサイレンシングの効果を根拠にして、ある特定の表現を規制することは、憲法上許されない。このサイレンシングの効果の議論は、ドゥウォーキンが指摘するように、いかなる人も自分の考え方を主張しやすい環境を提供してもらうために必要な、もしくは、自分の主張が正しく理解されるために必要な敬意に満ちた他人の注目を受ける権利を有しているという考え方を前提としている[122]。しかし、これは妥当ではない。例えば、天地創造説の主唱者は、その主張が軽視・無視されることも多いであろうし、また、このことが彼（女）らの発言する気力をそぎ、彼（女）らの主張に対して他人が注意を払うことを妨げるかもしれない。しかし、だからといって、彼（女）らが、自分の発言を促してもらったり、自分の主張を適切に理解してもらい、かつ尊重してもらったりする権利を有しているとは言えない。すなわち、自分の発言を適切に理解し尊重してもらえないとか、十分敬意に満ちた他人の注目を受けることができないということを根拠に表現を規制することは、憲法上許されないのである。

もし仮に、ある種の言論が、他者の発言する機会を直接的に奪っていると言うのであれば、国家は各人の表現の自由間の衝突を調整しなければならないこともあるであろう。例えば、仮に裕福でない者は新聞・テレビなど公共メディアにアクセスすることができないという状況が存在するのであれば、政府は裕福でない者の表現の機会を確保すべき何らかの方策を採らなければ

---

120)　師岡・前掲注 114) 211～213 頁。
121)　小谷順子「合衆国憲法修正１条と大学における表現の自由―RAV 判決以降のヘイトスピーチの規制の問題に関する一考察」法学政治学論究（慶應義塾大学）40 号（1999）276 頁。
122)　Dworkin, *supra* note 75, at 232-239. 齊藤・前掲注 75) 362～382 頁。

ならないかもしれない。しかし、サイレンシングの議論の射程はこれをはるかに超えている。これによると、表現の自由には、(ある種の言論が他者の発言する機会を直接的に奪っている場合でないにもかかわらず) 沈黙している人に外から働きかけて発言をするよう積極的に促したり、他人に自分の主張を適切に理解させたりする権利までもが含まれるということになってしまう。

2 ヘイトスピーチが不平等を構築するものであるということ——差別の観点から

次に、ヘイトスピーチは、社会において不平等を構築し差別を助長するとの主張がなされることがしばしばある。例えば、師岡康子は「ヘイト・スピーチは、マイノリティへの差別構造の一部であるとともに、偏見をステレオタイプ化し、差別を当然のものとして社会に蔓延させて差別構造を強化する害悪をもたらす[123)]」と指摘している。さらに、金尚均は、「権利は主観的なものであるが、それを取り巻く客観的な環境が主観的権利に諸々の影響を及ぼすことがあ」るとした上で、「平等に関して……権利・義務の不平等配分の背後に、不平等処遇の犠牲者たる人々の社会的地位の格下げという害悪とこれによる自尊の侵害をみてとるべきである[124)]」と論じている。

この点に関しては、棟居快行が述べているように、「平等の実現は、就職差別や入居差別などの不利益な取扱いそれ自体を禁止することによって達成されるべきであり、人々の差別感情が発露される表現 (差別的表現) の段階での規制は、平等の実現という目的に照らして不必要過大な規制である」というのが、憲法14条に関する通説的な見解であろう。すなわち、「平等保障が防ごうとしているのは不合理な差別的取扱いであって、何らかの権利・利益がそのような取扱いによってゆがめられることを禁止しているのだとすれば、表現がなされただけでは特定の権利・利益の分配に直結しないから、いまだ規制するだけの正当な理由があるとはいえない[125)]」のである。

確かに、権利の不平等配分の背後にある、社会における差別の状況は極めて根深く深刻なものである。しかし、具体的に不利益な取扱いが生じる前の差別感情の発露 (差別的表現) の段階で規制してしまうとなると、その規制

123) 師岡・前掲注114) 212頁。
124) 金尚均「京都朝鮮学校事件におけるヘイト・スピーチ」法と民主主義485号 (2014) 25頁。
125) 棟居快行「差別的表現」高橋和之=大石眞編『憲法の争点〔第3版〕』(有斐閣・1999) 104〜105頁。

はその範囲が広範に過ぎ、本来許容されるべき表現をも同時に規制対象に含んでしまう恐れがあり、表現の自由にとって極めて大きな脅威となる。それは、まず第1に、ヘイトスピーチには何らかの真摯な思想や価値観が含まれていることも十分あり得るが、その言論がいかに政治的思想や文学的要素などを含んでいるかにかかわらず、一律にヘイトスピーチとして禁止の対象とされてしまう恐れがある。これでは、ドゥウォーキンも指摘するように、「ヴェニスの商人」の上演すら禁止されかねないことになる[126]。第2に、ヘイトスピーチ規制法は、しばしば、職場におけるセクシャルハラスメント規制などとのアナロジーで論じられることもあるが、実はそれは妥当ではない。職場におけるセクシャルハラスメント規制は、職場という限定された場における表現規制であるが、ヘイトスピーチ規制は社会のあらゆるシーンにおいて全面的にヘイトスピーチを禁じようとするものである。また、そもそも職場は労働者が労働する場であり、そのような意味で、あらかじめ定められた特定の目的に奉仕するための組織である。したがって、そのような場においては、その目的を達成するために必要な一定の表現規制を課すことも許される。これに対して、民主主義に不可欠な公的討論が行われる場としての社会においては、そこで目指されるべき目的はあらかじめ定められておらず、むしろその目的が何であるかということ自体が公的討論を通じて決定されるべきものである。そのような場においては、何らかの目的を国家があらかじめ設定して、それに奉仕しないような一定の思想や価値観を討論の場から排除するということは憲法上許されない[127]。

さらに、以上のような憲法上の問題点に加えて、ヘイトスピーチを禁止することが、標的となる集団に対する差別や憎悪の助長を防止する上で本当に効果があるのか、疑問である。ヘイトスピーチ規制を擁護する者は、国家がヘイトスピーチ規制法を通じて、「差別的言論は許されない」とか「すべての人が平等に参加できるような社会こそが素晴らしい社会なのだ」というメッセージを社会に発信することができる[128]と主張するが、こういった法の

126） DWORKIN, *supra* note 75, at 232-239.

127） Post, *supra* note 107, at 14. これに関連して、ポストは、以下のように述べている。大学や職場や法廷などはmanagerial domainであって、特定の機能を遂行するために作られた組織であり、達成すべきある特定の目的がはじめから存在する。そのような場ではその目的を達成するために必要であれば、ある種の表現を規制することも認められる。しかし、公的討論（public discourse）は、managerial domainとは対極にある領域であり、そこにおいては、達成すべき目的は何かを決定すること自体が論争の対象となる。

象徴的・教育的効果という観点から言えば——女性差別の事例がそうであったように——職場や大学におけるハラスメントを禁じるだけでも十分であろう。

ヘイトスピーチを規制しようという議論は、職場や大学など限定された場でのみならず、社会全体からそのような言論を封殺しようとするものである。しかし、それでは、かえって差別感情が心の奥底に封じ込められるだけであり、棟居も指摘するように、「言葉を失った差別感情だけが潜在化し、是正の機会を失[129]」ってしまうことになるであろう。もしそのような差別的な行為をやめさせたいと考えるのであれば、おそらく、その者に、ヘイトスピーチの標的とされた者たちの痛みや苦しみを共感できるような能力を身につけさせるより他はないであろう。社会における差別の状況は極めて深刻である。その差別は、時には、属性のアイデンティティが攻撃されるというレベルにとどまらず、そのような属性を持つこと自体が許されない——そのような属性を持つことを否定しなければ生きていくことができない——というようなレベルにまで達することもある。しかしながら、国家がヘイトスピーチを封殺するという方法は、こうした問題を根本的に解決するにはあまり効果的でないように思われる。差別を生み出す根源的な要因に対応するためには、法的規制を課すという方法を採るよりも、むしろ、教育や芸術などによって他者の痛みや苦しみを共感する能力を養うという方法を模索する方が有益なのはないかと思われる[130]。

3 「集団のアイデンティティ」?

ヘイトスピーチ規制を正当化する論拠の１つとして、ヘイトスピーチはその標的となった「集団のアイデンティティ」を傷つけたり、その「集団のアイデンティティ」を負った諸個人のアイデンティティを傷つけたりするという主張がなされることがある。例えば、金尚均は以下のように述べている。「個人としての人にはそれぞれ背景がある、それは例えば、民族、人種、性、

---

128) Parekh, *supra* note 110, at 46.

129) 棟居・前掲注 125) 105 頁。

130) この点に関連して、モルナー（Peter Molnar）も、法規制より芸術や教育のほうが、ヘイトスピーチを生み出す根源的要因に効果的に対処できると述べている。Peter Molnar, *Responding to "Hate Speech" with Art, Education, and the Imminent Danger Test*, in THE CONTENT AND CONTEXT OF HATE SPEECH 187 (Michael Herz and Peter Molnar eds., 2012).

職業などである。……人の背景としての属性は、個々人の人格の一部である[131]」。「民族のような集団について、民族というファクターは、個々人の社会的評価の一部を構成するものであり、彼らが積極的ないし消極的にアイデンティティを形成するに際して大きな影響を持つ。人が歴史的または社会的存在である意味において民族などのファクターは人の人格形成とともに、彼に対する社会的評価にも影響を及ぼす。……［民族や出自に対する軽蔑、偏見、差別意識に基づく侮辱的表現が行われること］によってこの集団に属する者またはこれに（積極的、消極的であれ）アイデンティティを持っている者は精神的に傷つくだけでなく、偏見が固定化されることによってその人々の社会的評価も低下させられる[132]」。すなわち、人種や民族などの属性は個人のアイデンティティの一部を形成するので、ヘイトスピーチによって人種や民族など「集団のアイデンティティ」を攻撃されると、同時に、個人のアイデンティティが傷つけられることになると言うのである。また、ヘイトスピーチの集団の捉え方は往々にしてステレオタイプに陥っており、そのような捉え方自体が集団に属する個人の社会的評価をゆがめるとも主張される[133]。このような主張に対して、どう考えるべきであろうか。

まず、ある民族の「集団のアイデンティティ」は、生物学的な概念ではなく社会的に形成される概念である。それは、政治的・社会的な論争を通じて形成され、かつ絶えず修正され、変化し続けていくものであり、国家によって固定されるべきものではない。そのような意味で、「集団のアイデンティティ」の形成・修正の過程に国家が干渉することは避けられるべきである[134]。

131）　金・前掲注 124) 24 頁。

132）　金尚均「刑法における名誉保護犯の処罰範囲―ヘイト・スピーチに対する刑事規制の可能性」龍谷法学 46 巻 3 号（2014）611 頁。また、棟居快行は、「差別的表現が名誉権そのものとイコールではないが、類似の人格権的利益を侵害することを、差別的表現規制の根拠とすべきであろう。その人格的利益とは、個人が消し去れない属性（人種、信条、性別、社会的身分、門地）において、むしろプライドをもって自分を自分として確立し、アイデンティティを保持しうるということにおける利益である」と述べている。棟居・前掲注 125) 105 頁。

133）　Parekh, *supra* note 110, at 44.

134）　ヘイトスピーチと「集団のアイデンティティ」をめぐる議論として、Robert Post, *Racist Speech, Democracy and the First Amendment*, in SPEAKING OF RACE, SPEAKING OF SEX: HATE SPEECH, CIVIL RIGHTS AND CIVIL LIBERTIES 115-180 (1994). ポストの議論に関する研究として、長峯信彦「人種差別的ヘイトスピーチ―表現の自由のディレンマ(1)」早稲田法学 72 巻 2 号（1997）228～235 頁。檜垣伸次「ヘイトスピーチ規制論と表現の自由の原理論」同志社法学 64 巻 7 号（2013）3032～3035 頁。

また、上記のとおりヘイトスピーチにおける集団の捉え方は往々にしてステレオタイプに陥っており、そのこと自体が、そこに属する諸個人間の差異を無視し、その者の評価をゆがめてしまうという主張もあるが、これに対しては、そのようなゆがんだ評価に苦しめられる個人もまた、実は、ステレオタイプ的な思考にとらわれているということを指摘し得る。例えば、一口に「女」といっても各人の個性は様々であると考えている女性であれば、たとえ「女は冷静な判断ができない」という発言を聞いたとしても、その評価にまったく苦しめられることはない。

そもそも、阪口正二郎が指摘するように、ヘイトスピーチ規制の要求は、歴史的に抑圧されてきた集団という要素を組み込んだものである以上、相対立する集団の価値を法が保障することによって集団相互の間での多元性を確保しようとする多元主義の議論に親和的になる[135]。日本国憲法は多元主義ではなく個人主義の潮流に属するものと解釈すべきであり[136]、差別的表現の規制の要求は、日本国憲法の根底にある個人主義に対する挑戦を示すという側面を持つ。

Ⅳ　表現としての価値

ヘイトスピーチ規制を正当化する議論として、ヘイトスピーチには表現としての価値がないか、またはあったとしても極めて低いため、憲法上の保護を受けるに値しないという主張がなされることがある。すなわち、ヘイトスピーチは人々の偏見や憎悪を助長し、将来的に思想の自由市場の理性のレベルを下げるし、また、それがいかに政治的な表現であっても、一方的な攻撃であり対話を求めるものではないので、民主主義に奉仕することはないと言うのである。

しかし、このような議論は、表現の自由を道具的な観点からしか捉えていない。すなわち、表現の自由は、その表現が社会の何らかのgoalに役立つか否かにかかわらず保障されるべきものであるという構成的正当化根拠を見落としている。

---

135)　阪口正二郎「差別的表現規制が迫る『選択』―合衆国における議論を読む」法と民主主義289号（1994）40～44頁。

136)　共同体論と個人主義については、第1部第1章を参照。

ある集団に対して真摯な態度で批判的な見解を表明することと、その表現に集団に対する憎悪が含まれることとは両立し得るのであり、そのことに鑑みれば、ヘイトスピーチに真摯な政治的・社会的見解が含まれていることも十分考えられる。そして、いかなる者も「自分の思想・価値観を表現し外的環境に働きかける機会を得る権利」としての表現の自由権を持つのであり、こうした意味での表現の自由権は、何らかの社会のgoalに役立つか否かにかかわらず保障されなければならない。実は、社会のgoalに役立たない言論は、何もヘイトスピーチに限られたことではない。例えば、原発を廃止すべきか否かを真摯に論じる議論の中にも専ら一方的な攻撃であったり、対話がまったく成立しなかったりするものもある。しかし、そのようなものであっても、自分の思想・価値観を表現し外的環境に働きかける機会を保障するというのが、表現の自由の核心原理であると考えられる。

また、思想の自由市場に関する議論に関連して、ヘイトスピーチ規制を要求する者は、ヘイトスピーチに対してはマイノリティの対抗言論は有効でないという主張をすることもある。例えば、師岡康子は、「マイノリティを屈服させ、黙らせ、議論の場――ひいては社会から排除する目的のヘイト・スピーチは、本来、対等な人間同士の論争を通じてよりよい結論を導くという対抗言論が当てはまる場合ではない[137]」と述べている。しかし、マイノリティがヘイトスピーチに対して反論できなくても、マジョリティの中からヘイトスピーチに批判を加える対抗言論[138]が表明されることも十分考えられるであろう[139]。

V 結　　語

2014年、朝鮮学校周辺において在日朝鮮人に対する差別的な言動を伴う示威活動をしたりその映像をインターネットで公開したりしたことが、当該学校の業務を妨害し当該学校の名誉を毀損したという点で民法709条所定の不法行為に該当するとともに、人種差別撤廃条約上の「人種差別」に該当す

---

137) 師岡・前掲注114) 216〜217頁。

138) ここでいう対抗言論とは、例えば「〇〇人はクズだ」という言論に対する「〇〇人はクズではない」というような無意味な対抗言論を意味しているのではなく、「〇〇人はクズだ」というような差別的発言が行われたこと自体に対する抗議の言論を指す。

139) 市川正人『表現の自由の法理』(日本評論社・2003) 59〜60頁。

る違法性を帯びており、無形損害の認定を加重させる要因となるとの判決が出された[140)]。この判決では、被告に対し損害賠償が命じられるとともに、当該学校移転先の門扉の中心地点を基点として半径200メートル以内の範囲において、被告が当該学校を誹謗・中傷する示威活動をしたりビラを配布したりすることなどが禁じられた。この判決は、人種差別的な言論に関する国家のメッセージを伝えるものとして大きなインパクトを持つものであったが、この判決が直ちにヘイトスピーチ規制合憲論に結びつくと考えるのは早計である。まず第1に、この判決は、「[人種差別撤廃条約4条]の趣旨は、民法709条等の個別の規定の解釈適用を通じて、他の憲法原理や私的自治の原則との調和を図りながら実現されるべきものであると解される」と判示されていることから明らかなように、あくまで現行法の枠内での解釈を披露したものにすぎず、これまでの法解釈に何ら変更を加えるものではない。また、第2に、本判決によって、一定の人種差別的表現が禁止されることとなったが、それは、学校から半径200メートル以内という限定された範囲内における禁止にすぎない。

ヘイトスピーチはマイノリティに対して多大なダメージを与えるものであるし、その背後にある差別の状況は極めて根深く、社会の中で必ずや解決しなければならない問題である。しかし、これを解決する方法として、我々は、法の「純一性(integrity)[141)]」に適合するような方法を選択しなければならない。日本国憲法は、いかなる思想や価値観であっても——たとえそれが憲法自身を否定するようなものであったとしても——等しく尊重されなければならないという考え方を根本原理としており、それゆえ、日本国憲法における表現の自由は、「表現の根底にある思想や価値観がいかなるものであっても、それを理由に表現を規制することは許されない」ということを核心とするのである。日本国憲法がこうした原理を選択している以上、我々は、こうした原理に適合するような方法で社会における不平等と闘っていかなければならない。ヘイトスピーチを規制すべきだという議論は、このような日本国憲法の基本原理に大きな修正を迫るものである。「差別問題を解決する必要がある」からとか「人種差別規制立法を行うのが国際社会のトレンドであ

140) 前掲注116) 京都地判平成25年10月7日。前掲注116) 大阪高判平成26年7月8日。これらの判決について論じたものとして、金・前掲注132) 605〜643頁。金・前掲注124) 22〜26頁。
141) DWORKIN, *supra* note 1, at 114, 115, 195-224, 225.

る」からといった理由で憲法21条の解釈をゆがめることが許されないのは、「有事に対処する必要がある」からとか「アメリカの圧力がある」からという理由で憲法9条の解釈をゆがめることが許されないのと同様である。

第3部 教育の自由

第1章
異質性社会における公教育

日本国憲法26条は、1項において「すべて国民は、法律の定めるところにより、その能力に応じて、ひとしく教育を受ける権利を有する」（傍点は筆者、以下同）と規定し、2項において「すべて国民は、法律の定めるところにより、その保護する子女に普通教育を受けさせる義務を負ふ」と定めている。憲法は、これらの「法律」に対して、何らかの要請や制約を課すのであろうか。もしそうであるとすれば、それはいかなる要請や制約であろうか。

まず、憲法26条1項における「教育を受ける権利」の主体は「国民」であって、必ずしも子どもに限定されていない。すなわち、ここに言う「教育」とは、いわゆる義務教育のみを指すのではなく、幼稚園教育から高等・大学教育まで様々なものを含み得るし、ひいては、成人国民を対象とした社会教育をも含むと解される[1)]。そして、この条文の名宛人は国である[2)]。すなわち、憲法26条1項は、国民が、国家に対して「能力に応じて、ひとしく」教育を施すよう要求することができるということを規定したものであるということになる。そして、この条文には、「法律の定めるところにより」という文言が付加されており、国民が国家に対して要求し得る教育について、「法律」で定めうることが予定されている。では、この「法律」には、憲法上何らかの要請は課されないのであろうか。この点について、憲法はこの権利については何ら内容上定めておらず法律に白紙委任しているとは解すべきではない。なぜなら、もし国民が国家に対して要求し得る教育に関して、その保障内容を全面的に「法律」に委ねていると解するのであれば、このような権利を憲法に規定した意義が希薄になってしまうからである。「教育を受

1）　中村睦男=永井憲一『生存権・教育権』（法律文化社・1989）167～168頁〔永井〕、芦部信喜編『憲法Ⅲ　人権（2）』（有斐閣・1981）370～391頁〔奥平康弘〕。

2）　後述するように、一般に、子どもの学習権に関しては、「学習要求を充足するための教育を自己に施すことを大人一般に対して要求する権利」とされ、その名宛人は必ずしも国家に限られないと考えられているが、憲法上の権利としての「教育を受ける権利」については、この名宛人は国家であると考えるのが自然である。旭川学力テスト事件判決（最大判昭和51年5月21日刑集30巻5号615頁）参照。

ける権利」には憲法によって必ず保障されるべき核心部分が含まれていると解すべきであろう[3)]。

一方、憲法26条2項は、すべての国民がその保護する子女に普通教育を受けさせる義務を負うことを規定している。ここで、義務を負うべきとされているのは、条文上は、「国民」となっているが、その後に、「その保護する子女」という文言が続いていることを考えると、ここでいう「国民」としては、主として子女の保護者が想定されていると考えられる[4)]。すなわち、保護者は、その子女を、たとえ保護者の意思に反したとしても普通教育を受けさせる義務[5)]を負うということとなる。そして、その反射として、子女も、少なくとも事実上、たとえその意思に反したとしても、義務教育を受けることを強制されることとなる。

さて、この条文にも、やはり、「法律の定めるところにより」との文言が付せられている。この文言は、「義務を負ふ」にかかっているように読むこともでき、必ずしも、普通教育の内容に関して「法律」で定めうることを規定していると解することはできないかのようにも思える。しかし、例えば、憲法30条の「国民は、法律の定めるところにより、納税の義務を負ふ」という条文において、通常、課税要件が法定されるべきであるという趣旨に解されているのと同様に、26条2項においても、普通教育の内容に関する事項を「法律」で定めるべきである旨を規定していると解することは不可能ではない。では、仮に普通教育の内容について「法律」で定めることができるとすると、その「法律」に対して憲法はどのような要請・制約を課している

3) 芦部編・前掲注1) 371～372頁〔奥平〕。これに関連して、奥平康弘は、「教育を受ける権利」の法的性質について、プログラム規定説、具体的権利説、権利伸長規定説の3説を紹介した上で、彼自身は権利伸長規定説に与する旨を明らかにしている。この点に関して、野中俊彦も、「具体的にどのような制度・施設を整えるかは、『法律の定めるところ』によるから、かなりの程度、立法裁量が働くことがみとめられる」としつつも、「この権利の保障は、決して単なるプログラムにはとどまらない」と述べている。高見勝利=高橋和之=中村睦男=野中俊彦『憲法Ⅰ〔第5版〕』（有斐閣・2012) 518頁〔野中〕。佐藤幸治も同旨である。佐藤幸治『日本国憲法論』（成文堂・2011) 369～370頁。

4) この点に関して、ここに言う「国民」は必ずしも保護者に限られないとする説もある。例えば、永井憲一は、「子女に普通教育を受けさせることを義務づけた『国民』には、保護する子女を有する親のみが想定されているのではない。もし親のない場合は法的な親権者が、近親者のない子女の場合は一般の国民が後見人となる」と述べている。永井憲一『主権者教育権の理論』（三省堂・1991) 178頁。しかしながら、この相違は、本書においてはあまり問題とならない。

5) ここで言う「義務」に関して、国に対する義務は単に形式的なものであって、本来、この義務は、子どもの学習権に対応するものであるとの指摘もある。堀尾輝久『現代教育の思想と構造』（岩波書店・1971) 161～163頁、199頁。兼子仁『国民の教育権』（岩波書店・1971) 128～130頁。

のであろうか。

本章は、国家が提供し得る様々な形態の公教育のうち、特に義務教育に焦点を絞って、憲法26条1項および2項が、教育内容について定める「法律」に対していかなる要請や制約を課しているかを考察するものである。第1節では、まず、教育内容決定権をめぐる従来の学説を概観する。次いで、第2節では、現代の異質性社会においてはいかなる公教育が要請されるのかをデュルケーム（Émile Durkheim）の議論を手がかりに論じる。そして、第3節・第4節では、国民は憲法上国家に対してどのような内容の義務教育を要求できるのか、憲法は国家に対してどのような内容の義務教育を要請しているのか、さらに憲法はどのような内容の義務教育を禁止しているのかを、特に価値教育に焦点をしぼって論じていきたい。

第1節　教育内容決定権をめぐる従来の学説

教育権という文言はこれまで多義的に用いられてきたが、「子どもの教育内容に関して誰に決定する権利があるのか」という問題意識からこれを用いれば[6]、教育権をめぐっては主として以下の2つの学説が対立してきた。国家教育権説と国民教育権説である。

国家教育権説は、国家が子どもの教育内容に関する決定権を有するという考え方である。この考え方としては、古くは、憲法26条2項の反面解釈論、すなわち、田中耕太郎の「義務教育に関する憲法26条2項の反面からして国家に教育をする権利が認められることになる[7]」という主張がもっとも注目されてきたが、（国民の）義務を（国家の）権利と対応させることはできないとの批判を受け[8]、その後、それに代わって、国に対する親の教育権の付託論が登場することとなった。この主張は、学習指導要領が法的拘束力を持つことの根拠として、また、教科書検定制度の合憲性・合法性を主張するための根拠として、主として国側から提起されたが、学説の中にも一部これに

6）堀尾輝久は、教育権の定義について、「教育権とは、狭義においては、誰に教育する権利が属するかということであり、それは、親の教育権、教師の教育権、あるいは国家の教育権等として表現されるが、広義においては、教育にかかわる当事者（子ども、親、教師、国または公共団体等」）の権利・義務の関係、責任と権限の総体を教育権と呼ぶ」と述べている。堀尾輝久『人権としての教育』（岩波書店・1991）3〜4頁。
7）田中耕太郎『教育基本法の理論』（有斐閣・1961）149〜150頁。
8）宗像誠也「現代における国家と教育」法律時報41巻10号（1969）7頁。

同調するものもあった[9]。これは、子どもを教育する権利が親の教育権に由来することを前提とした上で、民主的な信託により国民全体に責任を負う国家のみがその権限を有するという考え方である。そして、議会制を媒介として国民の教育意思が法律として表明され、それに基づいて国家行政機関は公教育の内容や方法に介入できるとする一方で、国民個々人や教員などが教育権の主体となることはできないと主張した[10]。

ここにおいては公教育における国民の教育の自由が否認される。それは、まず第1に、憲法に、国民の教育の自由が規定されていないからであり、そして第2に、公教育制度を、個々の国民が子どもを理想的に教育することができなくなったことを主たる理由として、個々の国民が自ら行えなくなった教育の一部を国家に付託することによって出現したものと考えるからである。以上のような考え方から、公教育における教師の教育の自由は否認され、かつ公教育については、外的事項のみならず、内的事項についても決定権は国家に留保されているとの結論が導き出される[11]。

こうした見解に対しては、①人間の内面にかかわる創造的活動である教育の本質を無視して、教育を行政一般に解消するものであり、同説の議会制民主主義論はあまりに表面的すぎる[12]、②立法・行政のような党派的対立を前提とする政治的多数決世界では、本来、知育教育の必要に応えられない[13]、③国家は、憲法上の人権の主体になり得ない[14]し、「教育についての権利」は憲法上国民にしか与えられていない[15]、などの批判が寄せられた。

一方、国民教育権説は、子どもに対する教育内容を決定する権利は、親を中心とする国民とその国民から委託を受けたところの教師が有するという考え方である。

---

9) 例えば、伊藤公一『教育法の研究』(法律文化社・1981)。

10) 国側は「現代において、公教育は国政の一環として行なわれるものであ［り］……憲法26条1項も『法律の定めるところにより』と規定しているから、法律の定めるところにより国が教育内容に関与することは認められている」と主張している。例えば、家永教科書検定第2訴訟第1審判決（東京地判昭和45年7月17日行集21巻7号別冊1頁）参照。

11) 本章における国家教育権説・国民教育権説の紹介は、杉原泰雄『憲法と公教育―教育権の独立を求めて』(勁草書房・2011) 14～16頁を参照している。

12) 芦部編・前掲注1) 421頁〔奥平〕。

13) 杉原泰雄「公教育と『現代議会制』」法律時報臨時増刊『憲法と教育』(1972) 178～186頁。

14) 君塚正臣「社会権としての『教育を受ける権利』の再検討―その過大再考の提言」横浜国際社会科学研究15巻5号 (2011) 5～6頁。

15) 永井・前掲注4) 179頁。

例えば、堀尾輝久は、子どもの「学習する権利」を保障する主体は、第1次的には親であることを前提とした上で、教育は、親と子の私的な関係の中で営まれた私事性を基礎とするものであり、公教育は親義務の共同化の場であって、そこでは、あくまで教育の私事性が貫かれ、親の教育の自由が尊重されなくてはならない[16]と主張する。すなわち、教育は親の自然権に属する私事であるが、親の恣意を許し偏見を生む恐れがあるため、それを是正する集団化、親義務の共同化が必要となると言うのである[17]。

また、渡辺洋三は「公教育制度の体系の中で教師の権利としての『教育の自由』は……親権者の委託を受けて、親権者に代わり、児童に真実を教える専門家としての教師の社会的職責に由来するもの」とする。そして、「この意味で教育の自由は、国家権力からの介入を排除するという意味では親権者の教育の自由と同じ性質を持つが、児童および親権者に対する関係においては一定の制限を受ける」。例えば、「教師個人の有する宗教活動の自由、政治活動の自由等が教育の場で制限されるのは、そのこと自体が親権者の教育の自由……の侵害を構成するからにほかならない[18]」と言う。

こうした主張に対しては、①親義務の共同化、あるいは親権者集団と教師集団とによる社会的組織化とは、法的に何を意味するのか、法的根拠が不明である[19]、②民主主義法秩序の下では、国民こそが国家権力機構の構成要素であり意思決定の淵源なのであるから、国民と国家を対立的に捉えることは妥当ではない[20]、③教員の行為については、議会や内閣を経由して国家が責任を負うと言わざるを得ない[21]、④子ども、親、教師を一体として捉えているため、「国民」内部での対立、例えば、親と教師との対立を看過している[22]などの批判がなされた[23]。

---

16) 堀尾・前掲注6) 132～137頁。
17) 堀尾・前掲注5) 11頁。
18) 渡辺洋三「公教育と国家」法律時報41巻10号 (1969) 49頁。
19) 伊藤・前掲注9) 47頁。
20) 伊藤・前掲注9) 52～53頁。
21) 伊藤・前掲注9) 75～79頁。
22) 米沢広一『憲法と教育15講〔第3版〕』(北樹出版・2011) 14頁。
23) その他、樋口陽一は、国民教育権説を、「『国家の教育権』の内実を国民によって充塡しようとする論理構造を持つもの」と評している。樋口陽一『近代国民国家の憲法構造』(東京大学出版会・1994) 134頁。また、内野正幸は、国民教育権説には、教師など教育関係者に対する過剰な信頼が見られるとし、教育関係の行政担当に対する楽観主義的信頼が根底にあるという点では、国家教育権説と共通すると指摘している。内野正幸「教育権論の批判的再検討」ジュリスト1026号 (1993) 23～24頁。

ここでは、これらの学説について以下の２点を指摘するにとどめたい。

まず第１に、いずれの説も、おおむね、子どもを教育する権利は、元来、親（保護者）にあるという考え方を前提としている[24)]。すなわち、親は、自然権ないし憲法上の権利として、当然に子どもを教育する権利、とりわけ、子どもの教育内容を決定する権利を有していると言うのである[25)]。しかし、そもそも、子どもを教育する「権利」を有する者が存在するのかは必ずしも明らかではない。この点に関して、佐藤幸治は、「家族関係は、世代を追って文化や価値を伝えていくという意味で、社会の多元性の維持にとって基本的な条件である」とした上で、「幸福追求権」の一内容として、「親権者がその子女をどのように教育するかの自由」が認められると主張している[26)]。しかし、文化や価値を伝えたいという親権者や社会の利益を主たる根拠として、子どもを教育する権利を承認するということは果たして可能なのであろうか。

確かに、親は、往々にして、子どもに対して特別な情愛を抱き、子どもを常に自らのそばに置いて生活を共にしたいという欲求を非常に強く抱くものであり、それは法的保護に値する利益であると言えよう。もし、（国家を含めて）誰かが、正当な理由なく、親からその子どもをとり上げようとするのであれば、親の監護権を侵害するものとして、違法と評価されることになろう。しかし、もし、親がただ単に子どもと生活をともにしたり身の回りの世話を焼いたりするという「監護」のレベルを超えて、子どもに対して「教育をする権利」を有すると言うのであれば、そこには大きな問題が含まれているように思われる[27)]。なぜならば、教育は、本質的に教育対象者（子ども）

24)　伊藤公一は、「親の教育権は前国家的・始原的基本権である」としている。伊藤・前掲注 9) 25 頁、49 頁。また、国民教育権説に立つ堀尾輝久や渡辺洋三も、親権者が子どもを教育する権利を有しているということを前提としている。堀尾・前掲注 5) 8 頁。渡辺・前掲注 18) 48 頁。このように、両説は、おおむね、親の子どもに対する教育権を前提としているが、それを国家に信託するのか、教師に委託するのかという点に両者の相違が見られる。

25)　国家教育権説や国民教育権説を支持している論者以外にも、親に子どもの教育権を認めるべきであると主張する者は多い。例えば、芦部編・前掲注 1) 393 頁〔奥平〕。また、長尾一紘『日本国憲法〔第 3 版〕』（世界思想社・1997) 313 頁。ちなみに、ドイツ基本法 6 条 2 項は「子どもの育成および教育は、両親の自然権であり、両親に第一に課せられている義務である。その実行を国家共同社会がこれを監視する」と定めている。

26)　佐藤幸治『憲法〔第 3 版〕』（青林書院・1995) 460～461 頁、626 頁。

27)　この点に関して、浦部法穂も、「憲法上、『教育する』権利などは誰にも認められる性質のものではない」と述べているが、浦部は、さらに一歩踏み込んで、教育する「権限」すら憲法上存在し得る余地がないと主張している。浦部法穂『憲法学教室〔全訂第 2 版〕』（日本評論社・2006) 200～201 頁。

の精神に働きかけ、一定の方向に誘導する作用を持つものであるからである。憲法19条で保障された思想・良心の自由は、すでに形成され終わった思想・良心を持ち続ける権利のみならず、特定の思想・良心を押しつけられることなく、自由に思想・良心を形成する自由をも含む[28]と考えるべきであり、子どもにも当然この権利の保障は及ぶ。一方、「権利」とは、通常の用法によれば、それをどのような目的で行使するかは権利者の自由とされているようなものであり、したがって、それをもっぱら権利者の利益のために行使することも許されるというようなものでもある。もし、上記のような意味で「教育」や「権利」を捉えるのであれば、日本国憲法の下では、子どもを「教育する権利」を有する者は、親を含めて誰もいないのではないかと思われる。加えて、それと同時に、歴史的に言えば、子どもの権利は、親の教育権を制限することによって守られてきたという側面も見落とすことができない[29]。

日本国憲法には、親、国、教師などを含め、明文上教育をする権利を保障された者は誰もいない。おそらく、子どもの教育をする「権利」ではなく、「権限」ないし「権能」を有する者が存在するだけだと考えるべきであろう。以上からすれば、子どもの教育内容の決定に関しては、誰に「権利」があるのかという議論の組み立てではなく、誰に「権限」・「権能」が分配されるのかという議論が必要となるということになる。

第2に、これまでの学説は、いずれの説においても、おおむね、子どもの教育を単層的に捉えがちであり、家庭教育や地域社会・団体における教育、国家による公教育など様々な形態の教育が、それぞれ別個の性質・目的を持ちながら、「重層的」に子どもにかかわっていくという視点に乏しかったように思われる。例えば、国家教育権説においては、前述のように、公教育は、「個々の国民が子どもを理想的に教育することができなくなったことを主た

28)　西原博史「思想・良心の自由と教育課程」日本教育法学会編『講座現代教育法1 教育法学の展開と21世紀の展望』(三省堂・2001) 216頁。

29)　樋口陽一は、近代公教育の成立過程においては、「場合によっては親の信念に反してまでも国家が『自由への強制』をつらぬく」というのが公教育の本質であったと指摘している。樋口陽一「自由をめぐる知的状況―憲法学の側から」ジュリスト978号 (1991) 15〜17頁。この立場を多元的自由主義と比較して論じたものとして、長谷部恭男「私事としての教育と教育の公共性」ジュリスト1022号 (1993) 76〜81頁。一方で、成嶋隆は、「『国家干渉を通しての自由』の可能性は……フランスにおいて成立しうるとしても、日本の状況にそのまま妥当」しないのではないかとの疑問を提示している。成嶋隆「教育と憲法」樋口陽一編『講座憲法学4 権利の保障2』(日本評論社・1994) 118頁。

る理由として、個々の国民が自ら行えなくなった教育の一部を国家に付託することによって出現したもの」とし、公教育を、本来親が行うべきであった教育と基本的に同質のものを、国家が親に代わって提供するものと考えており、そのような意味で、国家は、子どもの教育に関して、親と異なる役割を担うものとしては捉えられていない[30]。一方、国民教育権説においても、やはり、公教育は「家庭教育の延長であり、その機能は代替であ」る（堀尾）とされていたり[31]、「親がなしうることを代わって教師の手に委ねたもの」（渡辺）とされていたりする[32]。ここでも、やはり、公教育は基本的に家庭教育の延長または代替であり、せいぜい、教育施設や教育者が国民よりも専門的な見地から教育を施すものであるとしか考えられていない。なお、堀尾輝久は、この点につき、親の権利をすべて教師や学校に委託するわけではないと主張し、公教育と並んで家庭教育がなされるべきであるという意味で、教育を多層的に捉えている[33]。しかし、彼は、そこから、教育（徳育）と知育との区別を前提として、公教育で行われる教育は知育のみに限定され、教育（徳育）はもっぱら家庭教育によって施されるべきであるとの結論を導き出す[34]。すなわち、彼の想定している公教育と家庭教育の多層性は、いわば一種の「棲み分け」論であって、同一領域に関して両者が同時並行的に子ど

30）　国家教育権説に立つ伊藤公一は、教育に関する事項のすべてを挙げて国家に委託してしまったわけではないとしつつも、一方で、公教育に関して「親の中にはいろいろな違った考えを持った親がおり、教育に対しても種々異なった希望や期待を抱いているはずである（から）……一人一人の親の意向に沿って教育することが不可能である以上、できるだけすべての親に受け入れられ、そして親たちの共通の希望や期待を抽出した内容の教育を行わねばならない」と述べている。すなわち、ここでは、公教育は親が本来教えるべき事柄のうち共通の事柄を担当するものという発想が見られ、どこまで両者の「重層性」を念頭においていたかは明らかではない。伊藤・前掲注9）44〜45頁、48頁。また、同じく国家教育権説に与していると思われる高乗智之は、公教育はその本質において私事としての家庭教育とはまったく別個のものであると指摘しているが、高乗は、19世紀以降の教育の歴史を「私教育制度から公教育制度への転換」と描写しており、現代のあるべき教育制度を多層的・重層的なものとして捉えているのかどうかは、明らかではない。高乗智之「教育権論争の前提問題に関する一考察」駒沢大学大学院公法学研究33号（2007）1〜43頁。

31）　堀尾・前掲注5）14頁。

32）　渡辺・前掲注18）48頁。渡辺は、「公益とは、諸私的利益の共通の利益を意味しているのであり、その意味で、『公』概念は、『私』概念と基本的に対立するものではなく、むしろ延長線上にある」と述べている。

33）　堀尾は、『人権としての教育』では、「父母、教師、地域住民、そして、国や地方の教育行政機関等々で、いわば国民総がかりで、若い世代の学習権を保障する責任を分担」すべきであるとも述べている。堀尾・前掲注6）126〜128頁。

34）　堀尾・前掲注5）10〜15頁。

もとかかわっていくというような意味での「重層性」は、明確には見受けられないのである[35]。

教育を受ける権利は、元来、経済的理由から初等教育さえを受けられないような者が現れてはならないという問題意識から生まれたものであり、人間が自立して生活する基礎能力を保障するための権利であるとされてきた[36]。このような生存権的な解釈は、経済的理由から、親が自ら教育を施すことができない子どもに対して、国家が親の代理を務めるという発想に基づくものであり、したがって、親が子どもに対して自ら教育を施すことができる場合であろうとなかろうと、国家が、子どもの教育に関して、家庭とは別個の役割を果たすことができるという視点を欠いていたものと思われる。

経済的な豊かさを実現した現在の日本においては、上記のような生存権的な理解のみに立脚する解釈は狭きに失すると批判され[37]、様々な面で教育を受ける権利は「拡大」が図られるようになっている[38]。その１つに、教育を受ける権利を、子どもの学習権を中心に再構成するという考え方があり、学説から多数の支持を受けている。ここでは、子どもは、親や保護者に対してのみではなく、「大人一般」に対して自らの教育を施すように要求できるとされているが、このような考え方には子どもに対する教育を「重層的」に捉える契機が含まれているように思われる。

旭川学力テスト事件判決[39]も「子どもの学習権」を中心として教育を受ける権利を構成する流れに属している。この判決においては、まず、子どもの教育内容の決定に関して、注意深く、「権利」という文言は回避され、「権能」という文言が用いられていることに留意したい。そして、子どもの教育

35) 小林直樹は、国民教育権説の根底には、「公教育が近代国家とのかかわり合いで、教育権が一たん国家に吸収された形で推し進められてきたのに対して、今日ではむしろ国家から離れて、もう一度教育が出発した原点に立ち返って、直接には親が子の教育を担当し、それに責任を負っていたところから出直す」という発想があると指摘している。ここにおいても、国家による教育か、親による教育かの二者択一的な考え方が見受けられる。我妻栄ほか座談会「教育・教科書を考える」ジュリスト 461 号（1970）4 頁〔小林直樹発言〕。

36) 教育を受ける権利をもっぱら生存権的に理解するものとして、宮澤俊義『憲法Ⅱ—基本的人権』（有斐閣・1971）435 頁。

37) 永井・前掲注 4) 177 頁。

38) 本文に述べたもの以外にも、教育を受ける権利の「拡大」として、同権利を社会権的側面のみならず自由権的側面を持つ権利として構成する考え方もある。例えば、佐藤功『日本国憲法概説〔全訂第 5 版〕』（学陽書房・1996）305 頁、兼子仁『教育法〔新版〕』（有斐閣・1978）228 頁等がある。

39) 前掲注 2) 最大判昭和 51 年 5 月 21 日。

を受ける権利を、「みずから学習することのできない子どもは、その学習要求を充足するための教育を自己に施すことを大人一般に対して要求する権利を有する」という子どもの学習権を中心に構成した上で、「子どもの教育は、教育を施す者の支配的権能ではなく、何よりもまず、子どもの学習をする権利に対応し、その充足をはかりうる立場にある者の責務に属する」と述べている。その上で、その責務を、親ないし保護者と教師と国が、それぞれの立場で負っていくべきであるとの議論が展開されることとなる。

さらに、この判決が、国が提供する公教育を、私事としての家庭教育とは質的に異なるものとし、子どもの教育を「重層的」に捉える契機を含んでいる点も注目に値する。本判決においては、公教育は、「私事としての親の教育及びその延長としての私的施設による教育をもつてしては……対応しきれな」いものと位置づけられており、公教育に対して、私事としての家庭教育とは質的に異なったものを求める視点が見受けられるのである。

この旭川学力テスト事件判決は、学説から、「玉虫色の判決[40]」とか、「国家の教育権」説と「国民の教育権」説を座標の両極に置き、その中間に妥当な結論を見出そうとする「中間的判決」である[41]などといった批判を受けてきた。しかし、この判決は、子どもの教育における親・教師・国の役割に関して、同一領域において――例えば価値教育においても――三者が各々の立場と役割で同時並行的に子どもにかかわっていくという意味での、教育の「重層性」を認める契機を含む判決として積極的に評価し得ると考えられる。

さて、この教育の「重層性」や、そこにおいて公教育が果たすべき役割に関しては、デュルケームの教育論が示唆に富む。デュルケームは、社会における道徳や教育の実態・変遷を、社会現象として「物のように」直接観察し、社会的事実としてそれを描写するという手法を採っている。その上で、彼は教育を「社会生活においてまだ成熟していない世代に対して成人世代によって行使される作用」と定義づけ、「子どもに対して、全体社会としての政治社会が、または、子どもが属している特殊な環境が要求する一定の肉体的・知的・道徳的状態を子どもの中に発現させ、発達させるもの」と捉えている[42]。次節では、特に、教育の「社会が要求する道徳的状態を発現・発達さ

40) 永井・前掲注4) 201頁。

41) 長尾・前掲注25) 310頁。長尾一紘は、「両説は……理論上重大な自己矛盾はらんだ見解である」ので、「両説を理論上の出発点となし、これを両極に置くことが妥当とは言えない」と批判している。

せる」作用に焦点を絞って、彼の議論を素描してみたい。

第2節　デュルケームの公教育論

第1部第2章で論じたように、デュルケームによれば、社会を形成している諸個人の意識には、ある程度同質性が存在する。この同質な部分すなわち個人意識の共通部分は集合すること——集合意識となること——によって強力な力を持つに至る。この集合意識は、個人意識を超越した独自の実在となり、その社会を形成している個人に対して、本人が欲すると否とにかかわらず強制的な力を持つ。しかし、集合意識は個人に対して単なる圧力として現れるわけではない。一方で、個人は集合意識を自発的に受容しようと望む傾向をも持つ。集合意識は各個人のうちに内在化されることによってはじめて生命を持つことができ、各個人に取り込まれることによって各人を内側から一定の方向につき動かしていく力を持つ。デュルケームは、このような集合意識と同義のものとして、道徳を捉えている。

また、デュルケームは、抽象化された人間の本性から普遍的な道徳律が引き出されるという考え方を否定する。そして、各社会ごとにそれぞれ異なった独特の道徳が存在し、各社会間の道徳の差異は、各社会間の構造の差異を反映すると主張する。なぜなら、社会構造が変化すれば、必然的に人間の連帯の様式も変化するし、それに応じてそこにおける道徳のあり方も変わってくるからである。

そして、人間の連帯の様式には、「機械的連帯」と「有機的連帯」との2種類が存在する。「機械的連帯」とは、共通の信念および共通の行為基準を共有することによって生じる人々の結合の様式である。一方、「有機的連帯」とは、人間の間に存在する差異に依存し、自分と異なる性質を持った他者と様々な形で結合することにより、彼（女）らの相互的必要性が補われるべきことに依存するものである。

デュルケームは、社会が単純なものから複雑なものへと変化していくにつれて、その社会の連帯のあり方が「機械的連帯」から「有機的連帯」へと移行していくと主張する。すなわち、原始の社会は基本的に同質性に基づく社

---

42)　ÉMILE DURKHEIM, ÉDUCATION ET SOCIOLOGIE 49(1922). これを和訳したものとして、É. デュルケーム（佐々木交賢訳）『教育と社会学』（誠信書房・1982）がある。

会であり、そこにおいては類似から生まれる連帯以外の連帯は含まれていない。しかしながら、社会が拡大・発展し、外部から異質なものが流入するようになるにつれて、社会内に分業が見られるようになり、それとともに異質性に基づく連帯が支配的になっていくというのである。

集合意識ないし道徳は、「社会的類似の総体」の表現であり、機械的連帯を表すものである。社会が拡大・発展し、異質な要素で構成されるようになるにつれて、集合意識は徐々に衰退の道をたどることになる。しかし、社会がいかに発達しても集合意識が完全に消滅することはない。それは、集合意識ないし道徳が、社会の統合化の源泉として社会の存立の基礎として必要不可欠なものであり、そのことは分業が発達した後の社会においても同様だからである。では、社会が拡大していくに従って、集合意識ないし道徳はどのような形に近づいていくのであろうか。

彼は、現代国家のような異質性社会においては、「個人の尊重」という道徳が、社会の機械的連帯を可能にする新たなそして唯一の集合意識となると言う。社会が拡大・発展していくにつれて、社会における同質性は徐々に薄れていき、社会は互いに異質な諸個人から構成されるようになる。そこにおいては、社会の構成員の同質性は「人間一般」にしか求めることができなくなり、必然的に「個人」に対する崇拝という集合意識が出現する。すなわち、異質性社会における集合意識は、異質化を促進しながら社会的連帯を可能にするものでなければならず、ここにおいては、「個人の尊重」という道徳、すなわち、「すべての人の思想や価値観を等しく尊重する」という規範が、社会の構成員の協働を可能にする唯一の精神的紐帯となると言うのである[43]。

以上を前提とした上で、デュルケームは、教育の役割について、次のように論じている。まず、彼は、教育とは、「社会の成人が、年少者に対して、その社会の構成員が保有していなければならないとされる肉体的・精神的一定の状態を実現させせること」と捉える。そして、社会が子どもに対して実現させようとする「精神的一定の状態」の中でも、とりわけ、社会における集合意識、すなわち、社会の道徳が重要な位置を占めると言う。

社会が子どもに実現させようとするその肉体的・精神的状態は、各社会ごとに異なるので、教育のあり方もやはり社会ごとに異なる。すなわち、社会

43) 以上、デュルケームの『社会分業論』による。ÉMILE DURKHEIM, DE LA DIVISION DU TRAVAIL SOCIAL (1922).

の内部に異なる環境が存在するだけ、異なる種類の教育が存在する[44]ということになる。したがって、社会には、社会全体に対応する教育が存在するのみならず、社会内部の団体（例えば、カースト・階級・家族・職業）ごとにも各々別個の教育が見られることになり、それゆえ、いかなる社会にも複数の教育体系が併存することとなる。特に、異質な要素、多様な中間団体をその中に内包させている現代社会においては、団体ごとに異なった、極めて多様な教育体系が併存することになる。

要約すれば、いかなる社会においても、以下の２つの教育体系が見られる。１つは、社会全体を包摂する教育、すなわち、子どもが属している一般社会において、いかなる構成員も保有していることが求められる肉体的・精神的一定の状態を実現する教育である。もう１つは、社会内部の団体ごとに見られる団体固有の教育、すなわち特定の団体において、それに所属しているすべての者に同様に保有していることが求められる肉体的・精神的一定の状態を実現する教育である。いかなる社会も、ほぼ必ず、両者の教育体系を併有しているのであり、子どもにはそのいずれも必要なものであると述べられている[45]。

このように、デュルケームは、教育を「重層的」に捉えた上で、現代国家のような異質性社会においては、社会全体レベルで行う公教育を通じて、「個人の尊重」という道徳を教育することが求められるようになるとの結論を導出する。彼は以下の旨論じている。社会には、職業集団など様々な中間団体が存在しており、それに対応してそれぞれの専門教育が存在するが、それとは別に、その子どもがどのような中間団体に属していようとも、すべての子どもに対して、無差別的に、一定の観念、感情、慣行を発現させるような教育、すなわち共通教育も必ず存在している[46]。そして、彼は、教育を、「集合生活が要求する本質的な（社会の）類似性を子どもの心に固定させることによって、（社会の）同質性を永続的なものとし、強化する」ためのものと捉える[47]。では、現代社会において、教育が子どもの心に発現させようとする社会の同質性とは何か。それは、「人間一般としての資質」しかない。異質性社会においては、「人間という属的類型以外の集合類型はほとんど存

44）　DURKHEIM, *supra* note 42, at 44.
45）　DURKHEIM, *ibid.*, at 48.
46）　DURKHEIM, *ibid.*, at 113.
47）　DURKHEIM, *ibid.*, at 48.

在しない」[48]。このような社会においては、社会の人々の集合の唯一の核心は、人格の尊重、すなわち、「個人の尊重」となる[49]。換言すれば、公教育を通じて子どもに実現することが求められる道徳は、「すべての人の思想や価値観を等しく尊重する」という道徳となるのである。

しかしながら、ここで留意しなければならないのは、彼が、こうした公教育の意義を繰り返し強調しながらも、一方で、中間団体における教育の意義をも同時に強く認識していたということである。デュルケームは、革命後のフランス社会におけるアノミー状態を嘆き、諸個人の脱道徳化や社会の解体を防ぐための有効な手段として中間団体——特に職業団体——に大きな期待を寄せていた。例えば、デュルケームは、近代社会に特徴的に見られる自己本位的な自殺は、社会的連帯が欠如し、そのため社会の構成員が社会によりどころを見出せないという状態から発生すると考えたのであるが、近代社会において、国家は、個人から疎遠になりすぎて、もはや個人に有効な影響力を及ぼすことができないのに対して、職業団体（同種の労働者の集団）は、個人をよりしっかりと把握することができるので、個人にとってよりどころとなり得るのではないかと期待したのである[50]。ただし、このことも、彼が、諸個人が共同体など中間団体の善を当然に受容し内面化しなければならないと考えていたとか、共同体の善をすべてに対して優先すべきであると考えていたということを意味するわけでは決してない。確かに、彼は、社会の解体を防ぎ、また、孤立した弱小の個人を強大な国家から守るためには中間団体が必要不可欠であると述べているのであるが、一方で、こうした中間団体が諸個人に対して抑圧的な力をふるう危険性があることに対しても警鐘を鳴らしている。すなわち、彼は、こうした中間団体の強圧的支配から個人を守り、個人の人格を中間団体から解放することができるのは国家しかあり得ないし、国家こそがその役割を担うべきであると主張しているのである。彼によれば、個人の自由は、国家と中間団体との緊張関係の中でのみ生まれるのである[51]。

ここで、デュルケームの道徳教育論に関して、一点付言しておかなければならない。それは、デュルケームは、その研究生活の前半においては、前述のような議論を展開しているのであるが、晩年の『道徳教育論』[52]において、

48） Durkheim, *ibid.*, at 115-116.

49） 原田彰『デュルケーム教育理論の研究』（渓水社・1991）140頁。

50） Émile Durkheim, Le suicide (1930).

51） Émile Durkheim, Leçons de sociologie: Physique des moeurs et du droit 97-99 (1950).

学校教育において子どもに教えられるべきなのは「祖国愛」であるという考え方に、見解を変じているということである。それ以前の研究成果、例えば、『社会学講義』の中では、彼は、社会が拡大・発展した現代においては、人類社会が最上位に位置づけられ、国家さえもその下位に属する2次的集団として扱われており、このような国家を超えた普遍的な人類社会が成立しつつある現代においては、「人間一般、人間的理想、個人の物質的・精神的幸福を対象とする集合的感情が発達し、それと並行して、集団や家族、国家など(2次的団体)を対象とする集合的感情が後退し弱まっていき」、ついには「国家への神秘的な崇拝はその基盤を喪失する[53]」とまで述べていた。しかし、その後の『道徳教育論』においては、愛国心教育の必要性を説いているのである。

この点に関して、社会学の領域では、両者を整合的に解釈し、以下のようなデュルケームの記述に着目して、デュルケームの言う「祖国愛」とはすなわち「人類愛」と同義であるとするような見解もしばしば見られる。デュルケームは次のように述べている。人類社会は、現実には「構成された社会」ではなく、おそらく今後も実現不可能であろう。しかし、「社会的理想は次第に地方的・人類的諸条件を脱して、様々な人種や地域に属するいっそう数多くの人々にとって共通なものとなり[54]」、ますます人類的理想へと接近している。そして、究極の理想たる人類社会ともっとも近い距離にあるのは国家であるから、個々の具体的な国家に人類的理想の実現を求めなければならない。この場合、国家は、「隣国を侵略して領土を拡大しようとする」利己的な国家ではなく、「自国の内部において人類の普遍的利益を実現する」国家、すなわち、「より多くの正義、より高い道徳性が支配し、各市民の業績とその地位の間に常に正しい関係が成り立ち、個人の苦痛が軽減または予防されるように組織された」国家でなければならない。必要なのは、「国民的理想と人類的理想が1つになること、すなわち、個々の国家が、それぞれの力量によって、この普遍的理想を実現するための機関となること」である。

52) Émile Durkheim, Léducation morale (1938). これを和訳したものとして、エミール・デュルケム(麻生誠=山村健訳)『道徳教育論』(講談社・2010)がある。デュルケームは、『道徳教育論』の中で、教育において育成されるべき道徳性として、規律の精神、社会集団への愛着、意思の自律性の3要素を掲げているが、第2の要素を論じる中で、愛国心教育の必要性を説いている。

53) Durkheim, *supra* note 51, at 147.

54) Durkheim, *supra* note 52, at 91.

このようにして、「各々の国家は、この人類的理想を、自己に固有の体質や気質や過去の歴史にふさわしい[55]」独自の手法で抱懐することができる、と[56]。この点に関して、原田彰は、デュルケームが「祖国愛」として提起したのは、結局は、「ユマニテ（＝人類 humanité)」の理念であったという解釈を提示している。

思うに、デュルケームは、現時点では国境を廃棄することは不可能であると認めつつも、「国民的理想と人類的理想」を１つに重ね合わせることによって、国家を止揚することを試みたに違いない。彼は、『道徳教育論』においても、「もし仮に、すべての国家が、自国の利益を追求するのではなく、人類に普遍的理想を追求することができるのであれば、最終的に愛国心と人類愛は一致する」旨を述べているのであり[57]、そのような意味では、「現代社会においては人間一般としての資質という同質性に基づく『個人の尊重』というルールが、唯一、社会の構成員の精神的連帯を可能にする」とする彼の基本的スタンスには、何ら変更は加えられていない。しかし、一方で、彼の教育論には、その前半と後半の主張に大きな相違も見られる。それは、彼が、その研究生活の前半においては、同質性に基づく社会的連帯を表すルール（現代社会においては「個人の尊重」というルール）を道徳とみなし、社会はそれを維持していくことが求められるとの主張を展開していたのに対して、『道徳教育論』においては、そのルール自体ではなく、そのルールを生み出す源泉たる社会自体に愛着を持つことこそが道徳とされ、それを構成員に教育すべきであると主張している点である[58]。前者の道徳の概念については、

---

55) Durkheim, *ibid.*, at 88.

56) 原田・前掲注 49) 139〜143 頁。

57) 『社会学講義』においても、同旨の主張が述べられている。Durkheim, *supra* note 51, at 100-109.

58) そもそも、社会の構成員どうしの連帯を表すルールと、社会と構成員とを結びつける「社会への愛着」とは異なるものであり、デュルケームも、いくつかの著作の中で、両者を区別しているように思われる。例えば、『社会学講義』には以下のような記述がある。「ある政治社会の中で、他の人々が共有しないような観念、利害、感情、仕事を共にする一定数の人々がいれば、彼らは必然的に、それらの類似性の影響を受け、相互に励ましあい、ひきつけ合い、求め合い、関係を結び、結合する。さて、ひとたび集団が形成されると、それ固有の、しかも、それを生んだ特殊な諸条件の特徴を備えた１つの道徳生活が必ずや出現する。そして、人々がともに生活し、頻繁に交渉を持っているときには、自分たちの結合によって形成している全体に心を感じ、この全体に愛着を感じ……ざるを得ない」。ここでは、社会の構成員が、その同質性に基づいて感じる「仲間たちとともにいるだけで生まれる喜び」「［互いに］意志を通じ合う喜び」と、それによって結合された集団に対して自然に感じ得る愛着とは区別されているように思われる。Durkheim, *ibid.*, at 62-63.

デュルケームは『社会分業論』などの中で極めて重厚な論証を展開しているが、後者の道徳の概念については、その根拠はほとんど示されていない。なぜ、彼の議論にこのような混乱が生じたのかは明らかではないが、以下で述べるように、デュルケームの後者の議論、すなわち、『道徳教育論』における主張は、重大な矛盾を抱えていて採用することができない[59]。

デュルケームは、『道徳教育論』の中で、学校教育の場において「個人の尊重」ではなく「祖国愛」を教育すべきであるという帰結を提示したが、その理由として、彼は、現在ではいまだ人類は「構成された社会」を持っていないので、人類社会は人間にとって愛着の対象たり得ないこと、そして一方で、国家は比較的「構成された」社会であり、人類社会にもっとも近い距離にあるので、人類社会に代わり得ることを挙げている。

前述のように、デュルケームは、『道徳教育論』においては、初期の著作とは異なって、集団への愛着を持つことを道徳とみなしている。ところで、彼は、集団への愛着について、同じく『道徳教育論』の中で、以下の旨述べている。社会は、個人にとって超個人的な存在であり、権威である。それゆえに、社会は、個人に対して強制的な命令として義務を課す存在である一方で、我々が愛情と感謝を込めて自らの意思に従って進んで身を委ねる存在ともなる。後者がすなわち集団への愛着である[60]。ここで、集団への愛着とは、構成員の協働生活がすでに存在しているところの既存の社会が、個人に先行し、個人を超越し、そして個人にとって権威であるがゆえに、個人が集団に対して当然に抱く感情なのである。すなわち、彼によれば、集団への愛着は、すでに成立している社会に対して、その構成員が必然的に抱くはずのものであり、そもそも後から人為的に教育されるものではない[61]。

---

59) 『道徳教育論』におけるデュルケームの帰結は、彼が無理やり導出しようとしたものであるという印象を払拭できないし、また彼自身も、それを認識していたようである。例えば、彼は、『道徳教育論』の中で、「家族、国家、人類という３つの集団に対する感情は決して矛盾するものではな」いが、これらの間には「自ずから上下の序列が存在している」とした上で、人類と国家（世界主義と国家主義）のいずれが上位に属するかという問題について、理論的に考えれば、当然、「全人類的な目的は……国家目的よりも、さらに一段高い位置を占めることになり、最上位はこの全人類的目的とされるべきだということになる」はずであると認めている。DURKHEIM, *supra* note 52, at 86.

60) DURKHEIM, *ibid.*, at 105-107.

61) この点、デュルケームの初期の著作において主張されていた機械的連帯を表すものとしての道徳は、「人間に対して他人を考慮させ、自らの利己主義による衝動と別のものに基づいて自らの行動を律することを強制するいっさいのもの」（DURKHEIM, *supra* note 43, at 394）と定義されており、個人に対して強制されるものとして捉えられている。

しかも、もともと、デュルケームが集団への愛着を重視したのは、集団への愛着が、個人を集団につなぎとめ、個人を安定化させる役割を果たすからである。そして、こうした役割を果たすものとして、デュルケームは、『自殺論』においては、職業団体など国家内部に存在する中間団体に期待を寄せていた。なぜならば、前述のように、国家は個人から疎遠になりすぎて、もはや個人に対して不断の有効な影響力を及ぼすことができないのに対して、職業団体は個人をよりしっかりと把握することができると考えたからである。しかしながら、『道徳教育論』においては、一変して、国家を個人のよりどころとすべきであるとしているのである。なぜ、そのような変化がなされたのかは明らかではない。しかし、もし、集団への愛着を構成員に人為的に教育しなければならないとすれば、その集団はいまだ「構成された社会」としては実在していないということになる。人類社会がいまだ「構成された社会」として実在していないのと同様に、国家（当時のフランス）も「構成された社会」としては確立していないということになり、デュルケームによれば、国家は、人類社会と同様、そもそも愛着の対象とはなり得ないはずなのである。

以上のことから、本書では、デュルケームの道徳教育に関する２種類の見解のうち、論理的整合性の見られる初期のものを採用したい。

第３節　教育に関する「法律」と憲法上の要請

憲法26条１項は「すべて国民は、法律の定めるところにより、その能力に応じて、ひとしく教育を受ける権利を有する」と規定し、国民が国家に対して要求し得る教育に関して「法律」で定め得ることを予定している。また、憲法26条２項は、「すべて国民は、法律の定めるところにより、その保護する子女に普通教育を受けさせる義務を負ふ」と規定し、ここにおいても、やはり、義務教育に関して「法律」で定め得ることが予定されている。それでは、これらの「法律」に対して、日本国憲法は何らかの要請ないし制約を課しているのであろうか。

そもそも、ここでいう「法律」は教育の内容についても定め得るのであろうか。教育の内容に対して「法律」が介入し得るのかという問題に関しては、これまで、学説において、しばしば懐疑的に考えられてきた。例えば、兼子仁は、教育関係事項を内的条件と外的条件とに区分した上で、教育の外的条件については、「国民代表制・議会民主制の手続によることを要する場合が少なくない」が、内的条件については、「教育の内容［を］多数決を用いてでも必ず全国一律に決めなくては困るという事情が……さほど多くあるとは考えられない[62]」上に、「思想・宗教などと同じ精神文化の問題として、議会政治的多数決で決めるのにふさわしくない[63]」と主張している[64]。また、杉原泰雄も、「現代議会制のもとにおいては、法律は、形式的にさえも民意の基礎を欠いた多数党意思の表明としての性格をもちがちであ」り、特に「教育に関する法律についてはこの傾向が強化される[65]」と述べている。さらに、奥平康弘は、「ひとたび教育内容を多数決原理で決定することを容認したならば、あらゆる局面での教育の浸透により当時点における多数者の政治的な優位がますます確固としたものになり、実際には、政権交替はおこらないまま、教育はますます政治の侍女になってしまう可能性がある[66]」とも指摘している。

しかし、もし、公教育の内容に関して「法律」で定めることが許されないとするのであれば、誰がそれを決定すべきなのであろうか。この点に関して、兼子は、教育内容については「教育界における自由な討議のうちに文化的ルートによって徐々に組織していく」べきである[67]と主張している。すなわち、「学校教育そのものは、国民主権と議会制民主主義による『国政』の一部ではなく、国民の個人的自由をふまえた人間社会の文化的活動にほかならない[68]」ので、「正しい教育の内容は、法律にもられたところが国民の教育意思であるはずだという議会制の擬制によってではなく、教育の自由を持つ国民個人の真意が学校その他教育機関に直接向けられ、それを教師が自主的にうけとめていくというしかたで、決められていく」べきであると論じてい

62) 兼子仁「憲法 23・26 条、教基法 10 条の体系的解釈」永井憲一編『教育権〔新版〕』(三省堂・1977) 156〜157 頁。

63) 兼子仁「教育権と教育行政—教育基本法 10 条の解釈」同編『教育権と教育行政』(学陽書房・1978) 21 頁。

64) 同旨の主張として、成嶋・前掲注 29) 116 頁。成嶋隆は、「多数を持って決定されるのはあくまでも相対善とみなされる政治価値の選択の問題であるのに対し、教育の内的事項の領域においては絶対的真理としての文化価値の探究がもっぱら問題となる。真理性の認否は科学の専管に属し、科学の領域では多数決は存在の余地がない」と述べている。

65) 杉原・前掲注 13) 85 頁。

66) 芦部編・前掲注 1) 422 頁〔奥平〕。

67) 兼子・前掲注 62) 157 頁。なお「文化的ルート」についての詳細な記述は、兼子・前掲注 38) 222〜225 頁。

68) 兼子・前掲注 38) 213 頁。

る[69]。しかし、これに対しては、高乗智之が指摘するように、「『文化的ルート』なるものは、誰が、いかなる手続で、いかなる法的根拠に基づいて行われるものであるのかを明確に示しているとはいえず、さらに、この『文化的ルート』による教育内容決定は、国民全体に対していかなる手段・方法・手続によって責任を負うのかについても明らかではない」との批判が可能であろう[70]。

憲法26条1項および2項には「法律の定めにより」との文言が存在する。これは、教育の目的・内容・制度などを勅令によって定めた明治憲法下の教育勅令主義を改め、教育に関する事項については議会の定める法律によるとした教育法律主義を明示したものである[71]。

確かに、教育は、前述のように、本質的に、教育対象者の精神に働きかけ、一定の方向に誘導する作用を持つ。したがって、議会の多数決がそれに介入することを認めるとなれば、そこには大きな危険がつきまとうことなり、それゆえ、国会による直接的なコントロールを避けるような仕組み、例えば、主として独立行政委員会のような第三者機関が教育内容に関する審議や決定にかかわっていくような制度的な工夫は不可欠となるであろう。しかしながら、そこから、議会によるコントロールを完全に排除すべきであるという結論には至らないのではないかと考えられる。

この点について、戸波江二は、「教育内容を公的に決定する場合に、教育内容の実質的な検討と決定を行うプロセスと、それを公的に追認するプロセスとを分けて」考えた上で、「教育内容の実質的な検討と決定は」、「国から独立した公共的な専門機関においてなされるのが好ましい」が、それとは別に、国会によるコントロールとして、法律による決定などの「教育内容について公的にレビューと承認の手続きが必要であ」ると述べている[72]。説得力

69) 兼子・前掲注63) 21頁。この点につき、成嶋隆も、「教育の実質的『公共性』の見地からすれば、教育価値の選択の問題も、政治権力から区別された社会過程における『自律的調整』に委ねられるべきこと、言い換えれば、教育内容の編成は、一般的国政ルートではなく“文化的ルート”によるべき」であるとして、同旨の主張をしている。成嶋・前掲注29) 120頁。

70) 高乗智之『憲法と教育権の法理』(成文堂・2009) 46〜47頁。

71) 佐藤功『憲法(上)〔新版〕』(有斐閣・1983) 444頁。また、奥平康弘は、26条2項の普通教育について「法律」で定めるとしたのは、「旧義務教育制度を一歩前進させる新義務教育制度を指向する段において、国民代表機関たる国会の制定する『法律』に創造的な役割分担をさせる必要がでてきた」からであると説明している。芦部編・前掲注1) 374頁〔奥平〕。

72) 戸波江二「教育法の基礎概念の批判的検討」戸波江二=西原博史編『子ども中心の教育理論に向けて』(エイデル研究所・2006) 44〜46頁。

に富む説と言えよう。

では、教育の内容について定める「法律」に対して、憲法は何らかの要請や制約を課しているのであろうか。まず、憲法26条1項の「法律」に関しては、前述のように、憲法が何ら内容上定めておらず法律に白紙委任しているとは解すべきではない。なぜなら、もし国民が国家に対して要求し得る教育に関して、その保障内容を全面的に「法律」に委ねていると解するのであれば、このような権利を憲法に規定した意義が希薄になってしまうからである。すなわち、憲法26条1項の「教育を受ける権利」には「法律」がいかに定めようとも、憲法によって必ず保障すべき核心部分が含まれていると解するべきである。この26条1項の憲法上の要請は、義務教育に関して言えば、子どもは国家に対してどのような内容の義務教育を要求し得るのかという問題にかかわる。

一方、26条2項の「法律」についても、憲法は一定の要請と制約を課していると考えられる。もし、義務教育に関して定める「法律」に対して、憲法が何ら要請も制約も課していないと解するのであれば、「法律」で定められてさえいれば、それがいかに不適切・不十分な内容のものであったとしても、保護者はその意思に反しても、子女に普通教育を受けさせる義務を負うことになってしまう。また、子女は、相当な年数、その意思に反したとしても普通教育を受けることを、少なくとも事実上、強制されてしまうこととなる。

義務教育制度の最大の特徴は、保護者やその子女に対して、たとえ彼（女）らの意思に反したとしても、教育を受けることを強制し得る点——おそらく、その強制ないし義務づけは、子ども本人の利益という観点からのみ正当化し得るものであろうが——にある。とすれば、この「法律」は、国家が保護者やその子女の意思に反したとしても、それを受けることを強制することが正当化されるようなものでなければならない。すなわち、その「法律」には、憲法がそのような義務的な公教育制度を採用した趣旨に適合したものでなければならないという要請が課されることとなる。これは、憲法が国家に対していかなる内容の義務教育を要請しているのかにかかわる問題である。

また、義務教育に関する「法律」は、憲法上の制約にも服する。まず、この「法律」は、憲法上の他の条文に反してはならないという、憲法の最高法規性に基づく一般的な制約に服する。したがって、例えば、もし、この「法律」がある特定のイデオロギーを子どもに強制するものであったとすれば、それは子どもの思想・良心の自由（憲法19条）を侵害するものであって許されないということになろう。しかし、憲法上の制約はそれのみではない。憲法26条2項自身のうちにも、この「法律」に対する制約、すなわち、この「法律」は、国家が公教育制度を採用した趣旨や目的を阻害してはならないという制約が含まれていると思われる。これは、憲法はどのような内容の義務教育を禁じているかの問題にかかわる。そして、ここから、もし、この「法律」が、憲法上の他の条文に反していたり、義務教育制度の趣旨や目的を阻害するものであったりするのであれば、子どもは普通教育を受ける義務を免れ得るという結論を得ることができよう。

では、日本国憲法において、義務的な公教育制度が採用された趣旨はいかなるものであると考えるべきか。次節では、憲法は国家に対していかなる内容の義務教育を要請し、禁止しているのかについて、特に価値教育に焦点を当てて議論を進めたい。

第4節　公教育における価値教育

日本国憲法が義務教育制度を採用した趣旨は何なのであろうか。国家が、保護者やその子女の意思に反してまで、義務教育を通じて子どもに及ぼそうとしたものはいったい何なのであろうか。ここで考えられるのは、戸波江二が指摘するように、まずは、「いわゆる『読み書き、そろばん』という実社会で役立つ必須の素養である。子どもたちが社会生活を送るうえで最も基本となる知識と技能の習得は、教育の最低限の要請である」。また、歴史や社会に関する基本的な認識や、自然や生物に対する基礎的な認識を習得することも要請されよう[73)]。これらは、一般に、真理教育に分類されるものであるが、本書が関心を持つのは、義務教育における価値教育である。

そもそも、国家権力が価値教育を施すことに対しては、国民教育権説の論者などから強い批判がなされてきた。すなわち、人間の内面形成にかかわる問題は国家権力が干渉してはならない「私事」であり[74)]、国家が何らかの価値教育を行うことは、国家の子どもに対するイデオロギー的教化につながり、

73)　戸波・前掲注72) 28頁。
74)　堀尾・前掲注5) 9頁。

子どもの人格的発展を著しく害する恐れをはらんでいると言うのである。しかしながら、前述のように、教育とは、本質的に、教育対象者に対して価値を注入するものであるということを否定することはできない[75]。むしろ、これを正面から受け止めた上で、現在の日本のような異質性社会では、義務教育においていかなる価値教育が求められるのかを真摯に議論し、そして、特定の１つのイデオロギーで社会を統合するのではなく、多様な価値観の共生を可能にするような社会を形成するという点で、義務教育は一定の貢献をし得るのではないかということを考えていくことが必要なのではないかと思われる。

教育において、何らかの価値教育を施すべきであるとする考え方として、近時では、主権者教育論・憲法教育論が有力に唱えられるようになってきている。

まず、「主権者教育論」の創始者であるといわれる永井憲一は以下のように論じている。すなわち、憲法26条１項の「教育を受ける権利」について、「それが生存権の文化的側面を充足するための、国に教育を与えることを要求しうる権利だとすれば、当然に、それでは国民は、どのような内容の教育を国に要求しうるのか、また、国は、それにもとづいて、どのような教育を実施していかなければならないのか、が問題にされざるを得ない筈である[76]」とした上で、日本国憲法と教育基本法の趣旨から、教育の目的は単に人格の完成にあるのではなく、「よりよき主権者として日本国憲法の理念とする『平和主義と民主主義』の国を維持し発展させる資質（政治的素養）を備えた“人格の完成”を求めている[77]」として、「教育を受ける権利」を「将来の主権者たる国民を育成するという方向の教育＝主権者教育を受ける権利、いい換えれば、そのような内容の教育を要求しうる権利[78]」と捉える議論を展開している。さらに、彼によれば、この「教育を受ける権利」の主体は国民であることから、この「主権者教育」は、「義務教育段階の学校教育に限られず、大学に及ぶ範囲において、それも国立私立の区別なく、また

75）教育が、多かれ少なかれ、子どもに対する価値注入という側面を持つという考え方として、内野正幸「教育権から教育を受ける権利へ」ジュリスト1222号（2002）102〜107頁。西原博史も、教育が本質的に対象者の精神に働きかける作用を有するとして、その危険性に警鐘を鳴らしている。西原・前掲注28）216〜229頁。

76）永井憲一「教育を受ける権利と教育を受けさせる義務」法学教室７号（1962）124頁。

77）永井・前掲注4）226頁、255頁。

78）永井・前掲注76）122頁。

一方、一般に社会教育といわれる学校外教育の場においても、国民の生存権的基本権としての“教育を受ける権利”は国民一人一人の生涯を通じて保障されなければならない[79]」。このような「主権者教育論」は、星野安三郎によっても採用されている[80]。

近年では、永井憲一の主権者教育権論は徐々に支持を得るようになっており、それを受けて国家が公教育を通じて子どもに対して積極的に憲法の価値理念を教育すべきであるという見解が増えつつある[81]。

例えば、戸波は、「価値の決定は基本的にそれぞれの個人に委ねられるべきであり、教育は価値に対して中立の立場に立たなければならない」ので、「この意味で、価値教育は謙抑的であるべきである」として上で、ここにはいくつかの留保が伴うとして以下の５点を挙げている。①特定の価値の教化ではなく、価値の選択の前提として価値や思想について客観的に教えることは否定されない。②政治的に対立する価値や思想を教育の場から遠ざけてはならず、むしろ重要な討論の素材としてとり上げられなければならない。③社会生活において必要とされる最低限の道徳的規範の遵守を教育することは否定されない。④反社会的思想や行為を伴ったもの、暴力を唱道するもの、犯罪行為と結びついたものは、例外として否定的に教えられるべきである。⑤憲法教育を施すべきである[82]。そして、とりわけ、憲法教育については、「時代や社会を超えて普遍的に教えられるべき教育内容というものは現代社会においては十分に想定できるのであり、現代日本では日本国憲法の定める自由や民主、平和といった基本価値の教育がそれにあたると考えられる。これらの基本価値は、現代日本の政治社会の基底をなすものであって、教育においてはむしろしっかりと教えられなければならない」と主張している。

また、内野正幸は、以下のように論じている。教育を受ける権利は、「適

79)　中村＝永井・前掲注1) 168頁〔永井〕。

80)　星野安三郎は、「教育は無内容ではなく、その内容と方法が規定され、平和と民主主義でなければならない」し、「個人の尊厳、人権擁護、民主主義と平和など、憲法的価値を擁護する教育が当然予想されている」と主張している。星野安三郎「日本国憲法と教育内容」日本教育法学会編『講座教育法第３巻 教育内容と教育法』（総合労働研究所・1980）28頁。同「子どもの『教育をうける権利』」有倉遼吉編『教育と法律〔増訂版〕』（新評論・1964）26～28頁。

81)　国家が憲法教育を施すことに対しては、憲法19条や99条を根拠にして、日本国憲法は、価値中立的であり、いかなる価値観にもコミットしていないとの批判が可能である。これに対する有力な反論として、戸波・前掲注72) 32～40頁。

82)　戸波・前掲注72) 28～32頁。

切な仕方で価値を注入してもらう権利としての側面を持っている」。「ここでいう価値注入は、イデオロギー的な教化や洗脳とは異なるものである。そこで価値という場合に念頭においているのは」、①科学的真理という価値、②言語教育にかかわる価値、③憲法理念を内容とする価値である。特に、憲法理念を内容とする価値注入については、「学校教育の場では、人権、民主制、平和などの価値が教えられるべきであ」り、「人権侵害、独裁制、侵略戦争などは、価値あるものとして教えられるべきではない」。また、「人権と非人権、民主と非民主、平和と非平和などをそれぞれ並列扱いする、という手法も許されるものではない」。しかしながら、「もっとも、人権・民主・平和に関する価値教育が必要であるという主張は、大枠の原理をなすものにすぎない。それは、人権などに関する特定の主観的価値観が押しつけられていい、ということを意味するものではない[83)]」。

以上の学説に対して、ここでは以下の2点を指摘したい。まず第1に、いずれの説も、憲法が国家に対してどのような内容の義務教育を要請しているかという問題に対して答えを提示しているが、その論理的な道筋が明示されておらず、必ずしも明らかではない。例えば、永井は、憲法26条1項の「教育を受ける権利」を日本国憲法全体の趣旨や教育基本法の法意に沿って解釈した結果として、国家は子どもに対して主権者教育を施すべきであるとの結論を得ている。憲法26条1項の「教育を受ける権利」の主体は「国民」であり、したがって、国家に対して主権者教育を要求し得る主体は、国民一般ということになるが、この中には、当然、義務教育課程に通う子どもも含まれることとなるので、したがって、子どもは義務教育課程において主権者教育を要求することができるということになる。しかし、永井は、ここから、子どもが国家に対して主権者教育を要求し得るという結論のみならず、憲法が国家に義務教育を通じて子どもに対して主権者教育を施すよう要請しているという結論をも導き出してしまっているように思われる[84)]。

憲法26条1項のみから、憲法が国家に対していかなる内容の義務教育を要請しているのかを導出することは困難であるように思われる。おそらく、

---

83) 内野・前掲注75) 102頁以下。
84) 両者は異なる。前者においては、義務教育課程に通う子どもは、国家に対して主権者教育を行うよう要求し得るのみであり、それを義務づけられることはない。しかし、後者においては、普通教育が義務づけられていることの帰結として、子どもは義務教育課程においていわば強制的に主権者教育を受けさせられることとなる。

これは、26条2項の解釈を通じて得られるものであろう。すなわち、義務教育について定める「法律」は、国家が保護者やその子女に対して、その意思に反してでも強制することが正当化されるようなものでなければならない。とすれば、その「法律」は、国家が義務教育制度を採用した趣旨に適合するものであることが要請される。では、憲法が義務教育制度を採用した趣旨は何であろうか。そこには、もちろん、真理教育を施すということも含まれるが、価値教育に関して言えば、永井はこれを日本国憲法全体の趣旨から解釈して「将来の主権者たる国民を育成すること」とし、戸波は「自由や民主、平和といった人類普遍の原理を教育すること」としているのではないかと考えられる。

そして、さらに、憲法26条2項は、「法律」に対して、上記のような要請を課しているのみならず、その「法律」が公教育制度の目的を阻害するようなものであってはならないという制約をも課していると考えられる。そして、もし、「法律」がそのような制約に反しているのであるならば、保護者およびその子女は国家が提供する普通教育を拒否することができる。例えば、子どもに対して特定のイデオロギーを強制する教育や、人種差別政策に基づく教育、子どもたちがおよそ基本的な知識や技能を習得し得ない教育内容を定めた「法律」などがこれに当たることになると思われる。

第2に、国家が公教育を通じて子どもに対して及ぼすべき価値は、上記の学説においては、おおむね、「人権・民主・平和」を指す。しかし、具体的な場面でいかなる価値教育が施されるべきかということになると、各説の間で温度差があるように思われる。例えば、内野は、学校教育において「人権と非人権、民主と非民主、平和と非平和などをそれぞれ並列扱いする、という手法も許されるものではない」という、いわば「強い」主張を展開する。しかし、このような教育においては、村元宏行が指摘するように、すでに確定された憲法価値に沿って日常教育が行われることが重要視され、子どもが憲法価値を再吟味するという過程が軽視される危険をはらんでいるのではないかと思われる。少なくとも、内野のような「強い」主張と、「国家が前提にできる価値として唯一公認された憲法価値を指向する」としても、その憲法構造は「開かれた体系でしかあり得ない」と説く考え方[85]とは、指向の度

85) 西原博史は、永井の主張する主権者教育論は、教師が「平和と民主主義の教育」を解釈して引き出した具体的な人格的価値体系を子どもに押しつけることを許容するものであり、「永井の

合いが異なるであろう。

そもそも、教育において価値教育を指向するとしても、その内容は「人権・民主・平和」なのであろうか。価値教育の具体的内容を詳細に定めれば定めるほど、強制の要素が強まり、子どもの思想・良心の自由との緊張が生まれる。子どもが憲法価値を再吟味するという過程を重視するならば、この主張は、やや強すぎるように思われる。例えば、教育の場においては、子ども自身が、民主よりも非民主、平和主義よりも非平和主義を選択する場合もあり得るのではないだろうか。村元が指摘するように、子どもが憲法価値を自らの学習によって会得していく過程を重視するのであれば、憲法教育においては、その過程において人権と非人権などをいったん並列扱いして教育し、そして、現在の憲法価値がなぜ、人権、民主、平和を選択したかについての討議をするということも許されると思われる。すなわち、「人権・民主・平和」という憲法原理は、子どもに対して、はじめから無批判に注入するものではなく、教育を施した結果として、最終的に現在の憲法価値を子どもが選択することを目標とすると考えるべきであろう[86]。

第5節 「個人の尊重」に基づく価値教育

以上の議論を踏まえた上で、義務教育において、国家はいかなる価値教育を行うことを期待されるのかを検討したい。これについては、先述のデュルケームの議論が多くの示唆を提供してくれる。一般に、憲法の人権規定の解釈においては、①社会的事実の解釈のレベルの議論と、②規範論的レベルの議論との両方が必要不可欠であると考えるが、本章において、デュルケームの議論は、前者の議論を補強するものとしての役割を果たす。デュルケームによれば、現代国家に見られるような異質性社会においては、「個人の尊重」という道徳のみが社会の構成員の協働を可能にする唯一の精神的紐帯となる。それゆえ、現代の日本のような社会においては、社会の構成員の精神的連帯を可能にすべく、公教育の場でも、子どもたちに「個人の尊重」という道徳

ような形で憲法価値に解釈を施し、望ましい教育内容の体系を憲法の名で作り上げる試みは、開かれた体系でしかあり得ない憲法の構造からして、必然的に解釈者の主観を絶対化する結果に至る」と批判している。西原・前掲注 28) 226〜227 頁。

86) 村元宏行「主権者教育論の現在」戸波江二=西原博史編『子ども中心の教育法理論に向けて』(エイデル研究所・2006) 176〜177 頁。

を教育することが要請されるようになる。

「個人の尊重」とは、「すべての人をそれぞれ異なった思想・価値観を持った存在として尊重する」ということを意味する。それは、たとえ思想や価値観が自分と大きく異なる人たちであっても、その人々も自分と同じ人間であるという、ただその1点の共通項のみによって、その人々の痛みや苦しみを共感できるような人間に、子どもを育てていくことである。

日本国憲法は、そのもっとも重要な核心的原理として、13条に「個人の尊重」の条文を置いている。また、日本国憲法に続いて制定され、準憲法的な性格を持つ[87]とされてきた旧教育基本法も、その前文に、「われらは、個人の尊厳を重んじ、真理と平和を希求する人間の育成を期するとともに、普遍的にしてしかも個性ゆたかな文化の創造をめざす教育を普及徹底しなければならない」と規定し、公教育の主たる目的として、「個人の尊重」を重んじるような人間の育成を掲げていた。ここからも、日本国憲法の想定する公教育像は、「個人の尊重」という道徳に基づく教育であることがうかがえる。

このような議論に対しては、国家が子どもに対して価値教育を施すことに内包される危険性を根拠とした批判も考えられよう。一般に、国家が子どもに対して価値教育を施すことが危険だとされるのは、それによって、国家が、自らが望ましいと考えた特定の価値・イデオロギーを子どもに押しつける危険性をはらんでいるからである。この点、上記のような「個人の尊重」による教育は、国家が特定の価値観を子どもに教化する教育とはまったく性質を異にする。「個人の尊重」による教育は、特定のイデオロギーを国民に強制することによって社会の統合を図ろうとするものでは決してない。逆に、社会の構成員の多様な価値観をすべて承認し、その上で、その共生を可能にする社会を形成するために必要不可欠となる教育を志向しているのである。

また、公教育を通じて子どもに「個人の尊重」という価値理念を教育すべ

---

87) 有倉遼吉は、「教育基本法は、全体として憲法の具体化規範すなわち憲法の付属法律ともいうべき性格をもって」おり、いわば、内容的にも形式的にも準憲法的性格を持つと述べている。すなわち、まず、「基本法前文に、『日本国憲法の精神に則り、この法律を制定する』とあることからも、内容面において、教育基本法の各条項が憲法の具体的規定であり、確認規定であるといえる。それのみならず、立法過程について見ても、「教育の自律性を保障するために憲法でこれを規定すべきだとの議員の質問に対し、政府は憲法自体に規定することは憲法全体のふり合いから不適当であり、教育根本法ともいうべきものを立案して議会に提出すべく研究中である旨答弁して」教育基本法の制定に至ったという経緯があるので、形式的にも準憲法的性格が認められるとしている。有倉遼吉「教育基本法の準憲法的性格」同編・前掲注80) 7〜8頁。

きだとする主張は、従来の主権者教育論・憲法教育論が明示的に「人権・民主・平和」に基づく教育を唱えていたのに比べると、国家が子どもに注入すべき価値の範囲を限定的に考えるものである。国家が子どもに対して施さなければならない価値の範囲が広くなればなるほど、子どもの思想・良心の自由との関係で衝突を生じる。「人権・民主・平和」などの憲法原理は、すべて、「個人の尊重」という憲法の核心原理から派生したものである。子どもが憲法価値を自らの学習によって会得していく過程を重視するのであれば、「人権・民主・平和」という憲法原理は、子どもに対して、はじめから無批判に注入するものではなく、教育を施した結果として、最終的に子ども自らが選択することを目標とするというようなものとして考えるべきである。

最後に、「個人の尊重」に基づく教育には、「他人に迷惑をかけてはならない」「人のものを盗んではならない」「暴力をふるってはならない」など、「個人の尊重」から導き出される、社会生活において必要とされる道徳的規範の遵守を教育すること[88]をも、当然含むものであることも付言しておきたい。

第6節　結　　語

現代社会は多様な思想・価値観から成る異質性社会である。このような社会において、いかにして構成員の協働を可能とするような精神的連帯を実現すべきであろうか。また、現代社会においては、個人は共同体の価値から切り離され、孤立し、浮遊し、社会は分断されている。こうした社会において、いかにして社会の解体を防ぐことができるだろうか。これらの問題の解決に対して、教育も一定の貢献をし得るが、ここにおいては、以下の２点が肝要であると思われる。まず第１に、国家による公教育の重要性のみならず、国家内部の中間団体による教育の意義をも認識しなければならない。そして第２に、公教育の場で、社会的連帯を実現するための価値教育が期待される。

社会内部には様々な中間団体が存在する。しかし、そこにおいても、公教育と同様に「個人の尊重」に基づく教育がなされなければならないということにはならない。家庭や地域社会など中間団体には、各々その特性に根ざした教育が存在しているのであり、そのような教育が、それぞれの団体内部で、

88)　これは、前節で紹介した戸波江二の提唱する５つの価値教育の中の③と④に該当すると考えられる。

その構成員どうしの固有の精神的連帯を可能にする。そして、そうすることによって、個人は、社会における様々な段階において、様々な精神的連帯を経験するのであり、この幾重にも重ねられた精神的連帯によって、諸個人は何重もの繋留を得ることができる。

そして、デュルケームが述べているように、「家族、国家、人類は我々の社会的、道徳的発展の３つの異なった局面を、それぞれ代表するものであり、しかもこの３局面は互いに他を排斥することなく、重なり合うことができる[89)]」。すなわち、個人は、自分が所属する中間団体のアイデンティティを保持しながら、同時に、より上位の社会において、「個人の尊重」という道徳に従って、その団体に所属しない他の個人と協働することが可能である。そして、そこで見られる異質性は、デュルケームが述べているように、「互いに排斥しあうどころかかえって、互いを補正しあうもの[90)]」であり、社会における有機的連帯を生み出す原動力となる。

さらに、デュルケームによれば、現代社会においては、公教育の場で、「個人の尊重」という道徳を教えることが求められる。なぜなら、「個人の尊重」という道徳が、異質的な現代社会において、その構成員の協働を可能にする唯一の精神的紐帯となるからである。しかしながら、公教育の場で「個人の尊重」を教育するということは、生徒に対して、生徒が属している中間団体に由来するアイデンティティを捨て去ることを強制したり、その上位の政治社会に生徒を無理やり同化させたりすることを意味するわけではない。「個人の尊重」という道徳は、まず、社会の中に多様な要素が存在することを認めるルールであり、そして、その多様性を前提とした上で、その共生を図るためのルールである。そのような意味では、公教育の場では、中間団体に由来する生徒のアイデンティティを否定するのではなく、場合によっては、学校自らが生徒たちの模範となるべく、多様な価値観に対して寛容な態度も見せなければならないであろう。例えば、イスラム教徒の女学生が学校でチャドルを剝ぎ取られるということは、彼女にアイデンティティを捨て去るよう命じていることと同じなのではないだろうか。このような場合、時には、学校は、生徒の模範となるべく、ある程度宗教に対して寛容な態度を示すことも必要となろう。

89)　Durkheim, *supra* note 52, at 84.
90)　Durkheim, *ibid*., at 88.

第2章
公教育とナショナルアイデンティティ

国家権力が価値教育を施すことに関しては、従来、特に国民教育権説の論者などから強い批判がなされてきた。すなわち、人間の内面形成にかかわる問題は国家権力が干渉してはならない「私事」であり、国家が何らかの価値教育を行うことは、国家の子どもに対するイデオロギー的教化につながり、子どもの人格的発展を著しく阻害する恐れをはらんでいると言うのである。しかしながら、教育は、本質的に、教育対象者に対して価値を注入するものである。

2006年に教育基本法が改正され、同法2条5号に、「教育の目標」として「伝統と文化を尊重し、それらをはぐくんできた我が国と郷土を愛するとともに、他国を尊重し、国際社会の平和と発展に寄与する態度を養うこと」が掲げられた。その後、安倍晋三政権下でも、愛国心教育の必要性が強く主張されるようになっている。愛国心教育を主張する者の中には、「[戦後の教育現場の者たちは] 教育の価値中立を主張しながらも、実際には、自由や民主主義の精神を教えてきたのではないか。自由・民主主義・平和主義などの価値を教えるのは許されて、なぜ『国や郷土を思う心を持つことの大切さ』を教えることができないのか」という旨を主張する者もいる[1)]。こうした状況の下では、むしろ、教育は必然的に子どもの精神に対して、何らかの価値を及ぼすものであるということを正面から受け止めた上で、現在の日本の公教育においていかなる価値教育が求められるのかを真摯に議論していくことが必要なのではないかと思われる。近時、憲法学説においても、主権者教育論・憲法教育論が有力に唱えられるようになってきている。前章で論じたように、筆者は、公教育において「個人の尊重」という価値に基づく教育を行っていくべきであると考えているが、本章では、愛国心教育の必要性が主張されるようになっている状況の下で、公教育においてナショナルアイデンティティを教育すべきか否かという問題に関して、リベラルナショナリズムの

1) 例えば、佐伯啓思『日本の愛国心—序説的考察』(NTT出版・2008) 112〜115頁。

教育論、特にミラー（David Miller）の教育論を中心にとり上げて、それをリベラリズムの観点から批判的に検討したい。

リベラルナショナリズムは、多文化主義やリベラリズムへのアンチテーゼとして生まれたものである。ミラーは、共同体論者であり、共和主義者であり、社会主義者でもあるが、一般にリベラルナショナリズムの代表的論者の1人と目されている。リベラルナショナリズムとは、論者によって相違はあるが、おおむね、「個々の集団の文化的アイデンティティを最大限に承認するが、その一方で、いかなる集団にもネーションの一体性を損なうほどの文化的独自性の追求は認めず、自由と平等の枠組みとしてのネーションを堅持しようというもの」と概括することができる[2)]。そして、そこには、ナショナリズムを、リベラルという目的を達成するための手段として――少なくとも手段として――擁護するという姿勢が見受けられる。ただし、この点に関して、本章でとり上げるミラーは、キムリッカ（Will Kymlicka）[3)]などとは異なって、ナショナリズムに手段的・道具的価値のみならず、本来的な価値をも認めており、そのような意味で、ナショナリズム自身を規範的に擁護していると言える[4)]。

また、リベラルナショナリズムと言っても、国家レベルのナショナリズムを強調するのか、それとも、国家より下位のネーション次元のナショナリズムを強調するのかによって、マルチネーション国家などにおいては、その含意や立場がまったく異なってくる。例えば、タミール（Yael Tamir）[5)]やキムリッカは、マルチネーション国家においては、国家レベルのナショナルアイデンティティと個々の下位のマイノリティのアイデンティティとは容易に融和しがたいと捉えているのに対して、ミラーは、マルチネーション国家においても、国家レベルのナショナルアイデンティティと、下位のマイノリティのアイデンティティとが共存することは可能であると考えている[6)]。

2）伊藤豊「リベラル・ナショナリズムとしての移民同化論―アメリカ合衆国の場合」富沢克編『「リベラル・ナショナリズム」の再検討―国際比較の観点から見た新しい秩序像』（ミネルヴァ書房・2012）110〜111頁参照。なお、リベラルナショナリズムの思想史的な位置づけについては、川瀬貴之「リベラル・ナショナリズム」小林正弥＝菊地理夫編『コミュニタリアニズムのフロンティア』（勁草書房・2012）10〜29頁

3）キムリッカのリベラルナショナリズムについては、Will Kymlica, Politics in the Vernacular (2001)。

4）川瀬貴之「デイヴィッド・ミラーの分配的正義とナショナリティ(1)(2)」法学論叢166巻4号(2010) 76頁以下、167巻3号（2010）80頁以下。

5）タミールのリベラルナショナリズムについては、Yael Tamir, Liberal Nationalism（1993)。

第1節　ミラーの「ナショナルな教育」論

ミラー[7]は、「ナショナルアイデンティティ」を持つことを、「共有される信念と相互のかかわりによって構成され、歴史的な時間を超えて広がり、構成員で決めたとおり集合的に行動し、アイデンティティを感じる祖国を持ち、隣国とは一線を画する独自の公共文化を所有する、そうした共同体に所属すること」と定義している[8]。そして、彼は、このナショナルアイデンティティを共有することが、以下のような社会の3つの重要な目標、すなわち、①人々が、それを背景にして、どんな人生を送るのかについてさらに踏み込んだ個人的決断を下すことができる共通の文化への手がかりを提供する、②民主的シティズンシップを可能にする相互理解と信頼を涵養する、③社会正義・福祉国家を実現するということに役立つと考えている。

では、ナショナルアイデンティティとは何か。ミラーは、ナショナルアイデンティティを他のアイデンティティと区別する特徴として、以下の5点を挙げる。①ナショナルな共同体は信念によって成り立っている、②ナショナリティはネーションの歴史的持続性を体現するアイデンティティである、③ナショナルアイデンティティは能動的なアイデンティティである、④ナショナルアイデンティティはある人間集団と特定の地理的な場所とを結びつけるものである、⑤ナショナルアイデンティティはそれを共有する人々が何らかの共通の性質、すなわち「ナショナルな特性＝共通の公共文化」と言われてきた一連の特徴を持つべきであることを要請する[9]。

その上で、ミラーは、こうした共通のナショナルアイデンティティこそが、共同体の構成員の間に相互信頼を生み出し、それが、文化的達成、社会福祉などの基盤となり、熟議や規範の遵守をもたらすのであるから、民主主義や

---

6)　竹島博之「リベラル・ナショナリズムの教育論―D・ミラー、W・キムリッカ、Y・タミールを比較して」富沢編・前掲注2) 132〜135頁。

7)　ミラーの教育論については、竹島・前掲注6) 117〜138頁を参照。

8)　David Miller, On Nationality 188 (1995). これを和訳したものとして、デイヴィッド・ミラー（富沢克ほか訳）『ナショナリティについて』（風行社・2007）がある。また、ミラーは、「ネーション（nation）」を「政治的自己決定を行いたいと強く願う人たちの共同体」と定義し、一方、「国家（state）」を「そうした人々が自らのために保持することを強く望む一連の政治的諸制度」として捉え、両者を区別している。*op cit.*, at 19.

9)　Miller, *ibid.*, at 21-27. ミラーはこのように5つの特徴を挙げているが、どれを見ても、他の集団と区別がつきにくいものである。

社会正義・福祉国家を実現するためには、ネーションの構成員に対してナショナルな教育を施し、同じネーションに属しているというナショナルアイデンティティによって構成員を相互に結びつける必要があると主張する。

ミラーは、公教育を、多様なエスニック集団の構成員がナショナルな伝統と思考様式に入り込めるように保障する手段の１つとして位置づけ、学校を共通のナショナルアイデンティティが再生産される場所と考える[10)]。そして、彼は、ナショナルな教育を実現するための方法として、以下の２点が肝要であると言う。まず第１に、ナショナルカリキュラムを施すということである。ミラーによれば、どのような下位集団に属しているかにかかわらず、すべての子どもが身につけることが期待される中核的事柄といったものが存在する。そして、第２に、異なる文化的背景を持つ子どもたちがともに同じ授業に参加する一斉授業方式を採るということである[11)]。

以上のようなミラーの教育論には、次のような特徴が見られる。まず第１に、彼はナショナルアイデンティティについて固定した解釈を教え込むべきだという見解を否定する。すなわち、彼は、「保守的ナショナリストが要請するような一方的な自国賛美の愛国心教育ではなく、自国の欠点をも認めるような教育でなければならない」と言う[12)]。第２に、ナショナルな教育は、マジョリティの価値観を一方的に押しつけるものであってはならないということである。彼は、「マイノリティが、ナショナルアイデンティティの持続的な再定義に加わる機会を奪ってしまってはならない」と述べている[13)]。

第２節　批判的検討

では、このようなミラーの教育論をどのように評価し得るか。

10)　Miller, *ibid.*, at 142.

11)　Miller, *ibid.*, at 142-143.

12)　ミラー・前掲注8）日本語版序を参照。

13)　Miller, *supra* note 8, at 180. ミラーは、ナショナルカリキュラムに関して、異なった解釈の可能性に開かれた形で編成されていなければならないし、子どもたちが属する特定の集団のニーズに従って材料を強調したり抑制したりする余地が残されていなければならない、と述べている。例えば、スコットランドの子どもたちは、全員、イギリスの歴史を学ぶべきであるが、一方で、スコットランドの発展に特別に焦点を当てて授業を行うこともできると言う。

Ⅰ　ナショナリティの神話性

まず初めに、ミラーも随所で認めているように、ナショナルアイデンティティは虚構であり、ネーションは神話である[14)]。ミラーは、「自分たちは固有の共同体を形成していると思いたい、という願望以外にはこうしたネーションの集団を他の周りの集団から区別するものは何もない[15)]」と述べている。では、これをどう考えるべきか。

このナショナリティの神話性・虚構性に関連して、酒井直樹が以下のように述べている。

> 文化を国民共同体や民族共同体の内部に遍在する媒体のごときものと漠然と考えることをとりあえず止めてみよう。文化をただちに国民文化あるいは民族文化とする文化観を疑うことから私たちの文化の検討を始めよう。その代りに、行動の様式あるいは実践系としての文化を考えてみよう。たとえば、水泳は一定の身体の運動様式を持った実践系で、泳ぐことのできる人の間には共通の体験を生み出し、泳ぐことのできる人と泳ぐことのできない人との間には文化の差異に基づく体験の非共約性があるだろう。また、同様な文化の違いは自動車の運転できる人とできない人との間にもあるだろう。自動車の運転ができる人の間なら簡単に了解できることが、運転したことのない人に対しては何千語費やしてもわかってもらえないという事態はごく普通に生じることを私たちは知っている。だから、水泳や自動車の運転は一つの文化である。このようにして、文化を見ていくと、社会の中には数多くの文化がパッチワークのように並存し、私たちは絶えず非共約性による文化的差異に日常的に出会っていることに気付くはずである。また、泳げる人は日本だけには限られないから、水泳文化は民族や国民、人種を横断して広がっていることがすぐわかる。もちろん、こうして見ると、国家によって管理された標準語などの国民教育制度が国民一般に共有される文化を生み出すこともわかってくるが、同時に、国民教育制度の作り出す諸文化の間には有機的な統一がないこともわかってくる。国語教育は国民一般に共有される国語の制作を助ける一方で、同じ教育の場である学校で毎年催されるダンスパーティーは男女関係や交際の文化を作り上げるうえで大きな役割を果たすだろうが、だからといって、国語とダンスパーティーの間に内在

14）　Miller, *ibid.*, at 31-35.
15）　Miller, *ibid.*, at 32-33.

的な関係があるわけではない。……私たちには、日本にある諸々の文化の雑然とした集合という意味での日本文化は容認できても、日本人の本来性を担うような有機的統一体としての日本文化は存在しない、と主張しなければならない。ここで、集団と文化を重ねてみるいわゆる文化主義の立場と私たちの立場の違いが明らかになるだろう。さらに、文化主義から帰結する文化の違いを一定の国民共同体の内部と外部の間にのみ見ようとする考え方が、一定の言説の制度によって維持されていることがわかってくる。文化の波及する範囲と共同体の範囲の重ね合わせて考える文化主義者の発想は、あらかじめ、共同体内にある無数の文化的非共約性を無視し、文化的非共約性を、共同体の外部との境界にのみ見ようとする機制によって支えられていることがわかるはずである[16)]。

このような酒井の見解は、いわゆる「ナショナリティの脱構築」という考え方に基づくものであるが、ミラーの言説の前提にも、こうした考え方、すなわち、ネーションには、ネーション独自の、そのネーションの本質を表すような有機的統一体としての『ネーションの文化』なるものが存在するというような捉え方は虚構であるという考え方があると思われる。けれども、ミラーは、ナショナリティは神話であり虚構であると認めながらも、ナショナリティを否定しない。それは、ミラーに言わせれば、「ナショナルアイデンティティに関する信念が、厳密に言えば誤謬であったとしても、その神話が価値ある社会関係を支えるのに重要な貢献をなしていることが明らかな場合は、そうした信念を捨て去ってしまうことは理にかなったことではないから」である。では、このような神話が、社会のどのような目的に奉仕するのか。ミラーは、①神話が人々に安心感を提供するということと、②神話が人々に道徳を教示するという役割を果たすことを挙げる[17)]。

しかし、このようなミラーの考え方に対しては、以下のような批判が可能である。まず第1に、ミラーの議論には、神話がいかにして生み出されるかの考察が欠如している。神話が生み出されざるを得ないような状況、すなわち、例えば「日本文化」なるものが存在するという思い込みや、「我々日本人」という実感、または「我々日本人の間ではあらかじめ意思疎通や共感が保障されている」という幻想がいかにして生み出されるのか、どうして生み

---

16)　酒井直樹「序論—ナショナリティと母（国）語の政治」酒井直樹ほか編『ナショナリティの脱構築』（柏書房・1996）9〜53頁参照。

17)　Miller, *supra* note 8, at 35–36.

出されざるを得ないのかという視点に欠けていて、したがって、その神話が潜在的にはらんでいる極度の暴力性などを看過してしまっていると考えられる。「ナショナリティの脱構築」という考え方は、国民と文化を重ねる考え方、ひいては集団と文化を重ねて捉える発想の虚構性を喝破したものであるが、そこにおける本当の意義は、そうした虚構性を指摘することのみではなく、その虚構が生み出されざるを得なかった背景や過程を明らかにすることであった。すなわち、社会には様々な行動様式の差異や人々の間の非共約性が存在するにもかかわらず、なぜ「ここ」に――「日本人」とその他の人々との間にだけ――線引きを施そうとするのであろうか。そのような意味で、ネーションは恣意的に作り上げられたものであるが、ミラーの議論には、なぜ人々がそのような境界線を「自然なものである」と思い込みたがるのか、なぜそのような神話を渇望せざるを得ないのかということに対する考察が欠けている。

第2に、神話に屈してしまうような人々が、いかにして自分でナショナルアイデンティティを陶冶できるのかという問題である。例えば、ミラーは、国家レベルのナショナルアイデンティティと、下位のマイノリティのアイデンティティが衝突したときの問題に関して、「既存のナショナルアイデンティティは、マイノリティの自己理解と矛盾するいくつかの要素を放棄しなければならない。その一方で、マイノリティも、包括的なナショナリティを積極的に受け入れなければならず、その過程で包括的ナショナリティを構成する原理と合致しない自分たち自身の価値のいくつかの要素を進んで捨て去る必要がある[18]」と述べている。ここで想定される個人とは、自分が共同体から負っている負荷を発見し、その負荷から完全に自由になることはできないとしても、相当程度そこから距離をとって、それを相対化し評価することのできる存在である。しかしながら、このような個人像と、神話に屈してしまうような個人像とがいかに整合するのかが明らかではない。

Ⅱ　ナショナルアイデンティティとは何か？

次に、ミラーの言う「ナショナルアイデンティティ」とは何かが問題となる。彼の言う「ナショナルアイデンティティ」とは、単なるネーションへの

18)　Miller, *ibid.*, at 142.

帰属意識ではない。では、彼は、ナショナルアイデンティティという概念をどのような要素を含むものと考えているのだろうか。

筆者は、一般に、ナショナルアイデンティティといわれるものには以下の4つの段階があると考えている。

①共同体への帰属意識をもつこと
②共同体における抽象的な政治原理の受容
③その政治原理の基底にある社会規範や道徳の受容、政治原理が形成されてきた歴史的な文脈の受容
④共同体への忠誠心、共同体に属する他の構成員に対する特別の愛情をもつこと

①は、単に自分が属している共同体に対して帰属意識を持つことであり、例えば、自分が所属しているある自発的結社に帰属しているという意識ないし自覚を持つことと同様なものである。②は、民主主義や法の支配など、その共同体において採用されている政治原理を受け入れるという段階である。③は、共同体の政治原理を受容するにとどまらず、その基底にある社会規範や道徳（例えば「個人の尊重」という道徳）や、政治原理が形成されてきた歴史的な文脈をも受容する段階である。そして、④は共同体への忠誠心や特別の愛着、共同体の他の構成員に対する同胞意識を持ち、いわば共同体との自己同一化をはかる段階である。

彼は、ナショナルアイデンティティについて、以下のように述べている。

> ネーションの存在は、構成員たちがそのネーションへ共に所属しているのだという共有された信念に依存しており、自分たちの生活をこれからも一緒に続けたいという共有された願望にかかっている[19]。

上記の記述から、ミラーの言う「ナショナルアイデンティティ」に①が含まれているのは明らかである。

また、彼は、「ナショナルアイデンティティ＝公共文化」と捉えた上で、公共文化とは何かを論じる文脈の中で、彼は、以下のように述べている。

> 公共文化とは、ある人間集団がどのようにして共に生活を営むかに関する一連の理解としてみなすことができるだろう。これには、民主主義への信頼や法

---

19)　Miller, *ibid.*, at 23.

の支配といった政治原理が含まれるが、それだけでなく、これよりもずっと広範囲なものにまで及んでいる。公共文化の範囲は、納税申告書へ正直に記入することや、バスに乗る順序を決める方法として列を作って並ぶことのような社会規範にまで及ぶ[20]。

［イギリスにとってナショナリティとは何であろうか？］イギリスのシティズンシップという概念（寛容、法の遵守、議会制民主主義の手続への信頼などといった一連の政治原理への支持）か？　こうした原理が中心的な特質を占めることは疑いないし、……このような原理が憲法典に正式に書き込まれることは大いに有益である。しかし、これらの原理は結局どの自由主義国でも等しく採用されている原理であって、ナショナルアイデンティティによって果たされる任務をそれ自体として肩代わりできるものではない。……ナショナルアイデンティティは、私たちを世界の中に位置付ける一助となる、それは、私たちが誰であり、どこから来たのか、何をしてきたのかを私たちに語らなければならない。だから、それには本質的に歴史的な理解を含んでいなければならず、そこでは、現在の世代は伝統の継承者とみなされ、その伝統はまた次世代へと手渡されるとされる。こうした物語はその都度書き直されるが、……過去は常に現在を縛っているということに意味がある。……私たちが現に今支持している抽象的原理は真空の中を漂っているわけではない。それは何世紀にもわたって発展してきた政治文化の表現であって、この間イギリス人のアイデンティティをめぐる様々な理解が、承認を求めて互いにせめぎ合ってきた結果なのである[21]。

これらの記述から、彼の言うナショナルアイデンティティには、②のみならず③も含まれているということがわかる。問題は、彼の言うナショナルアイデンティティとは、①〜③のみを要求するものなのか、それとも加えて④をも要求するものなのかである。この点に関して、ミラーの議論は必ずしも明らかではない。もし、前者のように捉えるのであれば、彼の言うナショナルアイデンティティは、リベラリズムの考え方とそう変わらないものとなるであろう[22]。しかし、一方で、ミラーは、上記①〜③のみならず、④共同体

20）　Miller, *ibid.*, at 26.

21）　Miller, *ibid.*, at 175. ただし、ミラーは、「公共文化」を「私的文化」とを区別している。彼は、以下の旨述べている。「例えば、お茶を飲んだり、フィッシュアンドチップスの店に通ったり、ガーデニングに集中したり、田舎を好んだり、といった典型的にイングランド的と考えられている一連の私的な特性・振舞いは、あくまで私的な文化的価値であり、公的なアイデンティティと区別される」。Miller, *ibid.*, at 172.

22）　例えば、ロールズ（John Rawls）は、共同体の構成員がある一定の道徳的信条、すなわち、

への忠誠心や愛着をもネーションの構成員に要求するかのような記述を随所で行っている。ミラーが、④の要素を強調する文脈は、(1)社会正義・福祉国家の実現のためのナショナリティという文脈と、(2)熟議民主主義の前提としてのナショナリティという文脈であるので、以後、これら２つに分けて検討を進めていきたい。

1　社会正義・福祉国家の実現のためのナショナリティ

ミラーは、「まず、（人は）人間一般に対して基本的権利を尊重する義務を負う。これらは同じ人間であるという事実のみに由来する権利である。そして、基本的権利とそれに対応する義務の上に、私たちが様々な共同体の構成員として負っている特別な責任・義務が重なってくる[23)]」と考えている。そして、その特別な義務に関して、彼は、「私は、自分の家族、自分の大学、自分の地域共同体に一体感を持っているがゆえに、これらの集団の構成員に対しては、人間一般に負っている義務とは異なった義務を負う[24)]」と述べている。例えば、友人関係においては、「友人だから」という理由で、友人を他の一般人に優先して援助する義務が発生すると彼は主張する。そして、このことから、ミラーは、ネーション内部においては、構成員の特別な義務に基づいて社会福祉を実現することが求められるようになる一方で、ネーション外部の人間に対しては、福祉を施す義務を負わないが人間性一般に基づく義務、すなわち、外部の人間の基本的権利の保障という義務を負うと主張する。そして、ネーション内部において、社会福祉を実現するためには、そのネーションにおいて、構成員が相互に結び付けられていることが必要であり、したがって、ネーションへの忠誠心や他の構成員に対する特別の愛情・同胞意識が必要不可欠であると結論づける。

正義の原理を共有することが、秩序ある社会の基本構造を安定化させるのにある程度重要であるとした上で、道徳的規則を学習することの必要性について言及し、道徳的発達について以下の３つの段階があると述べている。①権威の道徳性：子どもたちが、親や他の権威が子どもたちに提示する規則に（いわば無批判に）従うことを学習する段階。②集団の道徳性：集団における各人の役割にふさわしい道徳的規則を学習する段階。各人が、自分たちが属する集団の利益を増進させるがゆえに、また各人自身も集団から利益を得るがゆえに、道徳的規則に従うという段階。③原理の道徳性：各人が正義の諸原理を内在化させる段階。このようなロールズの議論から、彼が、本文中の③政治原理の基底にある社会規範・道徳を教育することの必要性を認めていたことがわかる。John Rawls, A Theory of Justice 397-419（1971）。

23)　Miller, *supra* note 8, at 74.

24)　Miller, *ibid*., at 65.

では、このようなミラーの議論をどう評価できるか。

まず第1に、ミラーの言うところの共同体において生じる特別の義務についてである。ミラーは、この特別の義務に関して、その性質（例えば、それは、義務の相手方に対して義務に対応する請求権を持たせるようなものなのか、それとも単に義務違反が非難に値するというものにすぎないのかなど）について明らかにしていない。また、団体ごとにそれぞれ異なった義務が構成員に対して生じるという彼の主張を認めたとしても、それぞれの義務はいかなる内容のものなのか、そしてそれがいかにして決せられるのかが明らかでない。さらに、ある団体内の義務と別の団体内の義務とではいずれが優先するのか、いかにしてそれを決するかも、やはり明らかではない。

この点に関して、ミラーは、共同体内の特別の義務がいかにして生じるのかという問題について、以下のような旨を述べている。

> まず、人々の結合関係には、道具的価値しかないものと、道具的価値のみならず本質的価値をも有するものとの2種類がある。そして、どちらの関係も特別な義務を生ぜしめるが、その特別な義務の性質において違いがある。例えば、親友の集団と、職場の同僚たちと競走馬を所有するために作った組織とを比較してみよう。後者の組織は、特別の目標のために結びついた人間の集団であって道具的な価値しかない。このような集団の場合、構成員が馬を所有する費用を負担しあう必要があるから存在しているだけで、各構成員は契約などに基づいて馬の飼育費用を毎月負担する義務を負うかもしれないが、それ以上の他の構成員への義務は負わない。それに対して、親友の集団の場合は、道具的な価値もあるが、友情自体に本質的な価値もある。そこにおいては、契約や同意などに基づかない特別の義務も生じることになる[25]。

要約すれば、ネーションのような本質的価値を持つ団体においてのみ、契約などを超えた特別の義務が生じるということになる。では、構成員に特別な義務を生じさせるような「本質的価値」とは何か。これに関して、彼は、本質的な価値とは「この［特別な］義務が認められなくなることがあれば、その関係自体が存在しないようなものである」と言う。しかし、これはトートロジーである。

---

25) David Miller, National Responsibility and Global Justice 34-35 (2007). これを和訳したものとして、デイヴィッド・ミラー（富沢克ほか訳）『国際正義とは何か―グローバル化とネーションとしての責任』（風行社・2011）がある。

第2に、ナショナルアイデンティティの強さを再配分の枠組みと結びつける証拠はないという点についてである。例えば、ミラー自身も認めているように、ベルギー、カナダ、スイスのように、一定程度マルチナショナルな国家でも福祉がうまくいっている場合がある一方で、アメリカのような単一のネーションからなり、ナショナルアイデンティティが強力である国家において、社会正義の再配分に対しては消極的である国家もあるといわれている[26)]。

この点について、筆者は、社会福祉の実現という観点から重要なのは、ナショナルアイデンティティの強さというよりはむしろ、その質なのではないかと考える。

まず、ミラーは、社会福祉の実現のために必要不可欠なものとして、共同体と構成員とを直接結びつけるような関係、すなわち、ネーションへの愛着や忠誠心を要求する。しかし、社会福祉の実現において問題となるのは、構成員どうしがどのような形で連帯していくのか、その連帯のあり方や質であって、共同体と構成員とを結びつける関係ではないであろう。しかも、ここで問題になるのは、連帯の強さというよりも、むしろその質である。例えば、平等な機会さえ与えられていればよいと考えたり、自助を最高の目標と考えたりする公共文化を持つ国家においては、国家による福祉政策の充実は望めない。もし、構成員が自分の利益と無関係に社会の弱者を助けるような社会を目指したいのであれば、そのような形での構成員の精神的連帯を形成していかなければならないであろう。

第3に、ネーションの外部の人間に対する義務——人間性一般に基づく権利を尊重するという義務——を誰がどこで教育するのかという問題がある。他の中間団体とは異なって、ネーション・国家は、国際社会のほぼ最上位にある。すなわち、このようなネーションから個人を解放してくれるものは存在しない。こうした中で、「人間一般に対する権利を尊重する」という規範はどこで形成されるのか、誰が子どもに教育するのかということが問題となる。特に、ネーションの外部の人間に対して負っている義務を、有効に強制履行させるような国際的な装置が存在しない現在においては、それが確実に

26) この点に関して、ミラーは、本文で述べているように、社会の構成員のナショナルアイデンティティの強さと国家の福祉政策の充実度は関連するという立場に立っているが、本当は、同胞意識が強く構成員どうしの思いやりが行き届いているような社会においては、究極的には、自発的に構成員が助けあうので、制度としての国家の福祉政策は不要となる可能性もある。しかし、ここでは、この問題についてはこれ以上立ち入らない。

履行されるか否かは、ひとえに、各ネーション内の公共文化の質にかかわってくるのではないかと考えられる。

思うに、ネーション外部の人間に対する義務を確実に実行させるためのみならず、自国の福祉政策を実現するためにも、教育を通じて伝えなければならないのは、自国民に対する特別な愛着・同胞意識や自国への忠誠心ではなく、人間一般に対する共感能力、すなわち、人間性一般に基づく「個人の尊重」という価値であろう。マルチカルチュアルな現代国家においては、国内においてもグローバルレベルの差異が見られる。このような中で、構成員が、様々な点で自分とは異なる他者に対しても十分に配慮をすることができるような社会の実現をめざすのであれば、まず、様々な点で自分と異なる人間であっても、ただ同じ人間であるという1点の共通項のみによって、その人の苦しみや痛みを共感できる能力を涵養しなければならない。もし、公教育の場で、人間一般に対する尊重や配慮ではなく、ネーションの圏域に限られた狭い同胞意識を教えるというのであれば、それは、国内においても、国内に存在する様々な文化を尊重するという主張の論拠そのものを切り崩してしまうことになるのではないだろうかと思われる。

2　熟議民主主義の前提としてのナショナリティ

ミラーは、共和主義の構想を支持しつつ、「国家が熟議民主主義を理念としている場合、これをうまく機能させるためには、市民の間に相互の信頼感があることが求められる。政治的議論において用いられる論拠は誠実なものでなければならず、単なる党派的利益の促進のための便宜であってはならない。……また、市民は政策決定が基礎づけられる共通の基盤を見出すことができるという希望を抱き、自分たちの主張を進んで穏健化すべきである[27]」と主張している。そして、彼は、熟議民主主義が成立するための前提条件として、上記④の意味でのナショナルアイデンティティが不可欠となると論じている。

しかし、筆者は、ここでも、熟議民主主義の前提として必要となるのは、共同体と個人を直接結びつけるようなネーションへの忠誠心ではないし、また、やはり問題となるのは構成員間の連帯の強さではなく、その質であると考える。

27)　Miller, *supra* note 8, at 96.

まず、ミラーの議論の根底には、ネーションが異なるがゆえに対話が成立しないという幻想が含まれているように思われる。しかし、対話が成立しないのは、ネーションが異なるからではない。同一ネーション内でも、例えば、教条主義的な政治信条を持った者どうしでは、対話が成立しないこともしばしばある。熟議民主主義を実効的なものとするためには、教育を通じて、自分と異なった価値観を持った人と対話する能力を身につけなければならない。それは、以下のような能力である。まず、価値観の異なる人の立場に立ってその見解を理解しようと心から努めること、自分自身の意見をわかりやすく率直に他人に表明しようとする態度、政治的な要求をする際に単に自分の好みを述べるのではなく、異なる思想や価値観を有する人々をも説得できるような理由を挙げること、そして、自分よりも他者の見解の方が合理的理由を有すると判明した場合には進んで自分の考えを放棄する用意があるということである。このような能力を獲得するためには意識的な努力が必要であるが、これは、ネーションへの忠誠心や、構成員どうしの思いやりや同胞意識を強めることによっては獲得されない。このような能力は、「すべての人の思想や価値観を等しく尊重する」という人間性一般に基づく「個人の尊重」という道徳に集約され得るものであろう。

第3節　結　　語

ミラーは、公教育の場において子どもたちにナショナルアイデンティティを教育すべきだと主張している。もし仮にこの「ナショナルアイデンティティ」を「薄く」捉えれば、それはリベラリズムの主張とそれほど変わらないものになるであろう。しかし、「濃く」捉えた場合、それは受け入れることができないものとなる。ミラーは、公教育、とりわけそこにおける歴史教育などを通じて、ナショナルな共同体への忠誠心や他の構成員に対する特別な愛情などを子どもに教育すべきであると主張している。しかし、そのような教育は、ミラーの言うような福祉国家や熟議民主主義の実現に役に立たないばかりか、有害でありさえする。

現代の国家において、公教育を通じて伝えられなければならない価値は、人間性一般に基づく価値、すなわち、エスニシティ（ethnicity）・宗教・ジェンダーなどにかかわらず、すべての人を同じ人間として尊重し配慮するという「個人の尊重」という価値である。それは、自分と異質な人間であっても、自分と同じく苦しみや痛みを感じる存在であるというたった1つの共通項から、その人に対して共感し、それを配慮し尊重することのできる人間に育てるということである。

愛国主義教育を唱える者の中には、「道徳的な発達に関して、子どもは、自分の親、親戚、ローカルな地域、国家と、同心円の内側から外側に行くように承認や愛情を広げていく。そして、その外側の人類に達するのは最後である。我々は、より小さなものを介してのみより大きなものに達するのであり、もっとも強い力を持つと期待できるのは、より小さなものと結びついた道徳的情動である」という旨を主張する者もいる。

これに対して、ヌスバウム（Martha C. Nussbaum）は、これに代わる説明を提示している[28)]。彼女は、同心円のすべての円は、必ずしも内側から外側へと順々に発展するとは限らない。それは、おそらく、同時に、複雑に入り組んだ仕方で発展していくのであろうという。しかし、確実に言えることは、一番外側が必ずしも最後に形成されるとは限らないということだと彼女は言う。子どもは、国家という観念を知る前に、確実に飢えや孤独について知っている。子どもは、愛国主義と出会うよりもずっと前に、おそらく死と出会っている。例えば、町で貧困に苦しむホームレスの人たちを目にしたとき、大人が回りくどく不完全な共感しか持つことができないのに対して、子どもたちはしばしば、大人よりもダイレクトで単純でそして強力に共感することができる。イデオロギーが干渉するよりはるかに前に、子どもたちは人間性について知っている。

ヌスバウムは次のように言う。生まれた時点では、赤ん坊はすべて、ただひたすら人間であると。赤ん坊にとって必要なものは、食べ物と安楽、光に対する普遍的な必要である。そして、赤ん坊は、生まれながらに人間の顔の視覚像に反応する。それが誰のほほえみであったとしても、赤ん坊は人間のほほえみに対しては微笑み返す、そのような本能を生まれながらに持っていると。ヌスバウムは、エルサレムのホロコースト記念館に向かう並木道——そこには、1本1本の木に、ユダヤ人を救うために死を賭した非ユダヤ人の名前と、その出身地が記されているが——を歩きながら想像をめぐらす。これらの人々が世界市民として行動することができたのは、彼らがローカルなイデオロギーの要求を鎧をとしてまとうことなく、生まれたばかりの赤ん坊

28) Martha C. Nussbaum, “Reply” in For Love of Country 131-144 (2002).

と同じ目で、ただひたすら人間の顔と形に反応することができたからではないかと。

ヌスバウムの説の当否は明らかではないが、しかし、愛国心や特別な同胞意識を身につけることなしに全人類が連帯するということは不可能であるというような主張に対しては、「必ずしもそうではない」と言い得るのではないだろうか。東日本大震災の際に、被災地の人たちが互いに助け合う姿を見て、何人かの共同体論者は、日本は同胞意識の強いすばらしい共同体社会であると評価したが、彼（女）らが、困窮している人に手を差しのべたのは、それはその相手が同国人であったからではない。彼（女）らが困窮している人に自然に手を差し伸べることができたのは、おそらく、同じ人間としての痛みや苦しみを共感する能力を持っていたからであろう。

第4節　補論：「君が代」起立斉唱事件判決を題材として

2011年5月以降、公立学校の卒業式等における教員に対する「君が代」起立斉唱の職務命令を合憲とする最高裁判決が相次いで出された。2011年5月30日の判決[29]はその最初のものである。それは、都立高校の教員であった上告人が、卒業式の式典における国歌斉唱の際に校長の職務命令に従わず、起立しなかったところ、その後、定年退職後の再雇用の採用選考において、上記不起立行為を理由に不合格とされたため、本件職務命令は憲法19条に違反し、上告人らを不合格としたことは違法であると主張して、国家賠償法1条1項に基づく損害賠償を求めた事件であった。この判決において、最高裁は、「学校の儀式的行事である卒業式等の式典における国歌斉唱の際の起立斉唱行為は、一般的、客観的に見て、これらの式典における慣例上の儀礼的な所作としての性質を有するものであり、かつ、そのような所作として外部からも認識されるもの」であるということから、「上告人の有する歴史観ないし世界観を否定することと不可分に結びつくものとはいえず」、したがって、「本件職務命令は、これらの観点において、個人の思想及び良心の自由を直ちに制約するものと認めることはできない」と判示した。しかし、その一方で、「上記の起立斉唱行為は、教員が日常担当する教科等や日常従事する事務の内容それ自体には含まれないものであって、一般的、客観的に見

29）最判平成23年5月30日民集65巻4号1780頁。

ても、国旗及び国歌に対する敬意の表明の要素を含む行為であるということができる」ので、「自らの歴史観ないし世界観との関係で否定的な評価の対象となる『日の丸』や『君が代』に対して敬意を表明することには応じ難いと考える者が、これらに対する敬意の表明の要素を含む行為を求められることは、……個人の歴史観ないし世界観に由来する行動（敬意の表明の拒否）と異なる外部的行為（敬意の表明の要素を含む行為）を求められることとなり、その限りにおいて、その者の思想及び良心の自由についての間接的な制約となる面があ」り、「このような間接的な制約が許容されるか否かは、職務命令の目的及び内容並びに上記の制限を介して生ずる制約の態様等を総合的に較量し、当該職務命令に上記の制約を許容し得る程度の必要性及び合理性が認められるか否かという観点から判断するのが相当である」とも述べた[30)]。

以上の「君が代」起立斉唱事件判決においては、もっぱら教員個人の思想・良心の自由が争点とされたが、本来は、学校行事の儀式での起立斉唱の強制である以上、子どもの教育を受ける権利およびそれを守るためのものとしての教師の教育権能という観点から問題を捉えるべきである[31)]。すなわち、教育は、必然的に教育対象者たる子どもに対して働きかけ一定方向に誘導する作用を持つものであり、そのような意味において本質的に子どもの思想・良心の自由と拮抗する性質を持っている。そうである以上、公教育の場における「君が代」起立斉唱の問題は、教員個人の権利や利益という視点からではなく、子どもの権利や利益およびそれを守るための教師の「教育の自由」

---

30)　これは、本件の4年前に出された「君が代」ピアノ伴奏拒否事件判決（最判平成19年2月27日民集61巻1号291頁）において、最高裁が、「客観的に見て、入学式の国歌斉唱の際に『君が代』のピアノ伴奏をする行為自体は、音楽専科の教諭等にとって通常想定され期待されるものであって、上記伴奏を行う教諭等が特定の思想を有するということを外部に表明する行為であると評価することは困難であり、特に、職務上の命令に従ってこのような行為が行われる場合には、上記のように評価することは一層困難である」ということから、「本件職務命令は、上記のように、公立小学校における儀式的行事において広く行われ、A小学校でも従前から入学式等において行われていた国歌斉唱に際し、音楽専科の教諭にそのピアノ伴奏を命ずるものであって、上告人に対して、特定の思想を持つことを強制したり、あるいはこれを禁止したりするものではなく、特定の思想の有無について告白することを強要するものでもなく、児童に対して一方的な思想や理念を教え込むことを強制するものとみることもできない」として、教員の思想・良心の自由に対する直接的な制約のみならず間接的な制約すら認めていないかのように述べているのと対照的である。

31)　これに対しては、「教育の自由論は国の教育内容決定権を認める学テ最高裁判決（最大判昭和51・5・21民集30巻5号615頁）以来の判例のなかで、君が代起立斉唱の職務命令に抗する論理とはいい難い」という指摘もある。戸波江二「『君が代』起立斉唱の職務命令と思想および良心の自由」ジュリスト1440号（2012）18頁。

という視点から捉えられるべきである。

これに照らして「君が代」起立斉唱事件判決を見ると、上告人が起立斉唱を拒否したのは、宮川光治判事が反対意見[32)]の中で示したように、上告人が自らの意思に反して「君が代」を起立斉唱することが「人権の尊重や自主的に思考することの大切さを強調する教育実践を続けてきた教育者として、その魂と言うべき教育上の信念を否定すること」を意味するからであった。また、藤田宙靖判事が反対意見[33)]の中で指摘したように、上告人が起立斉唱を拒否したのは、「学校の入学式のような公的儀式の場で、公的機関が、参加者にその意思に反してでも一律に行動すべく強制することに対する否定的評価」が上告人の意識の中にあったためでもあった。すなわち、上告人はこれまで教育者として生徒に対して人権の尊重、ひいては「個人の尊重」という理念の大切さを常に強調してきたのであるが、もしここで自分の真摯な歴史観や世界観に反するにもかかわらず職務命令に服してしまうのであれば、今まで自分が教育者として生徒たちに教えてきたことを否定することになってしまうと考えたのである。換言すれば、「個人の尊重」という理念の下では人は自分の思想や信条に反して一律に行動すべく強制されないということを、教員自身が起立斉唱拒否という行為を通じて身をもって生徒に示すことを意図したのであり、ここに上告人の主張の核心が存在していたと考えられる。しかしながら、このような観点における教師の教育の自由は、最高裁の多数意見においては、「外部的行為が求められる場面においては、個人の歴史観ないし世界観との関係における間接的な制約の有無に包摂される事柄というべきであって、これとは別途の検討を要するものとは解されない」として、間接的制約の有無の中に落としこめられてしまっている。

公教育を通じて子どもに対していかなる価値教育をすべきかという問題は極めて難しいものであるが、第１章で論じたように、筆者は、公教育においては子どもに対して「個人の尊重」という道徳を教育すべきであると考えている。デュルケーム（Émile Durkheim）は、『社会分業論』の中で、現代国家のような、様々な異なった思想や価値観を持つ人々から構成される社会においては、「個人の尊重」という道徳、すなわち、「個人の思想や価値観をすべて等しく尊重しなければならない」という道徳が、唯一、社会の構成員の

32)　最判平成23年6月6日民集65巻4号1855頁（宮川光治判事反対意見）。
33)　前掲注30) 最判平成19年2月27日（藤田宙靖判事反対意見）。

精神的連帯を可能にすると述べている。すなわち、社会の構成員の間に共通の信念や価値観など同質な要素が多く存在している小さな共同体においては、その共通の信念や価値観を社会の道徳の基盤として、構成員の精神的連帯を実現することができる。しかし、現代国家のように、多様な思想や宗教、価値観が併存する大きな社会では、もはや、ある１つの思想や価値観によって社会の統合を図ることは不可能となる。このような社会においては、構成員にある特定の思想や価値観を強制することによってではなく、逆に、いかなる思想や価値観であっても、それを等しく承認し尊重するというルールによって、社会の構成員の連帯を目指さざるを得ないと言うのである。現在の日本の社会においては、外部から絶えず様々な思想や価値観が流入しつつあり、その構成員の思想や価値観もますます多様を極めつつある。こうした社会においては、ある特定の思想や価値観によって社会の連帯を図ろうとするのは極めて難しい。すなわち、社会の多数派にとって「異質」な思想・価値観を持つ人々をも含めて、すべての構成員の連帯を目指すのであれば、「すべての人の思想や価値観を等しく尊重する」という規範、すなわち「個人の尊重」という規範を採用するよりほかはない。

公教育の場においても、このような社会においては、教師は、子どもを、様々な思想や価値観を持つ人たちと協働して生きていけるような人間に育てていかなければならない。すなわち、たとえ思想や価値観が自分と大きく異なる人たちであっても、その人たちも自分と同じ人間であるという、ただその１点の共通項のみによって、その人たちの痛みや苦しみを共感できるような人間に育てていかなければならない。そして、たとえ自分が不快に思うような思想や価値観を持っている人たちであっても、その人たちを社会から排除してしまうのではなく、むしろその人たちと響きあって生きていくことの喜びをかみしめることのできるような人間に育てあげなければならない。換言すれば、教師は、子どもに、「すべての人をそれぞれ異なった思想・価値観を持った存在として尊重する」という「個人の尊重」の規範を身につけさせなければならない。こうした点に照らせば、子どもに対してその意思に反して「君が代」の起立斉唱を強制することは当然許されないが、それのみならず、教員に対しても君が代の斉唱を強制すべきではない。なぜならば、子どもたちは、教員が自らの真摯な歴史観や世界観に反して君が代の起立斉唱を強制されている姿を見て、「個人の尊重」の大切さを学ぶことができるとは思えないからである。

さらに、一連の「君が代」起立斉唱事件判決においては、上告人は「君が代」を日本の過去のアジア侵略の歴史と結びつけて否定的に評価しており、それがきっかけとなってその起立斉唱を拒んでいる。では、そもそも「君が代」に限らず、国歌一般を公教育の場で強制的に起立斉唱させるということについてはどのように評価されるべきなのであろうか。すなわち、仮に日本の国歌が教員にとって過去の否定的な歴史となんら関係のないものであったとしたら、そのような国歌を公教育の場で強制的に起立斉唱させることは許されるのであろうか。これは、ナショナルアイデンティティの教育という問題と関連する問題である。

第2節で論じたように、ナショナルアイデンティティにはいくつかの段階があると考えられるが、公教育を通じて子どもたちに教育することが要請されるのは、①〜③まででであろうと考えられる。これは、現在の日本に照らしてみれば、①社会への帰属意識、②日本社会において採用されている抽象的な政治原理[34]（民主主義、人権の保障等）、③その政治原理の規定にある社会の規範（「個人の尊重」という道徳）を意味する。一方、④国家への忠誠心や同国人に対する特別の愛情・同胞意識を教育することは、前に論じたように、多様な価値観の共存を目標とする異質性社会においては、社会の維持に役に立たないばかりか有害でありさえする。

国歌の起立斉唱という行為は、最高裁も認めているように、国歌に対する敬意を表明する行為であり、これを子どもに強制するということは、国歌に対する敬意ひいては国家に対する敬意を強制することにつながる。これは、まさに、上記④を教育することに他ならない。ここで留意しなければならないのは、①社会への帰属意識をはぐくむことと、④国家への忠誠心を教育することとはまったく別であるということである。将来日本の政治を担っていくべき子どもに対して、自分が社会の一員として生きていることを自覚させたり、社会で生起する様々な問題に真摯にとり組み、社会の決定に能動的に参加していけるような人間に育てたりするということは極めて重要なことである。しかし、そのことは日本に対する忠誠心を教育することとはまったく異なる。例えば、筆者は教員としてある大学に所属している。そして、筆者にはその大学に帰属しているという意識があるからこそ、その大学の将来を

34） ただし、日本国憲法が採用している政治原理を無批判に子どもに教育すべきではない。この点に関しては、第1章を参照されたい。

真摯に考えてその構成員として行動することができる。もし筆者に大学への帰属意識が欠けているのであれば（例えば、近いうちに別の大学に移籍するつもりである場合など、今の勤務先大学に対する帰属意識が薄い時には）、その大学の将来に関心を持つことができず、大学で生じ得る様々な問題についても真剣に考えようとはしないであろう。そのような意味では、大学の構成員として帰属意識を持つことは重要なことである。しかしながら、大学に帰属意識を持つということと、その大学に忠誠心を持つことはまったく別のことである。勤務先大学の校旗や校歌に敬意を表明しなくとも、その大学の将来のために真摯に考えて構成員の一人として行動することは十分可能なのである。社会や国家に対しても同様のことが言える。社会において精神的連帯を維持するためには、一人ひとりの構成員が社会への帰属意識を持つことが必要であろう。しかし、人々は国家への忠誠心を持たなくとも、その社会の構成員として他の構成員と連帯し協働していくことは可能なのである。

国家への忠誠心の強制につながる可能性のある国歌の起立斉唱は、子どもに強制することは当然許されないが、教員に対しても強制されるべきではない。公教育の中で子どもに対して特定の国家観を植えつけるべく一方的に働きかけが行われる可能性のある場面では、教師は教育の専門家としての立場から、その国家による働きかけに対して公教育内部でのカウンターバランスとして作用すべきであり[35]、これこそが教師に与えられた「教育の自由」を意味する。国家への忠誠心（ないし国家との自己同一化）という意味でのナショナルアイデンティティは、第１節で触れたように、潜在的に極度の暴力性をはらんでおり、われわれは一度それを自分のうちに内在させてしまうと、理性でそれをコントロールすることが極めて難しくなってしまう。そして、国は、往々にして、公教育を通じて子どもにそのような意味でのナショナルアイデンティティを植えつけようという強い衝動を抱く。このような場合、教師は子どもを危険なナショナルアイデンティティの強制から保護するという職責を与えられていると考えるべきである。

この点に関連して、最高裁は、本件職務命令の必要性・合理性を根拠づける根拠の１つとして、「学校教育法［が］、高等学校教育の目標として国家の現状と伝統についての正しい理解と国際協調の精神の涵養を掲げ」ていると

35） 西原博史「君が代訴訟再訪―比較人権法・国際人権法の視点を加えて」国際人権24号(2013) 7頁。

いうことを挙げており、これについて、須藤正彦判事は、補足意見の中で、「本件職務命令の趣旨、目的は、高校生徒が、起立斉唱という国旗、国歌への敬意の表明の要素を含む行為を契機として、日常の意識の中で自国のことに注意を向けるようにすることにあり、そのために、卒業式典という重要な儀式的行事の機会に指導者たる教員に、いわば率先垂範してこれを行わしめるもの」と詳述している[36)]。すなわち、「高校生は、やがて、国の主権者としての権利を行使し社会的責務を負う立場になるのであり、また、自らの生活や人生を国によって規定されることは避けられない」し、「公共の最たるものが国であり、国は何をする存在なのかを知り、国が自分のために何をしてくれるのかを問いかけることも、自分が国のために何をなし得るのかを問いかけることも、大切なことと思われる」のであり、「そうすると、職務命令において、高校生徒に対していわば率先垂範的立場にある教員に日常の意識の中で自国のことに注意を向ける契機を与える行為を行わしめることは当然のことともいえる」というのである。確かに、「国は何をする存在なのかを知り、国が自分のために何をしてくれるのかを問いかけ」たり、「自分が国のために何をなし得るのかを問いかけ」たりすること、すなわち、子どもたちの社会への帰属意識を育むことは、公教育において重要なことであろう。しかし、それは例えば社会科の教育などを通じて行うことも十分可能である。式典において国歌を起立斉唱させるということは、子どもたちに日本の社会への帰属意識を身につけさせるということを超えて、国歌ひいては国家への敬意・忠誠心を涵養するという要素をも含むものである。そうである以上、それは、子どもに対してはもちろん教員に対しても、強制をもって行われるべきではない[37)]。

36)　須藤判事の補足意見は、教員の思想・良心の自由に対する「制約を許容し得る程度の必要性、合理性の根拠はできれば憲法自体に求められることが望ましい」ということを前提とした上で、「我々は、『平和を愛する諸国民の公正と信義に信頼して、われらの安全と生存を保持』［憲法前文］しなければならないが、益々国際化が進展している今日こそ、自国の伝統や文化に対して正しい理解をし」なければならないと論じている点で、特徴的である。

37)　もっとも、須藤判事は、「職務命令の対象たる起立斉唱の形式、内容、進行方法、所要時間、頻度等をみても、起立斉唱に付加して、例えば、国家への忠誠文言の朗誦とか、愛国心を謳った誓約書への署名などの行為を求めるものではなく、しかも、短時間で終了し、日を置かずして反復されるようなものでもなく、その結果、慣例上の儀礼的な所作の域にとどまる」と付言している。すなわち、須藤判事は、式典において「君が代」を起立斉唱させる程度のものは、国家への忠誠心を求めるものとは言えないと評価しているのであろう。逆に言えば、国家への忠誠心を求めるに至ったような場合には憲法違反の恐れがあるというのが彼の認識であろうと思われる。

■事項・人名等索引

A～Z

あ行

か行

さ行

た行

な行

は行

ま行

や行

ら行

わ行

齊藤　愛（さいとう・めぐみ）
1996年（平成 8 年） 東京大学法学部卒業
2003年（平成 15 年） 東京大学大学院法学政治学研究科博士課程修了
現　　在 千葉大学法政経学部准教授
主要業績 「表現の自由―核心はあるのか」『講座人権論の再定位 3 人権の射程』（法律文化社・2010年）
「メディア規制立法の動向」『表現の自由Ⅱ―状況から』（尚学社・2011年）
「異質性社会における公教育」高橋和之先生古稀記念『現代立憲主義の諸相(下)』（有斐閣・2013年）
『憲法演習ノート』（共著、弘文堂・2015年）

異質性社会における「個人の尊重」
――デュルケーム社会学を手がかりに　　憲法研究叢書

2015（平成27）年12月30日　初版1刷発行

著　者　齊藤　愛
発行者　鯉渕友南
発行所　株式会社 弘文堂　101-0062 東京都千代田区神田駿河台1の7
TEL 03(3294)4801　振替 00120-6-53909
http://www.koubundou.co.jp
装　丁　大森裕二
印　刷　三陽社
製　本　牧製本印刷

ISBN 978-4-335-30334-0